黒《くろ》鍬《くわ》さんがゆく

生成の技術論

広瀬伸＝著

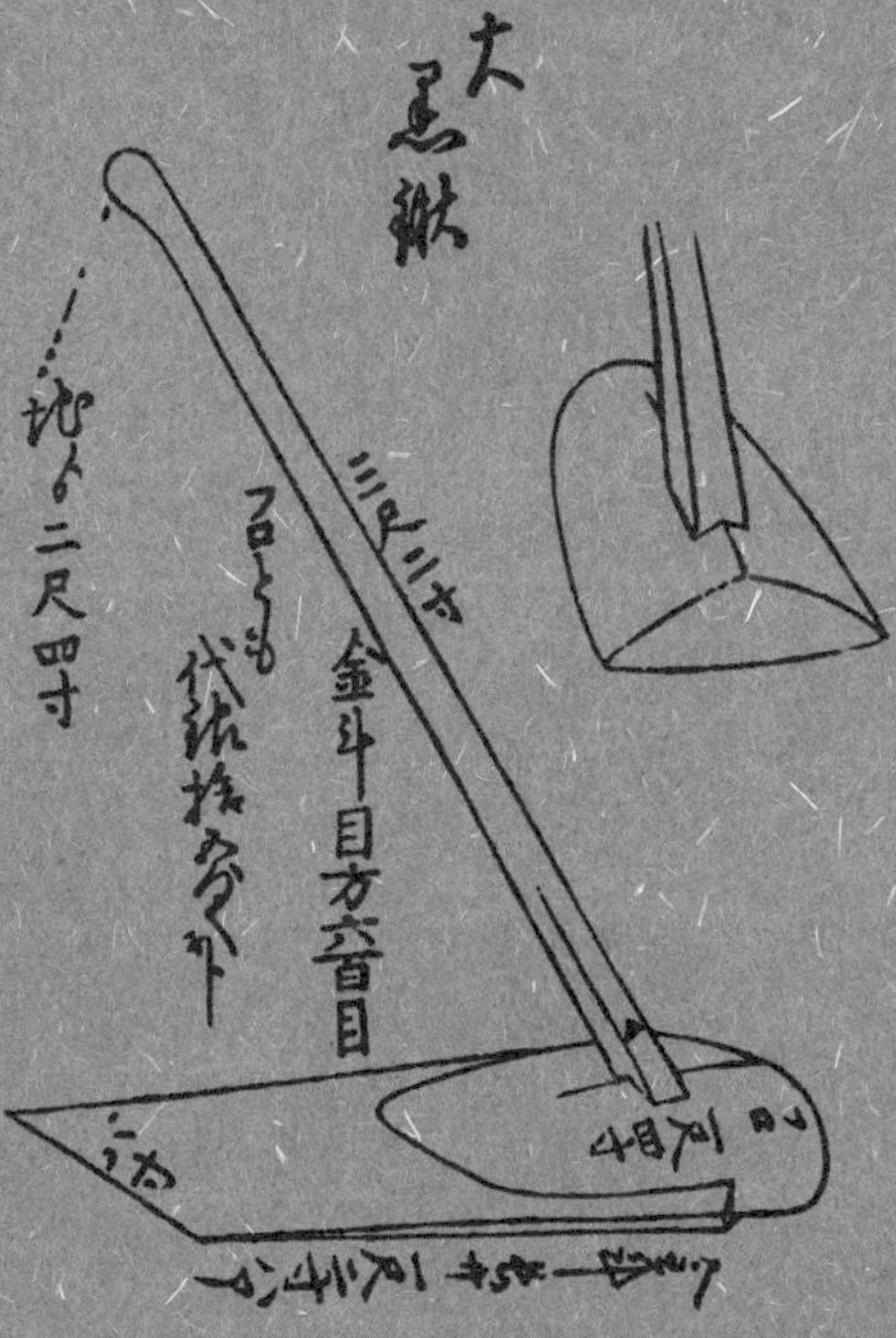

風媒社

まえがき

歴史は謎を秘めている。

邪馬台国はどこにあったのか？　織田信長はなぜ明智光秀に滅ぼされたのか？　東洲斎写楽とはどんな人物だったのか？　あるいは、徳川の埋蔵金はどこに隠されたのか、またそもそも存在したのか？　史書に出てきて誰もが疑問に思う謎が、日本史上にはいくつも残っている。

これら「歴史に名を残した」人やモノにかかわる謎に対して、多くの人が謎解きに挑んできた。だが、謎はいまだに明快には解けげず、挑戦者の前に高くそびえ立っている。

本書が挑もうとするのは、そんな巨大な謎ではない。闇とはいえないまでも、どこにでもいそうな顔をしているのに、見つけようとしてもなかなか見えない存在にかかわる謎だ。

黒鍬《くろくわ》は、そんな謎の一つである。

このミステリアスな存在とのつき合いは、平成十五（二〇〇三）年度、名古屋で一年間勤務していたときに始まる。後から思えばそこは集まるべくして集まる場所柄だったが、時を同じくして、いく筋もの異なる方向から「黒鍬」という言葉が私の周りに集まってきた。

あるときは知多半島にいた。現在半島を潤している大動脈、愛知用水の構想すらない頃の水源施設である「雨池《あめいけ》」、つまり農業用ため池の造り手として。また、岐阜県恵那市や三重県熊野市の全国百選級の棚田にもいた。そこでは重畳する見事な石垣の積み手だった。さらには、東京は浅草の河童寺（曹源寺）前の路上で「まちしるべ」（町名解説板）が教えてくれた。ここは黒鍬組の居住地だったと。

ほとんど同じ頃だ。こんなにも続けてあちこちで出会うとは。ああ、これが「シンクロニシティ」というやつか。ユング心理学にいう「同時性」、意味のある偶然の一致だ。単純な因果関係ではとらえられない、なぜかわからないが不思議に次々同じものにぶつかる。この一致には何か意味があるのか？

しかし、これらは確かに「黒鍬」という同じ言葉で表されているけれども、くっきりとした姿は見えず、場所も所業も全然別物ではないか。何かの間違いか。それとも、それぞれの姿が見えたらつながりが明らかになるのか。

私の疑問に、専門の事典類はすっきりと答えてくれない。限界というか、裂け目があった。だが、そんな調子ではぐらかされて焦らされれば、ないものねだりをしたくもなるではないか。どれか一冊読めば黒鍬の全貌がすんなり理解できるようにならないものか。

黒鍬について調べれば調べるほど、歴史学と民俗学の双方から提示された内容がいろんな要素で絡まり合っているという事実がわかってきた。近年歴史学と民俗学がクロスオーヴァーするようになってきたので、読者としては大いに歓迎したい。でも、学問の成果は尊重するとしても、素人は素人の強み、その枠に縛られず、もっと自由に飛び回っていきたい。

〈人〉は〈水〉と〈土〉に働きかけて農業を営み、環境をつくる。地域の自然と人や社会がつくり出す環境の総体を〈水土《すいど》〉と呼ぶことにしよう。そこで用いる技術のうち、土木的な手段で生産の舞台をしつらえる技術や学術の分野を従来「農業土木」と呼んできた。川に堰をかけ、ダムを造り、水路を引いて田畑に水を配る。

私自身も一端に加わり、それらの施設を造る事業に携ってきた。黒鍬はある意味で、そのような〈水土〉にかかわる技術者、農業土木技術者の源流ともいえる。ただ、〈水土〉の全体からして、土木的手段の及ぶ範囲は大きいがすべてではない。

奥深い源流を求めるがごとき探究で、厚い雲が晴れたようにも、手がかりが感じられたようにも思う。だが、源流らしき地に踏み込んだとしても、究極の原点としての、たった一つのもとの顔が見つけられるわけではない。系譜を追うことはできても、究極の原点、「原像」や「起源」などといったものはそもそも仮構《フィクション》なのである。そうわきまえたからには、当てなき散策というのとはまた異なる趣を持つ旅であるはずのこの道行きでも、さまざまな顔とのめぐり合いを楽しむ自由な旅人でいよう。

旅の途中で案内を乞うた文献は、巻末にまとめた一覧のほか、本文および図表中にも挙げた。古文献は基本的に活字翻刻版を使用したが、それを収めた史料集や随筆集などの書誌は煩雑となるので省略する。ただし、新字への変換や注記はおこなったができるだけ原文を尊重し、古文の読み下しはあえてしない。前後の文脈で、必要に応じて説明を加えるにとどめた。読みづらさを乗り越え、原文の味わいを楽しんでいただきたい。

黒鍬さんがゆく——生成の技術論◉目次

序

謎めいた者たち

一、エンターテインメントの世界

黒鍬《くろくわ》。魅惑的な響きを持つミステリアスな存在である。

大体は土木技術者集団として各地で名を聞く割に、実体は謎めいていてつかみどころがない。ぼわっとしてしかも幾重にも異なる像が微妙にズレて映し出される。

エンターテインメントの世界ではある意味単純だ。謎と闇の部分ばかりが肥大したあげく、黒鍬像は世に隠れて跳梁する忍びの、あるいは殺しの技術者《プロ》となっている。

たとえばあの『子連れ狼』（小池一夫作・小島剛夕画、一九七〇～七六）。黒鍬とつき合い始めた平成十六（二〇〇四）年頃、「黒鍬」をネット検索すると真っ先に、しかも大量に出てきた。単行本全二十八巻という膨大なシリーズの前半部で、黒鍬はお庭番と呼ばれる公儀の探索人として出てくる。探索人とは、主人公拝《おがみ》一刀の一族が介錯人を、柳生一族が刺客人を務めるのと同じく、江戸幕府の「暗黒支配」を貫く闇の組織の一端である。探索を主務とするが数々の手練れがおり、脇役とはいえ暗闇の住人として見逃せない。得体の知れない者というイメージの形成に、この劇画が寄与するところ大なのではないか。

黒鍬は、一刀の宿敵である裏柳生の手先となり、僧形で、あるいは忍び装束で一刀を付け狙うがことごとく破れ、遂には一族を滅ぼされてしまう運命にある。だが、いまわの際に、柳生封廻状の秘密を明かせと一刀に迫られても、「くろくわ」の名にかけてと、毅然と拒む誇り高い一族だった。この劇画には、探索方としての黒鍬が五十年を勤め上げた後に任を解かれ、労に報いられて安穏に暮らす「苦労鍬《くろくわ》の里」という桃源郷も描かれる。KUROの語の響きは、そこにも通じている。

闇の住人といえばもう一編、霧島那智の小説『水戸光圀政談 黒鍬者謀殺剣』（二〇〇二）。親族を殺してまでも将軍の座を狙う徳川綱吉を阻止すべく、副将軍水戸光圀が立ち向かう。表題のとおり、黒鍬は黒い陰謀に幻術を弄して荷担している。「伊賀者や甲賀者とは別枠の特殊技能を有する忍び集団」として、光圀配下の雑賀《さいか》忍群と壮絶な攻防を繰り広げる。

黒鍬一族は、綱吉の寵愛を一身に受けたお伝《でん》の方の親族である。親族関係は現実の世界のままで、江戸後期の随筆『我衣《わがころも》』（加藤玄悦〔曳尾庵〕、一八二五頃）に「綱吉公の御妾にお伝殿と申は、黒鍬の娘にて」云々とある。『近世江都著聞集《きんせいえどちょもんしゅう》』（馬場文耕、一七五七）にも「此おでんの方は、至極の小身者拾五俵一人扶持黒鍬組白須才兵衛が女たり、後年、此才兵衛兄弟共に御旗本に昇進し、一度朝散大夫白須遠江守に任ぜられたり」と。

お伝の方は、綱吉の心によく叶い、「御枕席をともにし給ひて、玉のうてなに春秋を送」った。小鼓が巧く、吹上御殿で舟遊びを催す。「ふやう（引用者注：芙蓉）のまなじり、丹花の唇、ひとへに西施（同：中国の代表的な美女）もはじらひ」、「天人もあまくだるかとうたがはれたり」と描かれる。映画やTVドラマの大奥ものでも、どちらかといえば妖艶な女優が配役される。

お伝の父は微禄の下級役人＝「至極の小身者」黒鍬の職にあった。娘が世継ぎを生んで三百石を与えられ、旗本に取り立てられたものの、お伝の兄で素行の悪い実の息子に斬り殺されたと伝えられる。

今一人、白戸三平の劇画『カムイ外伝』の黒鍬は、フィクションの世界では異色である。名は五兵衛、体中に傷跡を負い、もとは武士らしいが、「坂本」を根拠地として全国に手を広げる工事請負人として登場する。坂本は有名な穴太《あのう》石工の本拠で、そのブランドに物を言わせて活躍していたのだろう。こちらは地味だがずっと現実の世界に近い。

暗闇の忍者はあくまでフィクション、黒鍬の真の姿はもっと地味な存在だった。なぜ暗闇の住人としてうごめく黒鍬像ばかりが流通しているのか。それ自体興味深い謎である。だが、私たちを魅了しもする謎の部分が剥ぎ落とされ、味気ない姿になってしまおうとも、たとえば切絵図に「黒鍬組」などと痕跡を残す実像がさらけ出されなければならない。

二．辞書を引く

言葉の海で

隠れた正体を明らかにするため、取っかかりとして辞書を引いてみる。辞書にあるのは実態ではなくあくまで言葉の用例でしかないが、大きな辞書には用例の典拠が明らかだし、古いものは刊行された時代の言葉の使い方を教えてくれる。

まずは、近代国語辞典の元祖、大槻文彦の『言海《げんかい》』。第二冊の初版（一八八九）に「黒鍬」が載る。原義を「畔鍬《クロクワ》の意カ」とし、続けてこうある。

一．田舎ニテ、田畠ヲ耕シ堀ルヲ業トスル者。

二．徳川氏ニ、甚ダ卑シキ役、古ハ、―ノ土役ヲナセリ、後ニ、目附ノ配下トナリテ、―ノ者、―組、ナドイフ。（引用者注：「―」には黒鍬という語が入る）

初めの方の語釈は、太田全斎が著した（その後何人かが増補）江戸期の代表的な国語辞典『俚言集覧《りげんしゅうらん》』とまったく同じだが、これではただの農夫ではないか。少し早い『譬喩尽《たとえづくし》』（松葉軒東井、一七八六）ということわざ集には「畔鍬者」が二か所、「尾州ヨリ出ル日雇也　大ナル鍬ヲ以二人前働ク力者也」および「荒地ヲ平《ナラ》ス也」と、『俚言集覧』とは全然違う。二か所ともに俗語や和歌・俳句、流行語、方言なども収めているが、これだけ違うのは、編纂者の経歴や見聞を反映したのかもしれない。

『言海』の二番目の語釈に対して、『俚言集覧』には「公の軽き役人に此名目あり黒鍬の者といふ」とある。「公」といえば、ローマ字表記で有名なJ・C・ヘボンの『和英語林集成』第三版（一八七二）で、黒鍬を「A common laborer, those only in government employ」とする。こんな言葉までも拾う外国人の苦労には頭が下がる。語釈は、特殊技能を持たないごく普通の労務者だが公儀の仕事に限ってこう呼ぶという意味か。よくわからない。

『言海』は昭和八（一九三三）年に『大言海』へと改訂される。そこでは二番目の語釈がもっと詳しくなり、冒頭で原義を「畔鍬ノ義」として次のように続く。

一．田畑ヲ開墾シ、又ハ、石垣ヲ築クナドヲ業トスル者。土方。

二．徳川幕府ノ賤職、普請奉行ノ下ニ属シ、土木ノ事、石垣ノ草取、荷物ノ事ナド勤メ、黒鍬の者、黒鍬組、ナド云ヒキ、土工兵ノ如キモノナリシナルベシ。

『言海』が出た頃には、まだ一番目の語釈の実物が鍬を担いで各地を闊歩していたに違いない。また、KUROの音は黒く重い鉄と、土構造物（畦畔＝くろ）につながる。

時が移って、現代の一番大きな辞書『日本国語大辞典』（第二版 第四巻、二〇〇一）では語釈はこうなっている。

一．戦国時代、築城・開墾・道普請などに従った人夫。黒鍬の者。黒鍬者。

二．江戸時代、江戸城内の掃除や荷物などの運搬等の雑役に従う下級の役。十二俵一人扶持。黒鍬の者。黒鍬者。黒鍬同心。

方言「黒鍬」の分布

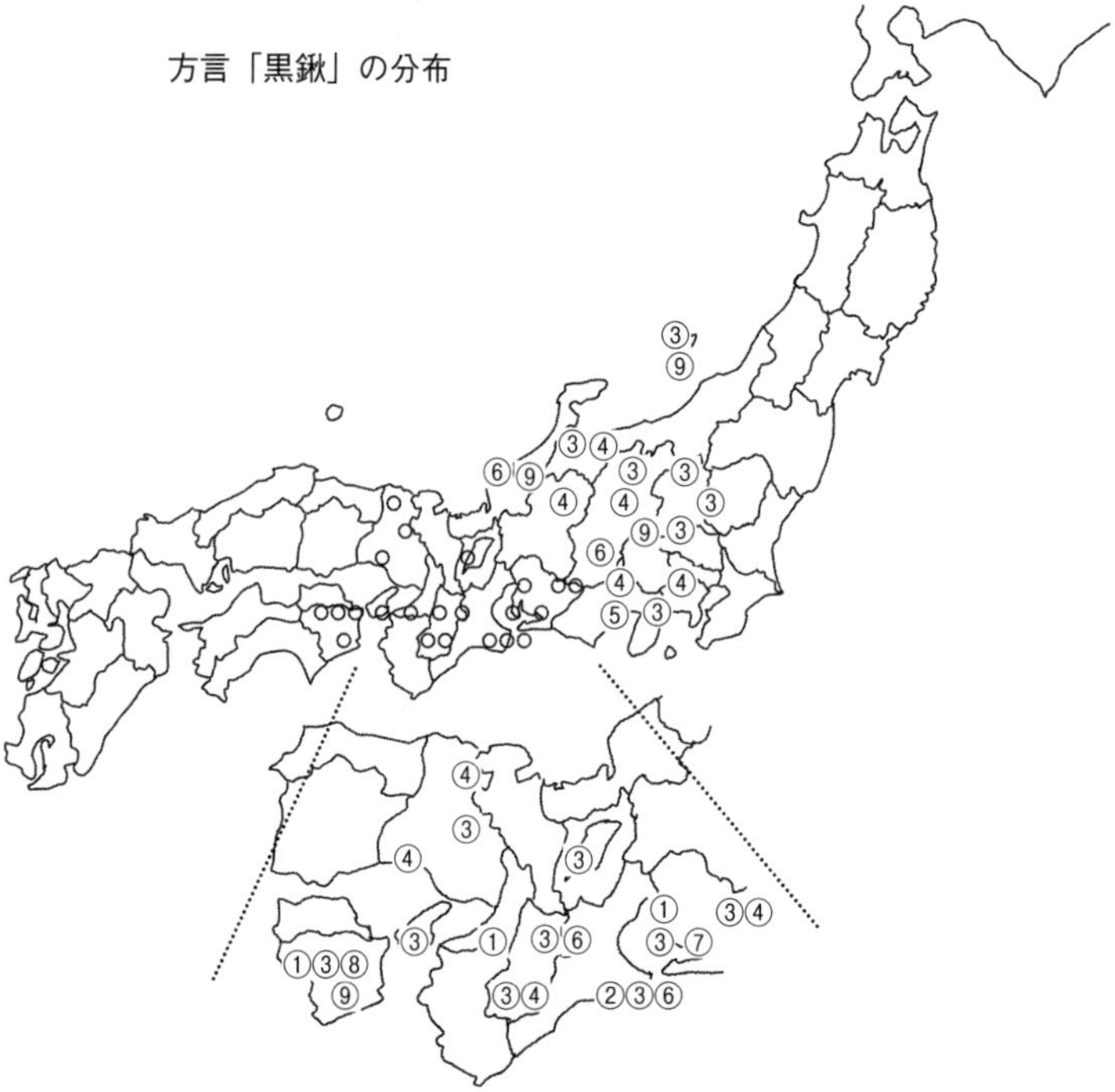

＊数字は左表中の「意味」を表す（同じ県で隣接する郡は１つにカウント）

三．江戸時代の土工。主として川普請や新田開発工事を受け持った労働者。黒鍬の者。黒鍬者。

同書には「黒鍬者」や「黒鍬同心」といった同義語が見出し語にあり、語義は三つの語釈のうち二番目だけに関連する。

どの辞書でも、エンターテインメントでの虚像は影も形もない。それはおくとしても、「黒鍬」の語義には異なるものが入り混じる。民間の黒鍬と、官職としてのそれに二大別できそうである。後者はまた、戦国期と幕藩期の二時点に区別できる。

ただ、私の貧しい経験からは、現在各地に散見される「黒鍬」はもう少し別の姿でもあるように思える。実感に近づくために『日本国語大辞典』で方言に当たる。そこには「くろくわ」という言葉の変異が、収集された地方とともに列挙されている。

当然かもしれないが、戦国・江戸期の役職はない。代わりに語釈の幅が、農夫から労働、石工、道具にまで

方言「くろくわ」を巡る意味群

	主たる形		変異（類似する形）	
	意味（語釈）	使われる地方	意味（語釈）	使われる地方
1	開墾のための人夫	愛知県知多郡、徳島県	くろくわし	大阪府南河内郡
2	農夫	三重県志摩郡		
3	土工、土方人足	群馬県吾妻郡・利根郡、埼玉県秩父郡、新潟県佐渡、長野県、静岡県田方郡、愛知県北設楽郡・知多郡、三重県志摩郡、滋賀県滋賀郡、上方、兵庫県氷上郡、奈良県吉野郡、徳島県	くろっくわ	群馬県邑楽郡、長野県、兵庫県淡路島、奈良県宇陀郡・吉野郡
			くろっか	富山県
4	石垣などを造る土工、石工	神奈川県津久井郡、長野県上田、静岡県榛原郡・磐田郡、岐阜県飛驒、愛知県北設楽郡、兵庫県但馬郡・赤穂郡、奈良県吉野郡	くろっくわ	長野県上田
			くろっくわし	富山市
			くろくわさ・くろくわどかた	静岡県磐田郡
5	山から石を切り出す石屋		くろっくわ	静岡県志太郡
6	土方仕事、開墾などの荒仕事	長野県下伊那郡、福井県吉田郡・坂井郡、三重県名賀郡・志摩郡		
7	農事の暇に働く素人労働	愛知県碧海郡		
8	山畑の石垣	徳島県麻植郡		
9	堅い土を起こす土木用の鍬	新潟県佐渡、福井県吉田郡・坂井郡、徳島県	くろがら	長野県佐久

広がっている。方言でない語釈の出典は主に近世文献であるのに対し、方言では近代以降民俗学の研究者たちが採集したものが出典に挙げられる。職がなくなったからといって明治以降語義の意味するものが別物になったり増えたりしたわけではなかろう。かなりの幅を持った言葉として、文書記録には残らずに江戸期から使われてきたとみるべきである。

もう一点、この語が関東から四国にかけて、つまり日本の中央部分からだけ採集されていることが特徴的である。中国地方にもこの語が分布することは民俗学者宮本常一の著作に見られるが、東北や九州には届かず、東海・近畿地方に集中が著しい。方言の黒鍬は、江戸期の貨幣経済の進展度合と、それに対応して生き残るための農間余業（出稼ぎ）の強さとに関連があるのではないかと理屈をこねることができるかもしれない。だが、この現象が採集の精度・密度を反映しているのか、そもそも東北や九州でこの語が使われなかったのかは判断しかねる。

主な辞書類に見る「黒鍬」

	事典名	発行年	出版社	項目執筆者	記述の概要
民俗系	改訂綜合日本民俗語彙	1955	平凡社	（民俗学研究所編）	**・土方（石垣作業者）** ・土方の用いる鍬（徳島の久六鍬） （他に「黒鍬師」、「黒鍬節」の項目あり）
	日本民俗事典（縮刷版）	1994（原 1972）	弘文堂	千葉徳爾	**・現代の土木請負業に当たる労働集団** ・石垣は専門分化
	日本民俗大辞典	1999	吉川弘文館	朝岡康二	**・知多半島の土木職人が用いた大型の鍬** ・上に類似する大型で柄の立つ土掘り用の鍬
歴史系	郷土史辞典	1969	朝倉書店	渡辺一郎	・戦国時代に土工、陣営具の運搬、死者の収容などに従事した軽輩の者 **・徳川氏の職制** ・貧農のうち土方人足（黒鍬稼）
	日本歴史大辞典	1976	河出書房新社	京口光吉	**・江戸期作事奉行支配の軽輩** （他に「黒鍬頭」の項目あり）
	国史大辞典	1983	吉川弘文館	所　三男	・原義は土を掘り起すに用いる頑丈な鍬 **・その鍬で土工を働く労務者** **・一般の土工に従事する者**
	日本史大事典	1993	平凡社	北原章男	・戦国時代に城や道の普請、陣中の雑役にあたった軽輩 **・江戸幕府の職制** ・江戸時代の貧農で土方を努めたもの

＊ゴシック表記は記述の多いもの

分光する正体

黒鍬は、歴史学と民俗学の境界領域に位置する。異なる色合いを概観する意味で、専門的な歴史事典と民俗学事典での記述を見ておこう。

平凡社版『日本史大事典』（第二巻、一九九三）にはこうある。

戦国時代に城や道の普請、陣中の雑役にあたった軽輩。また江戸幕府の役職の一つ。黒鍬者また黒鍬之者あるいは黒鍬同心ともいう。

これに続いて身分、定員、組構成など職制上の解説がずっとあり、

……このほかに江戸時代の貧農で堤防や道路普請の土方を努めたものも黒鍬と称した。

の一節が最後にほんのわずかだけ、付けたりのようにあって結ばれる。

他方、民俗学研究所編『改訂綜合日本民俗語彙』（一九五五）ではこうだ。

埼玉県秩父、長野県、神奈川県、愛知県三河地方、滋賀県、兵庫県但馬地方、徳島県那賀郡

新野町などの諸地方で土方のことをいう。富山市付近、徳島県麻植郡などでは、石垣作業者をいうとあるが、これも土方の一種とみられる。

これに佐渡や徳島県で使われる農（工）具としての鍬の記述が続く。土工、石工、道具という要素が現れる反面、役職にはかすりもしない。『日本国語大辞典』に列挙された方言「くろくわ」の変異と同様である。

以上見たように、どちらにしてもエンターテインメントの忍者像は消え失せている。その代わり、これらは同じ言葉で表される同一物だろうか、と思えるほど歴史学と民俗学とで違いを見せている。諸書の刊行年代が新しくなっても溝は埋まらない。

歴史学は文献を主要な史料とし、民俗学は聞書きや生活実態を資料として扱うというように、アプローチの仕方に違いがある。文字記録に残らないので年代が特定できないし実在も検証できないだの、生活者の実感に合わないだのと、互いに言い分があろう。両者の大きな裂け目に挟まった素人は引き裂かれる。国語辞典の編者たちもまた、その裂け目を裂け目のままに提示するしかなかったのだろう。

しかし、中には折衷型というか、まんべんなく記載されているものもある。吉川弘文館版『国史大辞典』（第四巻、一九八四）では、
原義は土を掘り起すに用いる頑丈な鍬のことであるが、その鍬で土工を働く労務者をいつしか黒鍬と呼ぶようになった。戦国時代の黒鍬は……これとは別に一般の土工に従事する黒鍬者があった。

と、中略部分に人数や構成など役職の解説があり、さらに引用部分の後ろには愛知県の知多郡で顕著だった出稼ぎ土工に十数行の分量を割く。東海地域の歴史に取り組んできた執筆者のキャリアならではの記述である。

なお、吉川弘文館版『日本民俗大辞典』（上巻、一九九九）は道具としての鍬の記述にほぼ終始する。これもまた、農具など鍛冶の研究に携わってきた執筆者のこだわりかもしれない。

この色合いの違いは何か？　一筋の光である黒鍬に対して、執筆者がそれぞれ独自のプリズムとなって、違う色を分光させているような感じを覚える。

三．巨人の揺らぎ

方言からもうかがえるように、民俗学的視角から見た黒鍬の方がより広範な内容をとらえていると思われる。そこで次に、柳田國男の所説に耳を傾けてみよう。

本巻三十一巻・別巻五巻という膨大な『定本柳田國男集』（一九六二～七一）で、総索引によると「黒鍬」は三か所にある。森羅万象に興味を抱く並外れた碩学とはいえ、黒鍬がどんな存在だったか、年を経るごとに見解が微妙に変化している。

柳田の揺らぎには、「日本民俗学」創設途上での関心の変化、いわゆる「転向」と呼ばれる変化を映し出していると思えるが、今はおく。だが今後、彼の揺らぎに含まれるモチーフに随所で突き当たるだろうから、先回りして少し見ておきたい。

先ほど見た事典類では説明が完全に別物だったが、一九七〇年代後半から九〇年代くらいの間、歴史学と民俗学がかつてない蜜月を迎え、「社会史」と呼ばれるホットな分野を切り開いていた。最も有名な中世史家網野善彦を中心として、新しいテーマや手法が咲き乱れた。その幅広い関心の一つに被差別民というテーマがある。古代に聖なる存在だった朝廷や大寺社などの権威が南北朝動乱期に地に墜ち、それに伴い聖なる存在に服属していた特別な職業・技能を持った民（職能民）が一般民（平民）から差別されるようになっていった、というのである。注目すべきは、この「聖」からの転落、「賎」という立場への転回が、まさに職能民が特別な職能を持つがゆえになされたという点である。現代人が「神技」を感じる以上に、中世人は職能民の駆使する技術や演じる芸能、呪術などに神仏の力をありありと感じ、そのことが逆に区別・差別の意識を強め、定着させたのである。

柳田の民俗学的関心のスタートにも、こうした賎なる民がいた。しかし、後には「常民」＝ごく普通の百姓（定住農民）の日常生活の研究が中心となり、被差別民や漂泊民といった「非常民」は彼の関心から外れていった。以下の三者も、彼の関心の変化を跡付けているように思えてならない。

塚穴の漂泊者

まずは『毛坊主考』の黒鍬。この文章は、大正三（一九一四）年三月から翌年二月まで十一回にわたって「郷土研究」誌に書き継がれた。毛坊主とは、俗人ながら死者があれば導師となって弔いを司る者をいう。黒鍬は「法師戸」という文中に現れる。

その二は土を穿《ほ》り岩を斫《き》る等の土工の技術である。この技術が一般人民の中にいまだ十分に発達せざりし時代に、特に精巧なる器具と優れたる熟練とをもって世に持て囃《はや》された一種の階級がなかったろうか。たとえば井戸掘り・池作りその他俗に黒鍬《くろくわ》と呼ぶ職業、ないしは大昔陵墓の築造に使役せられし人夫は、普通の百姓から点課せられた者とは思われぬが、果してまた一二の事例がこれを暗示するがごとく、シュクあるいはハチヤなどの祖先がもっぱらこれに与《あずか》っていたのではないか。

（引用はちくま文庫版全集 第十一巻による、以下同じ）

『毛坊主考』は、さまざまな名前を持ち漂泊する宗教者への関心から書かれ、柳田の初期の関心をよく表す。

引用文中の「宿《シュク》（夙）」や「鉢屋《ハチヤ》」は、「聖《ヒジリ》」、「鉢叩き」、「博士《ハカセ》」、「声聞師《しょうもんじ・ショウモジ》（唱門師）」、「陰陽師《おんみょうじ》」、「院内《いんない》」、「散所《さんじょ》（算所）」、「万歳《まんざい》」、「寺中《じちゅう》」などとも呼ばれた。

これら漂泊民を論じるに当たって、柳田は彼らが陵墓あるいは塚に住むことに着目した。先住の農民による屋敷や田畑の占有が終わった後、「一団の見知らぬ人民」が入ってきて川原、砂浜、陵墓地など無住の地に棲む。定住して農業を営むのではないから広い平地でなくともいいし、かえって木々に紛れて好都合というわけである。だが、普通はそこに「恋々として留まりおるはずがない」。ただ、「ある一種の団体の間に限って永く慣習となって存続した」。塚の近傍ないし塚穴に住み続ける要因には神道・仏教に伴う穴の中での祭典・修法があり、他方で貴人を埋葬した古墳に対する「数千年来の人道の痼疾《こしつ》」、「由緒ある産業」である墓荒し・宝探しがある。塚での祭祀は聖の領域、墓荒しは聖から引き下ろされた俗の領域といえようか。引用文は両者の間に要因「その二」として挙げられる。

柳田の文章は、うっそうとした草叢をくねくねとたどる心地がする。掻き分け踏み分けてたどり着いた先の黒鍬は、「土工の技術に練熟していた」漂泊民だった。千葉のある村で、「慶長年間に三河国から土坊師《どぼうし》と称する土方体《てい》の団体」が多数渡り来て村の北方の谷に横穴を構えて住んだ記録の紹介もしている。古墳の築造に携わり、そのまま塚に居を定めることもある。黒鍬は、そんな特殊技能を持つ漂泊民の系譜を引くというのである。

なお、塚は柳田にとって終生変わらぬ関心事だった。『毛坊主考』に先立ち、塚をテーマにいくつかの文章を書いた。『日本伝説名彙』（一九五〇）では、木や石・岩、水（辺）、坂・峠・山などと並び、塚を伝説を生み出す特別な場所として扱う。塚は「築《ツク》」を語源とし、平地より高い所に神霊が寄り付きやすいという信仰に由来する人工の高み、人工の聖地である。行人塚《ぎょうにんづか》、七人塚など「〇〇塚」とあるのは、その〇〇が、土中入《にゅう》定《じょう》（土中での即身成仏）したとか、七人が殺され埋められたとかの由縁を表現している。悪霊の侵入を防ぐために村境に築かれることもあった。引用文の題名である「法師戸」の法師は、宗教者であり、境界表示である「傍示《ぼうじ・ほうじ》」にも由来する。

そのような特別な存在としての塚の築造に携わったという意味で、手にある特殊技能（土工事）だけでなく存在そのものが特別な価値を帯びてしまう、おまけに一所に定着しないという曖昧な存在、それが『毛坊主考』時点での柳田の黒鍬像だった。

武蔵野の昔

次は、大正八〜九（一九一九〜二〇）年の「武蔵野の昔」（『豆の葉と太陽』、一九四一所収）である。

自分等は竪《たて》に地底に向って井を掘るの技術が、そう夙《はや》くから東国の田舎の開墾地まで、入っていたとは信ずることができぬ。おいおい調べてみたらいつ頃からということが分るであろうが、これは何でも下財《げざい》とか黒鍬《くろくわ》とかいった特殊の労働者の技術で、鉱山などの進歩と関係のあるものらしい。普通農家の鋤《すき》や鋤簾《じょれん》では、狭い穴を深く穿《ほ》ることはむつかしい上に、素人《しろうと》の細工ではしばしばえらい労力が徒爾《とじ》になる危険がある。すなわちあらかじめ地面の上からどのくらい掘り下げたら水があるかを、知るだけの智力が必要であったのである。（ちくま文庫版全集 第二巻）

「武蔵野の昔」は、「近年のいわゆる武蔵野趣味は、自分の知る限りにおいては故人国木田独歩君をもって元祖となすべきものである」と始まる。『武蔵野』（一八九八）の作者独歩は、島崎藤村や田山花袋などとともに、文学青年だった頃の柳田と親交があった。

独歩の武蔵野は、昔はススキの果てなき原で今は林、ナラ類の落葉林によって描かれるのに対し、柳田は人々の住みつき方に眼差しを向ける。地形から水源や植生、家屋敷、道路、塚や石仏の信仰に至るまで、さまざまな景観構成要素から先人の営為を読み解く。「国木田氏が愛していた村境の楢の木林なども、実は近世の人作であって、武蔵野の残影ではなかった」とし、ブームとなった武蔵野「趣味」ではなく武蔵野「研究」を進める。

とりわけ、「武蔵野の文明史を研究せんとする人にとっては、水の問題は最初に注意すべき事柄である」として、水の供給にこだわる。多摩の開けた順序は用水から知られる。人工水道から引水する村は最新、谷の入口にある井の頭から汲むのは中古の村、大川の流れに沿うか山地付近の清水を飲む村はさらに古い、と。

こうした視角からの黒鍬像は、地下水脈（水みち）を探査して掘り当てる鉱山技術者だった。ここでも塚造りと同様、特殊な技術を有する技術者集団の像が健在である。「掘兼《ほりかね》の井」をめぐってその姿があらわになる。

引用文に続き、井は「ゐ」、一つ処に止まることを意味し、水の「ゐ」とは井堰と同じく流れる水を何らかの手段で止め（溜め）置くことだとする。川のない地域の「井」は、丘陵と平地との接点で山の雫《しずく》を溜め、地下水の露頭の傍を掘り凹《くぼ》めて逃がさぬようにしたが、武蔵野では地形上適地が少ない。地中での水の分布が不均質で、わずかな傾斜地を掘れば水脈が集まる他所とは違う。武蔵野に伝わる「逃げ水」という現象に対して、柳田は、蜃気楼などではなく、砂礫に浸透して表流水が消えてしまう、と解釈する。

掘兼の井にはそんな状況が背景にある。堀兼という地名が現埼玉県狭山市にあり、同名の神社に県指定文化財の井戸もある。掘兼の井は『枕草子』（一〇〇〇頃）が触れ、『千載和歌集《せんざいわかしゅう》』（一一八七）の藤原俊成のほか、多くの作歌がある。各地に同じ地名や井戸が残り、歌の井戸がどこかは定まっていないらしい。

「掘兼の井」と呼ばれる井戸は、地面を大きく螺旋状に掘り、できたすり鉢の底から鉛直に竪穴を掘る形式のもので、「降《お》り井」、「下《くだ》り井」、「七曲井」などともいう。有名な東京都羽村市の五ノ神神社ほかの「まいまいず井戸」は、掘られた螺旋形がかたつむり（まいまい）を連想させたことによる。「竪に地底に向って……掘る」ことや「狭い穴を深く穿る」ことが困難だという引用文は、困難だからこそこの形式を選ばざるをえないという事情にかかわる。建設時の土木技術の水準を反映しているとされるが、それでも水みちにうまく掘り当てる能力が必要である。井戸の背後にそんな特殊能力を持った技術者が透けて見える。

なお、ここに黒鍬と並べられた「下財」というのは、精錬も含めた鉱山業者全般、あるいは特に坑夫のことをいう。柳田は『地名の研究』（一九三六）の「金子屋敷」の項で、「ゲザイという語の由来並びにこの徒の歴史を明らかにしたら有益であろうが、まだこの部面は真暗だ」と言う。ここでは深追いはしない。

行くとして可ならざるなき……

昭和六（一九三一）年の『明治大正史 世相篇』では、黒鍬の姿は一転する。

非常に懸け離れた兼業にも転業にも、行くとして可ならざるなきは、わが国労働者の著しい特徴であった。土方《どかた》・黒鍬《くろくわ》ないしはそれ以上の手練を要する労働でも、農村人は容易に学んでこれに移ることができた。農業の技術はますます専門の修養を要して、他業よりこれに転ずることはほとんど不可能となった反対に、農業から他へ転ずることは実験上容易なのであった。（ちくま文庫版全集 第二十六巻）

なんと、黒鍬とは農家が容易に転身した者だというのである。一方で「非常に懸け離れた」とか「手練」といいながら、前期に見られた漂泊（技術）者のイメージは片鱗すらない。手にする技術の質も比較的低く見ているように感じられる。「普通の百姓」の手に負えないものではなく、さきの方言群の枠内にほぼ収まっている。

この本は、「眼に映ずる世相」、「食物の個人自由」、「風光推移」、「恋愛技術の消長」などユニークな章を立て、「毎日我々の眼前に出ては消える事実のみに拠《よ》って」、固有名詞を一つも挙げずに書いた歴史であり、その大胆な実験ゆえに名著といわれる。

黒鍬は、「伴を慕う心」、群に従う心性の現れとして「共同の幸福」のために結成される組や講、団体、組合、組織などを扱う章に唐突に出現する。「組合の自由と聯（引用者注：「連」）絡」として、明治維新以降の「新しき団結」の例に労働組合を挙げ、その「苦悶」が「移動していく大量の労働力の配賦問題」にあるとする文脈の中にある。

「労力の配賦」には別な一章も宛てられている。本が出版されたのは、昭和恐慌の波をかぶって社会の疲弊や失業が深刻となり、多数の出稼ぎ人が一斉に帰村して常民の共同体が危機に瀕した時期だった。出稼ぎ、移住、女性労働、親方制度について、彼は語る。労働力のはけ口として、海外移住・移民や遠洋漁業が提案される。時代が映し出されているのだろうが、これには首を傾げざるをえない。ともあれ、出稼ぎ人の労働力を配分・調整する機能を果たしていたのは寄親＝寄子という親方制度であり、それが崩れた今となっては、「この大いなる仕事」を自発的な労働組合が果たせ、と期待をかけるのである。

この時代の土方という業界には、「純粋土方」などと呼ばれる専門的な同職組織があった。これらプロが農村からの出稼ぎ人などの未熟練労働者を動員し、指揮統率して仕事を進める。このプロ集団が親分・子分の固い絆で結ばれていた。プロ—未熟練の階層差を含みながら、建設業界は全体として親方制度が「労力の配賦」をしてきたというわけである。

東京帝国大学で農政学を修め、社会人のキャリアを農商務省から始めた柳田である。「労力の配賦」のテーマに一貫して問題意識を持ち続けてきた。『農政学』（一九〇五）で「農業分配政策概論」、『時代ト農政』（一九一〇）で「田舎対都会の問題」、『都市と農村』（一九二九）で「指導せられざる組合心」と「予言よりも計画」

（ここでは「労力の配置」とある）の各章そして本書とたどることができる。社会全体ないし国土を見据えた眼に、「都市をこの大切なる労力配置の目的に、利用し得なかったのは我々の不覚」、解決すべき一大問題と映っていた。黒鍬はその第一歩に置かれている。

「黒鍬」という語こそ出てこないが、……引用文とほぼ同じ言い回しが同書の別の章にもある。「農民には転じ得られぬという職業は一つもなかった。……現在ある限りのすべての業体で、彼等が来て参加しておらぬものは一つでもない。……海や鉱山や機械場などのまるきり知らなかった技術にも……遊女のごとき特殊な勤労にまでも……少なくない。……しかもこの行くとして可ならざるなし、何にでもなれるという自信が、幾分か職業の選択を粗陋《そろう》にし、また中途からの転換を頻繁ならしめたことも争われない」と。この章は「家永続の願い」という。常民のイエをめぐる観念もまた、彼の一大関心テーマだった。「農民分子のやや無謀なる進出」は、家の存続にとっては不利であり、反面、社会相を急激に「複雑にまた興味多く」した、という。悲しむべきか、ワクワクを楽しむべきか。

以上、黒鍬という得体の知れない者たちを前にして、巨人柳田國男さえ揺らいでいる。この振幅の大きな揺らぎはいったいどういうことか。実のところ、こうした揺らぎ、ブレこそが黒鍬の正体なのかもしれないとさえ思えてくるのだが。

四．四つの系譜

これまでのところで、統一したイメージを結ぶことができただろうか。

謎めいて見える黒鍬の正体を明らかにするためには、異なる血筋が錯綜するその一つ一つにピントを合わせ、丹念に読みほどいていかなければならない。黒鍬には四系統の血筋があるようである。血筋といっても正統に家系が継がれる者たちではないから、四種の異なる実体が漂って、一つのしかし曖昧な像を結んでいる、くらいの意味でとりあえずの交通整理にすぎないが。

まずは江戸幕府や諸藩の役職としての姿がある。彼らは戦国期に築城や鉱山技術をもって領主に仕えた者たちの末裔である。流動的な時代から幕藩体制の安定を迎え、家臣団編成に伴い職制に組み入れられた。平時になって種々の雑用が主となり、次第に専門技術から抜け出た後、同じような境遇のお庭番などと混同され、『子連れ狼』などに描かれるような陰の役目を果たす者たちの代名詞として扱われるようになったようである。最下層の役人であるから、生活にはそれなりの悲哀が漂う。この血筋を「『お役目』としての黒鍬」と呼ぶことにしよう。

次に石工、つまり〈石の達人〉としての姿がある。棚田など石垣が重要な役割を果たす場所に出没する。滋賀県大津市の穴太衆のような名だたる匠もいるが、「くろくわ」とだけ呼ばれる無名の者も多い。柳田國男からの引用の一番目と二番目は、土木と鉱山という対象は異なるがいずれも専門家ないし特殊技能集団を扱っている。この姿も戦国期の技術者集団から派生したものである。はるか後代にはそうした出自は伝説の中に埋もれてしまったようであり、官職とは別の範疇で考えてみたい。井戸掘りや鉱山技術もここに含める。

三つ目は農間余業、つまり出稼ぎの職種の一つとして。江戸期の農民たちは、世上イメージされるように自給自足で完結したのではなく、副業・兼業をけっこう持っていた。柳田の三番目の引用にこの事情が反映している。農閑期に在地の周辺で余業をして稼ぐばかりか、通年で遠方に滞在し、近畿地方での「尾張《オワリ》衆」のように他の地域でその名をとどろかせていた者たちもいた。だが、整然とした組織とはほど遠く、自然発生した群れといった方がいい。「『タビ』としての黒鍬」の血筋である。

　最後に、人ではなく道具《モノ》（農具）として、鍬の一種としての姿がある。黒鍬は大型で刃も厚く頑丈で、開墾・土工用に使われた。方言にもある。鍬は使えば消耗し、製造と同じく更新も必要だから、鍬の背後には、それを支える農鍛冶のシステムが伴っていた。

　これら四筋の流れが、互いにイメージをダブらせながら私たちの前にある。一つ一つに含まれる要素は多く、また、複雑に連鎖、関連し合っており、単純に割り切れるものではない。

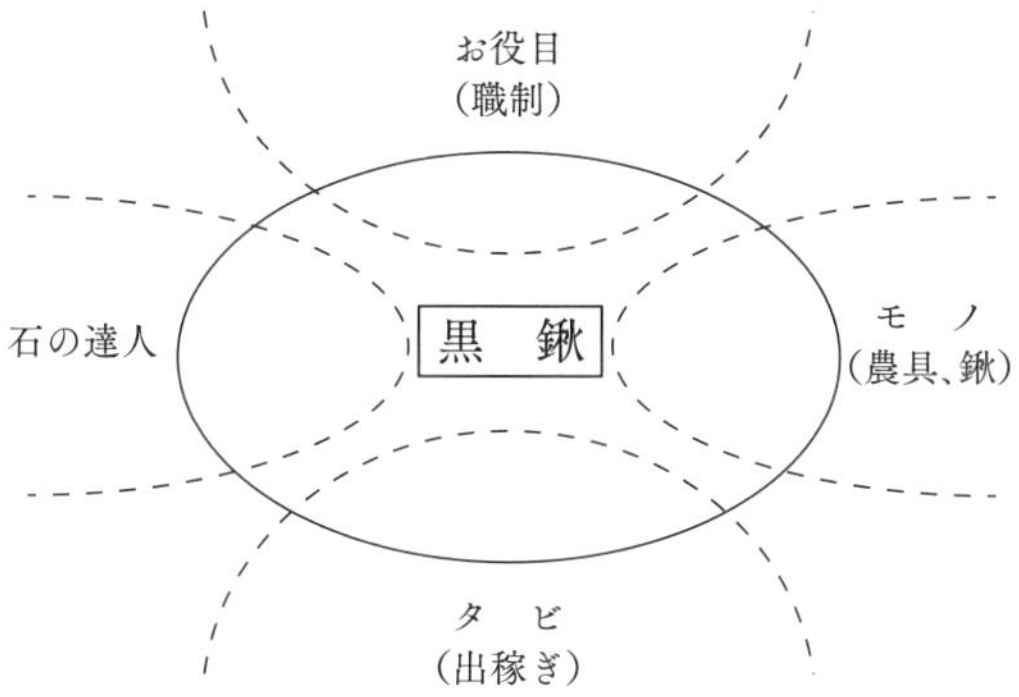

黒鍬、四筋の血統

　自ら名乗らずとも、彼らのなし遂げた事績はかなりのものだったといえる。加えて、古い時代には、今なら呪術や芸能、宗教などに分類される要素がかかわってくるだけに、「黒鍬」の名にますます畏怖が込められる。そもそも農業生産の根幹にかかわる技術者が崇敬の的でなくて何であろうか。現代に流通する言葉も、「クロクワシ（師）」と敬称が付いたり、「くろくわさん」と親しみが込められたりしていて、その辺の事情が何となくわかる。

　また、彼らは仕事があればどこへでも出かけていく〝渡り〟の性格が強い。各地で係累をつくり、できたネットワーク上を情報と人が流れる。「探索方」に象徴される闇の性格はここから生まれる。

　これから順次、①「お役目」としての黒鍬、②〈石の達人〉としての黒鍬、③「タビ」としての黒鍬、④「モノ」としての黒鍬という道行きをたどる。道行きにはお遍路のように「同行《どうぎょう》二人《ににん》」として、四筋の流れのそれぞれにふさわしいその道のプロが連れ添ってくれる。

いや、弘法大師の叡智が常にそばでわが身を導いて下さるなどというスマートな旅ではない。筆者の地の語りと案内人の語りが肩を並べたり割り込んだり、かけ合いを演じて交錯していくことになるだろう。語りの素材は近世を中心とするもそこにとどまらず、二人とも時間や空間の壁をすり抜けて自在に広がっていく。それゆえ、以下に出てくる年代や官職、人称などの表記については、案内人は彼の生きた時代の呼び方でなければならないが、二十一世紀の現代での通例の呼び方（江戸期、幕末、近代、幕府など）に統一される。人名に対する敬称も、案内人の語りの一部を除いて省略する。

第一話

戦国を駆けめぐる——「お役目」としての黒鍬　その一

一、始祖を求めて

司馬遼太郎の「黒鍬者」

司馬遼太郎は、『燃えよ剣』を書いているときに一人の男に興味を惹かれた。江原素六《えばらそろく》。下級幕臣として生まれ、幕末から明治の動乱を生き延びて沼津兵学校や、後にはキリスト教系の麻布中学校（現麻布学園）を創立した。「福沢諭吉ほどでなくても、新島襄よりは魅力のある」教育者だという（『歴史と視点』、一九七四所収「黒鍬者」、以下同じ）。また司馬は、江原の人物もさることながら、「幕末における最下級の直参の生活の一例がよくわかっておもしろかった」とも言っている。

江原といえば、どの伝記でも『祖先書』により出自が紹介される。それがほかならぬ「黒鍬者」である。狭い住居、楊枝削りの内職、「学問を好むは貧乏のはじまり」という頑迷な父親の教育観。その最底辺の生活から、江原は「嚢中の錐のように」頭角を現していくというストーリーで、同じような境遇の勝海舟とともに、司馬は共感をこめている。

しかし、そんな境遇に想いを寄せるのは短絡的である。惨めな幕末の生活は、二代前に無役の身となったためだった。『祖先書』によると、素六は九代目で、「元祖」は覚左衛門、徳川家康に「年月不相知於三河黒鍬同心」に召し抱えられた。彼は後に定普請同心《じょうぶしん》となる。次代以降、六代目までに作事方勘定役、作事下《しも》奉行、大工頭、畳奉行、裏門切手番之頭など、作事つまり建築畑を軸に出世の階段を駆け上っていった。なかなかの栄達ぶりではないか。無役は七代目以降のことである。

江原氏の故郷は三河国江原郡（現愛知県西尾市）である。「江原氏の先祖の身分が何であるにせよ、家康は、矢作《やはぎ》川の流域の村村から黒鍬の者を採用していたという想像はゆるされないであろうか」と司馬は言う。

永禄三（一五六〇）年の桶狭間の戦いで、家康はまだ松平元康として今川義元軍に属し、織田方の丸根砦を攻撃した。そこに江原という姓の者が参陣していた。家康の本拠だった岡崎時代からではなく、せいぜい永禄をそう遡らない時期に臣下となったか、今川氏の三河支配の際に武士となって家康軍に配属されたか、そのあたりの新参層だった。「近世」を画したといわれる兵農分離（刀狩り）より前のこと、武士といってもおそらく地侍《じざむらい》、農業を営み「士」か「農」か区別のつけがたい農村のリーダー程度であろう。素六の先祖の江原覚左衛門がもしそんな一党に連なっていたのなら、家康の三河統一前からの直参ということになる。

家康の三河統一に向けては一大事件があった。三年後の三河一向一揆である。家中が二つに割れ、一揆に加担する者も多くいた。平定後、家康は一揆側に就いた者たちの帰参を許すが、江原氏もこの帰参組にいたとされる。

さて、江原氏が姓とした江原の地は、現在「矢作古川《ふるかわ》」と呼ばれる矢作川の旧河道に沿った氾濫原である。一帯の様子を、江戸前期の三河の農書『百姓伝記』は「堤数度切て在家を流し、人をころす」（岩波文庫版による）と強烈な言葉で描く。慶長十（一六〇五）年に瀬替え（流路変更）がなされたが、その後も江原村は小河川を含めて川欠け（堤防決壊）や砂入り（土砂堆積）などの災害をしばしば受け、石高が安定しなかった。

水と闘わずして生きていけない土地なのである。司馬は、江原の農民は「堤防工事に熟しており、黒鍬者になるための多少の技術はもっていたにちがいない」としている。『百姓伝記』巻七「防水集」は、築堤から河川改修の方法、水制工法、洪水予知法、河況に応じた治水法などを掲げ、用水・ため池や防潮堤に及ぶ。これらすべてが、農民が知り実践すべき技術として農書にあった。大規模な川除《かわよけ》（治水）工事が藩や幕府で実施される前夜の在地の技術であり、同書が江戸前期農書の頂点といわれるゆえんである。

江原氏がもし、江原の地をルーツとした地侍ならば、そんな技術はお手のものだったかもしれない。さきの『祖先書』で、実は「元祖」覚左衛門よりも前に「誰後胤と申儀相知不申三河国江原村居住罷在候処年月相知不申黒鍬之者へ被召出候」とある。どこの誰の子孫かわからない江原村民を「黒鍬之者」に召出したというのである。この「黒鍬之者」とさきの「黒鍬同心」、微妙な言葉遣いに「農」と「士」、「民」と「官」との差が表れているようである。

揺らぐ、司馬もまた

黒鍬なる者を、司馬はこう説明する。

戦国期には、諸大名は戦闘員のほかにこういう労働力（引用者注：黒鍬をさす）をもっている。合戦がすむと飛び出して行って死体を片づけたり、遺棄兵器を始末するなど、戦場掃除をするのである。平時には城普請などの非技能的労働にも従事する。戦争がはじまると予定戦場への道路を見に行って道路が大部隊の通過に適しないという場合は大いに鍬をふるって道普請をする。ついでに敵情偵察もし、放火もする。ふつう戦闘に加わることがなく、身分上でいえば最下級の戦闘員である足軽よりもずっと下である。その補充は、足軽の場合と同様、領内の農民から希望者をとってゆく。ときにむりやりに徴発されるという場合もあったにちがいない。

揚げ足取りのようになるが、黒鍬の像がズレてはいないか。諸大名の軍事組織に組み込まれた者たちのことを「非技能的労働」とは、いったい何なのか？　先ほど、農民のままではなく「黒鍬者になるため」に、江原氏の先祖は堤防建設の専門技術を持っていた、と言ったばかりではないか。この揺らぎは柳田國男にも現れていた。多少の技術を持つようになった者は『毛坊主考』や『豆の葉と太陽』の専門的技術者を髣髴とさせる。

かたや非技能的労働者像は『明治大正史 世相篇』での転身農家に通じている。

必要に迫られて自然発生的に農民が水や土を扱う技術を習得し、やがて腕のある者が専門職の役人として登用された、おそらくそんなところなのだろう。農民と武士の区別がつけがたい地侍、農村のさまざまな手わざから離れていない身である。大名側の方も、家臣団の編成と強化のために能力のある者を召し抱えなければならなかった。家康が自らに刃向った一向一揆に加担した者たちをも取り込んだくらいである。幕府となってからも、三代家光の頃までは幕藩体制の確立が急がれ、新規に召出《めしだし》といわれる幕臣への登用が多くあった。主従で利害が一致したのである。

では、戦国の軍隊の中で、黒鍬はどんな役割を果たしていたのか？

二、戦の世に

軍団の中で

牛窪権右衛門景定《うしくぼごんえもんかげさだ》と申します。厳有院《げんゆういん》（徳川四代将軍家綱）様の御代に黒鍬の頭《かしら》を務めておりました。ご公儀のお偉い方々、たとえば目付などを務められた高官に言わせれば、我々なんか「小使のような者」、「僕《しもべ》」にしかすぎません。どんな人物がいたかなど目付は知らぬなどと切って捨てられる「下々の者」ですが、話さなければ始まりません。

さて、戦国期から近世の軍隊は、いくつかの独立した戦闘単位、「備《そなえ》」と呼ぶ軍団の集合体でした。それぞれの備は大名自身や家老級の重臣が率い、騎馬隊、足軽隊、物資補給の小荷駄《こにだ》隊などから構成されました。馬

戦場の非戦闘員（職人）

流派	職人	出典
甲州流	御台所かしら衆、御納戸衆、御膳奉行衆、御くすし衆、御右筆衆、御はなし衆、御ぐしそり付り法師たち御使僧衆、御馬屋別当衆、御馬の血とり、御さいく衆、大工衆付り金穿、猿楽衆・笛ふき・つゝみうち、御まかなひ衆	甲陽軍艦末書
北条流	「諸役者の外陣中へ可召連者」として 儒者、医者・本道・外科共に、大工・鍛冶、かねほり、しのび在所の案内者、算勘よくして正露に蔵まかなふもの、さるがく、伯楽馬血取、水れん、出家計策のためめしつるる	兵法雌鑑
上杉流	「陣補子」として 右筆、鷹師、馬医、算勘、出家、儒者、医者、能太夫、船頭、猟師、海士、金堀、具足師、弓打、鑓細工、研師、筒張、鍛冶、番匠、鋳物師、紺掻、絵師、革屋	武門要鑑抄
山鹿流	「軍中へ可召連人品の事」として 軍配者、忍、算勘者、郷導地形之案内者、水練、文者右筆、医者本外馬医共に、出家、猿楽、大工、鍛冶、細工、金掘	武教全書
林子平	「陣中ぇ召連ル役者」として 医者、儒者、出家、猿楽、金堀、算勘、弓工、銃工、鍛冶、染師、塗師、咄之者	海国兵談

に乗らない侍、徒士《かち》も若干います。足軽隊は、持つ武器によって鉄砲足軽、弓足軽、槍《やり》足軽（足軽の槍は「長柄《ながえ》」といいます）に分かれ集団行動します。このうち戦闘員は騎馬・徒士の武士と足軽くらいで、大量の非戦闘員を従えていました。足軽は金で雇われる傭兵や、大名や家臣から給付を受ける者などさまざまでした。

非戦闘員は、騎馬の士の従者である又者《またもの》のほか、中間《ちゅうげん》・小者といわれる従者、人足、馬の口取《くちとり》などがいました。荷物運びなど雑用に携わりますが、その数は戦闘員よりも多かったのです（馬もです）。

江戸中期、十二万五千石の大老級の大名の藩では、九つの備があって戦闘員が約二千人、これに対し非戦闘員は四千八百人と倍以上いて、馬も戦闘用が三百六十匹、運搬用駄馬が五百七十でした。又者は、騎馬の士の従者として五人ほどずつ、主人の側を離れず脇を固めるので戦闘に巻き込まれることもありますが、それ以外の者は、松平信興『雑兵《ぞうひょう》物語《ものがたり》』（一六八〇頃）が言うように、戦闘に参加すること自体「推参《すいさん》な」（出過ぎた）こととして、道具を持ち運ぶ役目を果たすばかりでした。

このように、戦闘には支援の非戦闘員が不可欠でした。城や陣地の構築をはじめ、前には攻撃、後ろには兵站のため、もっと身近には物を持ち運ぶのに必要なのです。年貢の高に応じて「役《やく》」として領国の村々に割り当てられ、動員されるのが原則でした。

また、これら軍団では、城下町を一揃え持って行くくらいに、実に雑多な職人群を必要としました。諸流派の兵法書は各種の職人群を挙げています。ただ、林子平の『海国兵談《かいこくへいだん》』（一七九一）では、職人を職人として召し抱えるのは「無術の一端」とし、足軽と兼用させよと述べていますが。

でも、残念ながら「黒鍬」という職種はどの書にもありません。兵法書の職種で建築・土木を担当したのは、大工ないし番匠、金掘りでした。水練は河川の浅深を測る者です。算勘も曲者です。

さきの藩では、職人群は三十人ほど、九つの備のうち大名自身が座す「御旗本備」に属していました。他の備が総勢五百人ほどだったのに対し、「御旗本備」では、他の重臣の備と違って、側近警護の小姓（徒士）や馬廻《うままわり》、伝達・報告のための使番《つかいばん》の騎馬武者も大勢いますから、総勢は千三百人にも上ります。注目すべきは、この藩には「御先江参候御役人」という先発隊がいたことです。編成は大工十人が人足五十人を伴い、それを中心として総勢九十人、馬十匹ほどでした。九つの備に先立って陣小屋を設営するのです。

ところで、こうした軍団編成はあくまで近世のもの、組織者つまり藩が全員分の兵糧を要員として確保する時代だから人数が把握されるのです。戦国期には兵糧などは各自の自弁が常でしたから、現地調達や略奪が至る所でおこなわれました。職人群も含め、さきに述べた非戦闘員は村々からの割り当て動員でした。司馬が「農民から希望者」をとるとか「ときにむりやりに徴発」と言っていたとおりです。長期戦となると、大量の非戦闘員が動員された地域も軍隊に滞在された地域も、悲惨なありさまとなり果ててしまいます。

このような事情からみると、黒鍬は、職人（職種）というよりも人足のような曖昧な身分で土木工事も担当する、いってみれば〝機能〟として扱われていたのだと思われます。そうして闘いを数々重ねるうちに、「黒鍬者」という専門技術を備えた常勤者になるために「多少の技術はもっていた」者が頭角を現していったに違いありません。

もう一つの戦い

さきの軍団には陣地構築のための先発隊がいました。陣地といえば城です。現代という時代はお城ブームで、戦国期の「土の城」にも若い女性ファンが押しかけるそうですね。「土が成ると書いて城」などというまでもなく、とくに全国に四、五万か所もあるといわれる戦国の城は、もっぱら土で造る構造物でした。

要害堅固な城を攻めるのに、守り手は籠城戦に持ち込み、攻め手も陣を構え対峙します。陣は臨時でいわば使い捨てのような場合もあり、居館と見まがうほど長期間にわたって滞在することもあったようですが、単なる小屋がけの布陣にとどまらず、ある程度しっかりした普請をするようになっていきます。整地をしないで地形そのままを囲って郭《くるわ》（曲輪）としたものが次第に堅固な構えとなり、戦国期も後半になると、土塁を盛り堀をうがち、縄張り（設計方針）に則った立派な陣城《じんじろ》が普請されるようになります。

土の城だった戦国の城では、臨時の攻撃拠点である陣城でさえも、さまざまな普請がなされました。土地を掘り込んだ堀と、その土を盛った土塁が基本です。堀のレパートリーは豊かで、尾根を断ち切る堀切《ほりきり》に城をぐるっと囲む横堀《よこぼり》、斜面に沿って掘り込んで敵の回り込み移動を防ぐ竪堀《たてぼり》、さらにはそれを何重にも並べた畝状《うねじょう》竪堀群もあります。斜面を削り落とした人工的な崖である切岸《きりぎし》は、『太平記』（一三七〇頃）にも現れています。楠木正成の千早城は、攻め手が「切岸の下までぞ攻めたりける。されど岸高うして切り立つたれば、矢武に思へど（引用者注：心がはやって）も登り得ず」という具合でした。

天正十一（一五八三）年、越前と近江の国境付近で羽柴秀吉と柴田勝家が戦いました。有名な賤ヶ岳《しずがたけ》の戦いですが、この戦いは「史上最大の築城合戦」といわれます。羽衣伝説で名高い余呉湖《よごこ》から北国街道を少し北に向かったあたり、両軍は本陣の他にいくつもの陣城や付城《つけじろ》（臨時の砦）を築きました。勝家が本陣とした玄蕃《げんば》尾《お》城などは臨時拠点と思えないほどの本格的な構造を持っていました。風光明媚な湖を血で染めた激戦は、秀吉軍と勝家軍がそれぞれ構築した攻撃拠点群のネットワークが対峙して繰り広げられました。

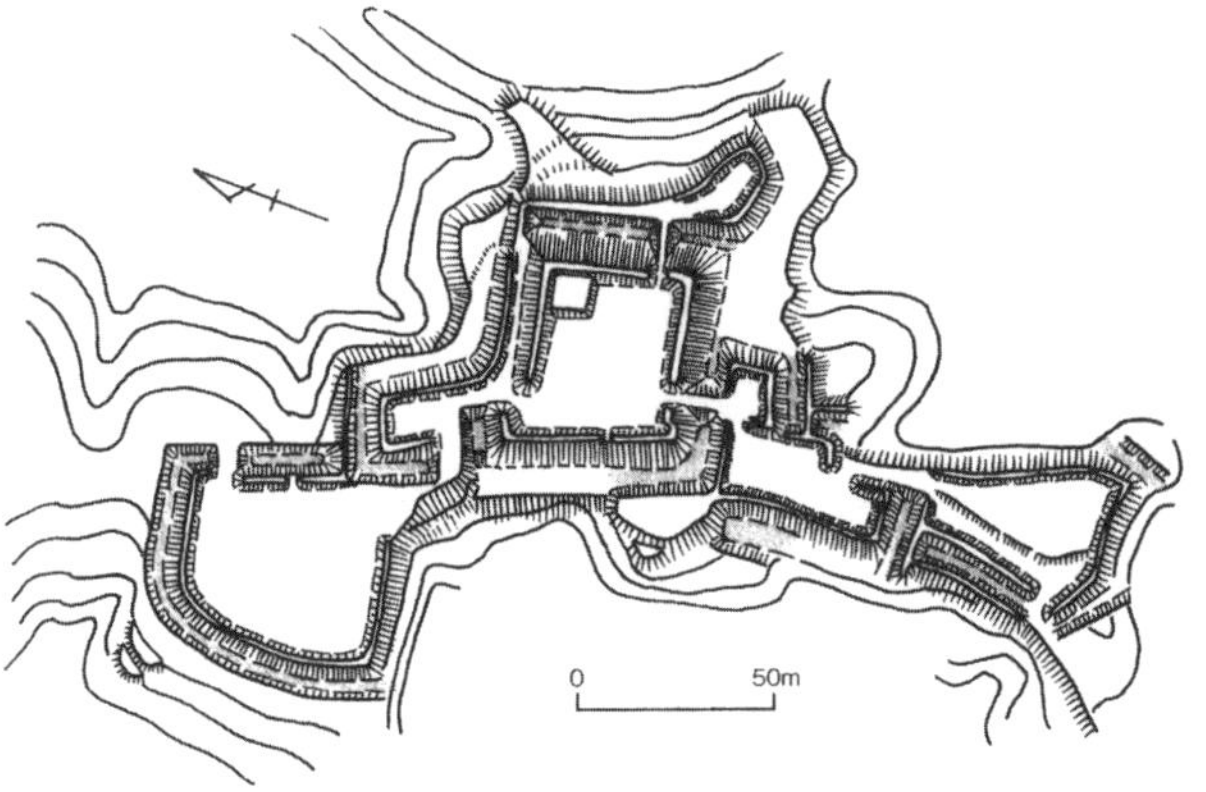

玄蕃尾城の縄張

福井県敦賀市と滋賀県長浜市余呉町の境界に位置し、賤ヶ岳の合戦で柴田勝家が本陣として設けた陣城。中央に約30m四方の方形の主郭があり、そこから南北に曲輪が突出する「外枡形」の形式で、曲輪の周囲には土塁と堀をめぐらせている。中井均・齋藤慎一『歴史家の城歩き』より、中井均原図。

　このように、合戦時には普請に対する絶大な動員力を持っていなければなりません。太田牛一による織田信長の伝記『信長公記《しんちょうこうき》』（一六〇〇頃）では、信長がおこなった軍事用道路や「しし垣」（土塁）、城攻めの堤防など、工事の記述が随所に見られます。秀吉も、美濃の墨俣《すのまた》や相模の石垣山で残した「一夜城」の伝説を持ち、普請動員力の速さと大きさをうかがえます。石垣山城は北条攻略のための秀吉軍の本営で、北条氏の本拠小田原城を見下ろす石垣山に築かれました。陣城とはいえ、山のほぼ全域を囲む石積みや二層ないし三層の天守閣まで備えていました。さすがに「一夜」では成らないでしょうが、種明かしをしてみれば、完成した深夜に城の前面を隠した樹木を一斉に伐採したところ、「小田原勢肝を潰し、こは彼の関白は天狗か神か、斯様に一夜の中に見事なる屋形出来しけるぞやと、……諸人恐怖の思ひをなす」（三浦茂正『北条五代記』、元和年間（一六一五〜二四））とパニックを起こさせたというのです。このとき実際は八十日ほどかかりました。有名な備中高松城の水攻めのための堤防でも、十二日ときわめて短期間の普請でした。天下統一後、秀吉は京都市街を囲む御土居や伏見港など、「普請道楽」といわれるくらいの雄大な構想を実現しました。諸大名が戦陣に黒鍬を抱え、長距離の遠征にも携えて巧みに黒鍬で戦っていたことが実感できるでしょうか。

なお、戦国大名の城には領域内の村人を守るために受け入れる曲輪《スペース》が備えられていました。土の城は雨で崩れ、日常的に維持補修が必要でしたから、城普請が村の「役」（村高に応じた労働提供）として課されました。戦争という非常時のための安全策なので農民も普請に応じ、毎年の細々とした手入れから数年に一度の大規模な改修まで、村ごとに決まった持ち場で協働しました。戦闘時の築城はそれらの作業の延長線上といえます。

ここで案内人の談話に割り込んで少し横道に入る。戦国期の黒鍬のように普請仕事をした兵は、近代の軍隊では「工兵」になる。明治七（一八七四）年、近衛歩兵聯隊に初めて編成されたときには「鍬兵」といわれ、翌年すぐに工兵隊となった。組織に際してまず要員となったのは、各藩に抱えていた土工兵と、江原素六が創設にかかわった沼津兵学校の生徒だった。

帝国陸軍工兵隊は、明治三十八（一九〇五）年、日露戦争で旅順攻撃に大活躍した。壕を掘り、地下坑道に爆薬をしかけて陣地を破壊したのだったが、それ以降工兵の重要性が認識されたといわれる。大正二（一九一三）年裁可された『工兵操典』には、「工兵ノ本領ハ……其特有ノ技術的能力ヲ発揮シテ作業ヲ実行」とし、具体的には道路の開削、架橋、陣地の構築、さらには「殊ニ近接至難ナル敵塁」に「地上若《もしく》ハ地中ヨリ」近づいて「設備ヲ根底ヨリ破壊」することを任務に掲げる。

ちなみに、城郭の研究を本格的におこなったのも陸軍工兵隊で、築城本部という部署が昭和の初めから二十（一九四五）年の敗戦直前まで、城郭史の編纂に向けて資料を収集していた。城郭史編纂のための原稿は空襲で消失したが、その手控えが元築城本部員により国会図書館に寄贈された。この『日本城郭史資料』と題された資料群には、後の城郭研究で一般的になった縄張図が多く含まれている。

黒鍬はどこで何を？

本筋に戻ります。普請や城攻めは、黒鍬がいたとされるには状況証拠でしかないのではないか。黒鍬は実際に戦さに参加していたのか。いたとしたら何をしていたのか？

確かにいました。徳川氏創生期のできごとを記す『改正三河後風土記《かいせいみかわごふどき》』（成島司直撰、一八三七、伝本は江戸初期創始）に、小田原攻めの際、家康公が山中の城を攻撃するのに、「山中所々堀切有て行なやむ処、甲州より召連し黒鍬の者ども、暫時の間に道をつくりて進み行」ったとあります。司馬が言うように「大いに鍬をふるって道普請を」したのです。

ここで黒鍬を「甲州より召連」たことが注目されます。甲州といえば武田信玄の治水技術、あの巧妙きわまる御勅使《みだい》川・釜無川（富士川）のシステマティックな制御がありました。言わずと知れた「甲州流」治水の発祥の地です。

信玄が長けていたのは治水だけではありません。『見聞雑録《けんもんざつろく》』（享保末期（一七三〇年代）頃成立か）には、「岡崎筋四里手前」の宮崎に砦を築く話があります。「陣中御供之大工七拾人」が「人足ニハ黒鍬ノ本組千人道造之新組五百人」を使って昼夜兼行で作業させたことから、まるで流水が滞らずに流れる如くスムーズに完成したとあります。この書は、「道造のクロ鍬（之頭）」なる者が陣中にいた、とも記しています。江戸中期の

大坂城を攻める黒鍬（大坂冬の陣）
大坂冬の陣図屏風（模写・大阪城天守閣所蔵）

武田軍団内の黒鍬
武田信玄配陣図屏風
（富山・個人所蔵）

《武田信玄配陣図屏風》が信玄の軍団配備を描いていますが、大きな長持箱を担ぐ者たちと並んで、鍬や鉞《まさかり》を担ぎ鋤を携えた者が混じっています。場所は旗本備つまり信玄の御座所の少し後方です。脇に「旗本　新衆」と書かれています。腹巻などを付けていませんから、非戦闘員扱いだったのかもしれません。

《大坂冬の陣図屏風》（原本不明、江戸後期写本）には、大坂城に対する徳川方の攻め手が陣を築いている様子や塹壕を掘って城に近づいているさまが描かれています。そこにも鍬を持った兵が描かれていますが、こちらは腹巻を付けて、戦闘員であることが明らかです。壕よりさらに前、城の堀に直面した場所には築山があり、そこへ俵が運び込まれて積まれています。壕の後方では、掘った土を俵に詰めています。

「道造」がかかわる道といえば、名高い「棒道《ぼうみち》」が思い浮かびます。真偽は定かではありませんが、上杉謙信との川中島合戦に向けて、信玄が造った大規模な直線状の軍事用道路です。江原氏のごとく「黒鍬者になるための多少の技術はもっていたにちがいない」者たちが道路の建設にも携わっていたのでしょう。

『見聞雑録』の「道造のクロ鍬」は、道を造るばかりではありません。何をしていたかというと、合戦後に夜通し篝火を焚いて死骸を吟味し、こと切れた者は馬で領内へ引き取り、虫の息の者は陣中へ回収する作業をしていました。賤ヶ岳の合戦を描いた『賤嶽合戦記《しずがたけかっせんき》』（一六二三以後か）の黒鍬も、同じような作業をしています。大勢を決した戦いの後、勝家が本拠地である北ノ庄（現福井県福井市）へ退却したときの挿話です。勢いに任せて追撃することを戒めた秀吉が道すがら眼にしたのは、手負いの者が動けず厳しい日差しに苦しむ様子でした。「黒鍬の者ども」に申しつけます。「男女老少雲霞の」ごとくいた見物人にほうびを出して蓑や笠を集め、けが人にかけよと。これで評判が上がったようですが、そんな雑用にも黒鍬がけっこう便利に使われていたのです。

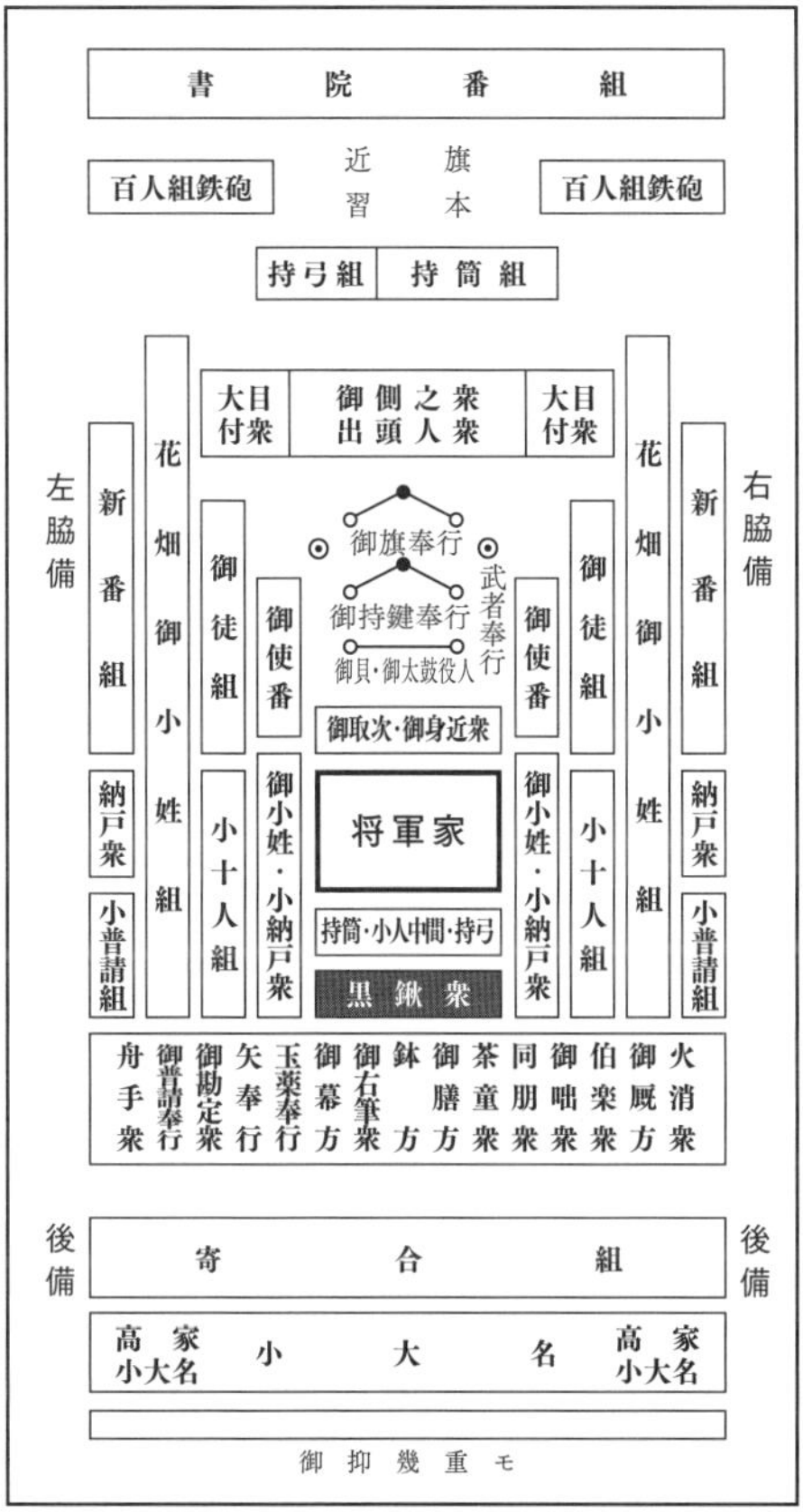

陣立図の黒鍬

井上・永原・児玉・大久保編『日本歴史大系３ 近世』所収の図をもとに作図

江戸幕府の軍事体制が確立した時期の陣立図（出陣の際の配置を示した図）にはちゃんとした記載があります。慶安元〜三（一六四八〜五〇）年頃のものとされるその図には、将軍御座所の直後に小人・中間、持弓・持筒（鉄砲）隊が付き、その後ろに黒鍬衆（人数は不明ですが）が控えています。諸藩でも、たとえば会津藩の軍事方職制を見ると、陣中のどこにという配置は不明ながら、藩主の「御本隊（中軍）」で四百八十八人中十二人、家老の率いる「陣将隊」では百六十九人中六人、その他の「番頭隊」には百四十二人中四人と、わずかずつでしたが末端に数名が連なっていたようです。

このように、黒鍬は、戦闘要員として確かにいたのです。しかも将軍や藩主の近くに。けれども、さきの諸記事からして、彼らの役回りはいわゆる側近ではなさそうです。そう、小回りの利く下働き、何でもこなす〝便利屋〟、場合によっては普請仕事もこなす雑兵といった像がそこから浮かび上がってくるようです。

三、城攻め 虚々実々

『影武者』に

黒澤明の映画『影武者』（一九八〇）の冒頭近く、こんな一幕がある。

【野田城曲輪】

……本丸の見える石段の上に泥人形のように泥水をかぶった武者が一人、異様な姿で現れて狂ったように駆け降りてくる。……

（泥だらけの武者「水だ！　本丸の水の手を掘り当てた！」……一同どよめく。）

【二の丸・内】

……使者「金山衆《かなやま》、本丸の水の手を掘り当てました」……

跡部「さて、これでこの城もこれ迄じゃ」

（黒澤明・井手雅人脚本、『全集黒澤明』第六巻。映画では（　）部は省略）

二の丸、三の丸を攻め落としたものの、敵は本丸に立てこもって二十日余り。疲れと倦怠に沈みきった攻め手を走り抜ける一陣の風、それがこのうれしい知らせだった。

地上で土木工事を担当する者が黒鍬なら、地下の土木作業に携わるのが金掘り、鉱山に携わる技術者である。地形を読み水脈を把握するとともに、掘削、測量、水替えなど、幅広い技術を持つ者として重宝された。武田氏は、黒川金山はじめ数々の金山を開発したが、開発を担ったのが『影武者』にいう「金山衆」、すなわち金掘りである。少しそちらの方へ寄り道しよう。

武田氏は、諸役の免除や「榛原郡において三百貫の地下し置かるべく候」（天正二〔一五七四〕勝頼）との約束など、恩賞の手立てを通じて金掘りを組織化した。『影武者』のシーンは、元亀四（天正元・一五七三）年、徳川方の三河国野田城への攻撃を下敷きにしている。この戦いでは、城からの笛の音に魅せられた信玄が本陣を抜け出て城に近づいて狙撃され、深手を負い死に至ったという逸話がよく知られている。映画ではこれを発端に影武者が主人公となっていくのである。

金掘りによる攻撃の中でも、水源（水の手）への攻撃は、とくに重要で効果の高い戦術である。早くは『太平記』（一三七〇頃）で、正慶二（元弘三・一三三三）年に楠木正成の赤坂城が落ちた原因が水の手攻撃だった。後に千早城でも寄せ手が着目したが、守る方は準備万端整えていたので持ちこたえたという。

水の手は城に不可欠な生活手段である。戦国期の『築城記』（著者不明、一五六五年の奥付）では、水脈をよく確かめ、水源を遠くへ求めるな、水源近くの尾根の掘削や樹木の伐採をするな、十分に水の手当をして拵えにかかれ、など、水の確保を重く見ている。

具体的な手法は、沢水を外から汲み上げるか、水路で導水するか。たとえば『太平記』の赤坂城では、「土の底に二丈余りに樋を伏せて、辺《あたり》に石を畳《たた》み、上に槙《まき》の瓦《かはら》を覆《うつふ》せて、水を十余町が外よりぞ懸けたりける」とあり、この地下水路が壊された。または天水や湧水を池や水槽（千早城では「水舟《みずぶね》」）で貯めるか、井戸を掘るか、立地条件に応じて使い分け、組み合わせる。水源を防御するために曲輪や櫓《やぐら》なども設けた。

武田信玄は、金掘りでなくとも水の手への攻撃をよく使った。城兵の首三千を見せしめに並べたという残虐きわまりない信濃国志賀城攻撃（天文十六〔一五四七〕年）では、籠城に業を煮やして水の手に攻撃をかけ、守りを崩した。織田信長の山城国園部城攻撃（天正六〔一五七八〕年）の際も、攻め手の明智光秀、滝川一益、丹羽長秀が「御敵城荒木山城、居城取巻き、水の手を止、攻められ」たため、守る荒木氏綱は「迷惑致し降参申し退散」せざるをえなくなった。これを担ったのが黒鍬だったことは十分に想像できる。

『影武者』に戻ると、二の丸では山崎努扮する武田信廉《のぶかど》（信玄の弟）や萩原健一の勝頼らが城の絵図面を囲んで評定を繰り返していた。金掘りは城の井戸を抜き、給水を止めたという。飛び込んだ報告に、侍大将の跡部《あとべ》大炊助《おおいのすけ》（清水紘治・演）ならずとも「城の命運わが手にあり」の思いを抱いたことだろう。なお、ここで井戸を抜いた信玄は、武士の情けか、城兵一人につき一日椀三杯の水を、抜いた井戸の釣瓶に託して送らせたと伝えられる。

攻めるも守るも

金掘りは幾多の戦いに登場する。映画のように水の手を切る、城の曲輪へ進入路を抜く、櫓の基礎を掘り崩す、さらには坑道から爆破するなど、攻撃もさまざまである。ここで使われた坑道掘りや水抜きが鉱山技術の応用であることは言うまでもない。

武蔵国松山城の場合、地下から櫓を崩し、城の半分以上を掘り崩した。これに対する守備側も心得たもの、

金掘りを使った城攻め

年	攻撃対象の城	攻め手	記　事	出典
永正 10 (1513)	引間(馬)城 (静岡県浜松市)	今川氏親	後ニハ寄手阿部山ノ金堀ヲ以テ、城中筒井ヲ悉掘崩シ、水一滴モ無シケレバ、勢気尽果テ	公方両将記
永正 13 (1516)	掛川城 (静岡県掛川市)	今川氏親	安部山の金堀をして、城中の筒井悉く堀くづし、水一滴もなかりしなり	宗長日記
永禄 5 (1562)	松山城 (埼玉県吉見町)	武田信玄	山の峯より堀入りて漸く櫓二つ堀くつしける	関八州古戦録巻之五
永禄 12 (1569)	立花城 (福岡県新宮町)	小早川隆景	中国には金堀の多き国なれば、金堀を多く集め、追手の方の櫓を数箇所掘り崩し、終に水の手を取り切りしかば、城中の士卒苦しむ事甚だし	西国盛衰記巻第七
元亀 2 (1571)	深沢城 (静岡県御殿場市)	武田信玄	敵金鑿（かねほり）を入、本城外張り迄鑿崩候	上杉謙信・景虎宛て北条氏政書状
元亀 4 天正元 (1573)	近藤城 (三重県桑名市)	柴田勝家 滝川一益	かねほりを入れ攻められ	信長公記巻六
	白山城 (三重県桑名市)	織田信長	築山を築き、かねほりを入れ攻められ候 (直接の攻め手は佐久間信盛・蜂屋頼隆・丹羽長秀・羽柴秀吉)	信長公記巻六
	野田城 (愛知県新城市)	武田信玄	甲州ヨリ金堀ヲ呼、城中ノ水ヲ下ヘ堀抜ケル間、是ニ力ヲ失フ	浜松御在城記
天正 2 (1574)	高天神城 (静岡県大東町)	武田勝頼	金掘にて矢倉をほり落したるゆへ城をあけわたす	常山紀談拾遺巻之一（小幡景憲談）
天正 3 (1575)	長篠城 (愛知県鳳来町)	武田勝頼	所所より金鑿を入、不舎昼夜責之	当代記
天正 6 (1578)	神吉城 (兵庫県加古川市)	織田信長	堀を填（ウメ）させ築山を築上げ……かねほりを入れ(直接の攻め手は丹羽長秀・滝川一益)	信長公記巻十一
	伊丹(有岡)城 (兵庫県伊丹市)	織田信長	諸手四方より押つめ城楼かねほりを入責られ	池田本信長記
天正 7 (1579)	伊丹城 (兵庫県伊丹市)	滝川一益	諸手四方より近々と推詰め、城楼、かねほりを入れ、攻められ	信長公記巻十二
天正 11 (1583)	峯城 (三重県亀山市)	豊臣秀吉	巌上にそびえたる櫓・楼門に亀甲を寄せ、金掘り数百人を入れ、これを掘る	柴田合戦記
天正 18 (1590)	小田原城 (神奈川県小田原市)	豊臣秀吉	小嶺山の攻口は、土穴を掘入て、矢倉を打返すと雖も、土の底に有て、是も益なし	相模国風土記稿巻之二十三 (北条五代記)
	篠曲輪 (小田原城外曲輪、神奈川県小田原市)	徳川家康	甲州の金堀を呼び、城中へ鑿入らしめ……鑿入る所の土居崩れ、塀柵倒れ陥り、郭内の兵卒騒動す（直接の攻め手は井伊直政・松平康重・牧野康成）	相模国風土記稿巻之三十三 (大三川志)
慶長 19 (1614)	大坂城 (大阪府大阪市)	徳川家康	掃部頭（井伊）が攻口より金堀を入れて掘らせけるに、城中にも之を知り、同じく穴を掘りて穴の中に於て相戦ふべしと支度しけるが、井伊が攻口も土心悪しく、成就せざりけり（直接の攻め手は井伊直孝・藤堂高虎・前田利常）	難波戦記巻第十二

攻撃を予測して地中に溝（樋管）を通して水を引き、大瓶に貯め置いていたため、「金堀共悉くおしに打れ、水に溺れ半は死うせ、半は匍々逃出たり」といわれる。

湯浅元禎『常山紀談《じょうざんきだん》』（一七三九）に大坂冬の陣で、屏風絵では見えない逸話がある。大坂城を攻めあぐねた徳川方の軍議の場、土佐や伯耆、佐渡から金掘りを呼ぼうとの意見を抑え、信玄の戦で成功率の高かった甲州から呼べという意見が通った。聞きつけた豊臣方がパニックを起こし和睦が進んだという。武田の金掘りはそれほどの者だったのである。この穴を掘ったのは、藤堂高虎以下三人の武将で、藤堂の坑道は、江戸期に書かれた山口休庵の『大坂陣山口休庵咄《おおさかのじんやまぐちきゅうあんばなし》』に「はば弐間半高サ壱間御座候、ひの木にて両方の程の上けた切張りけづりたてニ致候、三尺ニ一ツづゝ両方にかけ、灯台とぼし申候」とある。幅四・五m、高さ一・八mでヒノキ材の支保工を九十cmピッチで立て込んだ。ただし、坑道はどれも戦果にはつながらなかったようである。

このとき金掘り攻撃に対して、音のする方に注意することや、逆に城方からも掘りかけていくなどの迎撃策がとられた。この戦いでは豊臣方の真田幸村の勇猛な戦いぶりが語り草になっているが、彼も地中戦を用いたのか、今の大阪城周辺に「真田の抜け穴」と伝えられる坑道が残る。実際のところ、攻撃・守備のどちらが掘ったのか確かめるすべはない。

金掘りは音もなく見えない地下から忍び来る。城にこもる者が気づいたときには、城が崩れたり水が涸れていたり、突然のしかも地獄の責め苦を味わわされる。そんな秘策の仕掛人として、金掘りは兵法書にも必須要員となる。各地の鉱山を巡り歩く〝渡り《ボヘミアン》〟職人が持ったであろう人材と情報のネットワークも背後にあった。

余談ながら、さきにも触れたように日露戦争でも、難攻不落といわれた旅順要塞への攻撃に工兵隊が大活躍した。名高い二〇三高地以上に戦略的に重要で堅固だった東鶏冠山北《とうけいかんざんきた》・二龍山《にりゅうさん》・松樹山《しょうじゅさん》の三大保塁を陥落して勝敗を決した。これらの要塞に対し、地表では露軍の陣地に近づくための「対壕《ついごう》」（塹壕）をジグザグに掘り進み、地下からは坑道（約一m×一m、日進一～二m）を陣地に到達させて大量の爆薬をしかけた。コンクリートで固めた要塞も、この爆破でほどなく落ちたのである。こうした坑道戦の性格が「闇にうごめく者」、あるいは「影の軍団」という虚像《イメージ》を膨らませるのだろう。同類の者として黒鍬もまた、そこに連なっている。

最後に、やや先回りする形で、金掘りの技術者としての性格に触れておく。

一、処によりて、かねほり、是も穴ほる計りにてもなし、鍛錬あり、子細は掘様の指図多し、それによつて、大工も、かねほりも、信玄公御領分のは、案内者なり

とは武田氏の記録・軍書『甲陽軍鑑《こうようぐんかん》』（一六二一）の攻城法にある一節である。金掘りは掘り方に指図が多くいるから、ただ掘るだけでなく普段の訓練もする。そのようにしてこそ、大工も金掘りも武田の家中で「案内者」という、一種のコーディネーター、人夫を指導する技術者の側面を持っていたというのである。

これは、職人がたどる一つの道だった。近世という時代は、さまざまな技能を兼ね備え、居所も定まらない者たちが、町方に集住させられ、能力を磨いていく時代である。やがて統括的な役割を果たし、一つの全体計画の下にプロジェクトを執行する「案内者」が育っていく。「大工」とはそうした者を象徴する言葉であり、その頭目が大名の家臣団に組み込まれていくのである。金掘りもまた、そうした性格を担う者として芽を出していた。

手わざのゆくえ

もともと農耕以外の技術は「職人」のものだった。畿内の朝廷や大寺社に隷属していたとはいえ、百姓として田畑を持ち年貢を負担していながら手わざを働かせていることもあり、農業とは完全に切れていなかった。こうしたさまざまな職種（職能）の者たちは、広い地域に手にする技術ごとに、また小地域単位で、自律的な

集団をなして暮らしていた。戦国大名は彼らを戦陣に動員し、ここから事情が少しずつ変わり始める。織豊統一政権になれば、検地や村切りで、農は在方（農村）へ、士工商は町方（都市）へと住みかの分離が進められた。手わざを持った者たちにとっては、村に残るか出ていくか、人生の大きな選択だったに違いない。こうして領国内の農村で必要とする手工業品は、城下町の職人が供給するようになる。分業も進んで技の洗練が求められた。洗練の技を持つ者が匠を表す「大工」という言葉で象徴されるようになっていった。

慶長八（一六〇三）年の家康の開府でまた新たな、そして大きな流れができていく。田舎町だった江戸が「上様のお膝元」にふさわしい街に育っていくのにつれて、それまで上方に独占されていた技術が江戸にも流れて集積するのである。しかし、壊れかけた旧江戸城の修築・拡張をはじめ、幕府という武士が大量に集まる組織の住みかを一挙に作り上げなければならない。激しい建設ラッシュと職人の呼び寄せ、集住化が五十年ほども続く。

牛窪氏や江原氏の始祖たちも、家康の本国だった三河から、そのときに移り住んだ。人生の転機を主君とともに乗り越えたのである。最初の何代かは、自らの手にした技術で建設に貢献したことだろうが、市場が大きくなり、民間の職人各層が自立できるようになっていくうちに、幕府に勤める者の手から技術が離れてしまう。しかも、田舎町の江戸で職人が活躍できたのは、圧倒的に技術の格差がある上方から移入できないものとか、簡単な手工業的加工のものとか、そうでなければ土木建築、つまり普請・作事にかかわるものが中心だった。火事もしばしばあり、職人は復興需要で育っていった。

さすらい《ボヘミアン》の職人が大名の家臣団に組み込まれていくのが歴史の流れでした。

下剋上の世、既成の権威も身分秩序も価値も、すべてがシャッフルされリセットされた戦国時代、頼りになるのは己の才覚か運か。あるいは圧倒的な力を持った者への帰順でしょうか。そこから新たな秩序として江戸太平の世となっていくうちに、我らが始祖の意識も身持ちもまた、社会情勢と同じように落ち着いていくのでした。

ですが、落ち着いていくとはいえ、「黒鍬」なる者、農民なのか職人なのか、技術者なのか役人なのか、曖昧なこと限りない。まあ、そういった現代的な身分というか役割についての名称が当時に通用するとは思わない方がいいのでしょう。傾向として、腕に覚えのある者が組織に編成され、時間が経つうちに変質していくのが定めのようでした。

第二話

平凡に過ぎ行く日々

――「お役目」としての黒鍬　その二

一、残照と幻

一枚の絵図から

まずは牛窪からご案内しますが、ここでは我らの本当の姿をお目にかけることになります。激動の前話とは一転し、長い平和の時代です。そこで我らは、歴史の脚光を浴びて、というのとはまったく無縁の裏方仕事を精いっぱい務めていました。これといって事件もない、小身者の平々凡々の日常です。世間の評判はあれこれございましたが。

「正保年間江戸絵図」という一枚の絵図があります。正保元（一六四四）年に描かれたというこの図で、上野から浅草寺あたりは、現代とずいぶん様子が違っています。不忍池に負けない大きな灰色、つまり田んぼないし湿地が広がっています。

そこに面して、「牛窪権右衛門組」という一画があります。そう、私が頭《かしら》を務めた黒鍬之者、部下たちの組屋敷（官舎街）です。市中に散らばる黒鍬組屋敷のうち、後に下谷《したや》山崎町と呼ばれるここは、最も早く元和二（一六一六）年に置かれました。でもなぜここだったのか。江戸の街づくりの草創期、身分の低い者が土地条件の悪い外縁に住まわされたのでしょうか。それは、私たち黒鍬が、この地に伝説として残る水の妖怪、河童に通じていたからかもしれません。

絵図では有名な吉原遊郭（現台東区千束《せんぞく》四丁目）はまだ移っておりません。日本堤に接して不夜城を造り、遊客が堤防を踏み固めるソフトな水防策にしたという話は眉唾ものにしても、一帯が芦の生い茂る湿地だったことは間違いありません。高燥な「上野」に対して卑湿な「下谷」、「吉原」は「芦」・「葭」の原なのですから。

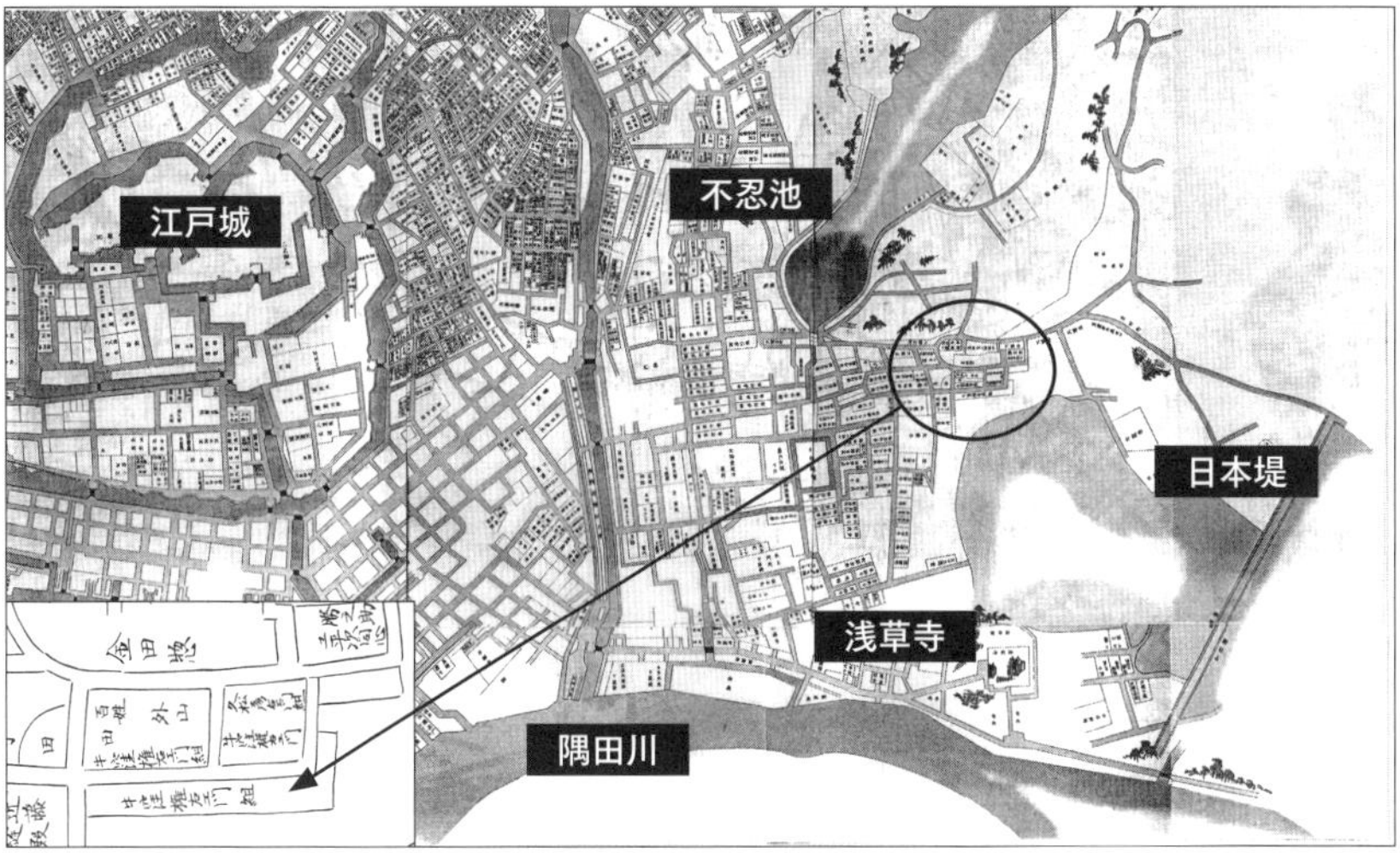

黒鍬頭・牛窪権右衛門組屋敷
正保年間江戸絵図：江戸の大半を灰にした明暦大火〔1657〕直前の様子を描く（右が北）。

街は、付近の高みを削り排水路を掘った土で窪地を埋め立てて造られつつありました。灰色の広がりは「姫ヶ池」や「千束池」と呼ばれていました。家康公は天正十八（一五九〇）年の八月に江戸入りし、その十一月には早くも埋立が付近の鳥越村民に命じられました。

　排水は最悪である。その後、寛文八（一六六八）年になって新堀川が「幅凡二間半余」（『御府内備考《ごふないびこう》』、一八二九）で掘られたが、大雨のたびに、死んだはずの池が黒い口を開けて甦った。天明六（一七八六）年にもこの地域は洪水に見舞われ、難儀を見かねた合羽商の喜八が私財を投じて排水工事をおこなった。工事は難航したが、以前助けてもらったお礼にと河童が大挙して現れ、完成にこぎ着けたと伝えられる。水の妖怪は律義者でもあったのである。このエピソードから喜八は「合羽屋川太郎」（川太郎とは言わずと知れた河童のこと）、葬られた曹源寺は「河童寺」と呼ばれるようになった。

　この現代東京での河童の聖地《メッカ》では、境内の河童堂が天井一面を漫画家たちの河童の絵で飾られ、河童の手のミイラや喜八の「てっぺんへ手向けの水や川太郎」の墓碑がある。寺が面する「かっぱ橋本通り」には河童のオブジェがそここで客を迎える。かつての新堀川はほど近く、台所用品専門の「かっぱ橋道具街」となり、まばゆく輝く黄金の河童像がシンボルとして建てられている。

思い出そう、前話での司馬遼太郎「黒鍬者」を。江原素六の始祖は矢作川の堤防工事に長けていた。三河以来の黒鍬は一流の腕を持ち、街づくりでも担い手だったはずである。とすればこの組屋敷は、治水の最前線基地ともいえる。川太郎喜八の頃には町方に払い下げられて町屋となっていたが、伝統は喜八に加勢した河童に生き残っていたようである。

三河から出てきたものの、追いやられたのは、幕府の地誌『御府内備考』に「往古此辺都《すべ》て沼地葭立にて」とあるような低湿地だった。河童たちは絶望の淵に沈んでいたか、それとも新首都建設に思う存分腕を振るうべく希望と闘魂に燃えていたのだろうか。

翳りゆく光

下谷の黒鍬組屋敷は、元禄十二（一六九九）年に民間へ払い下げられ町方支配の町屋（下谷山崎町一丁目・二丁目）となりました。文政年間に「町方書上《かきあげ》」（一八二五～二八）というものがあり、町の家数・人数・諸役負担などを役所に報告しています。町ごとに由緒が書かれています。

天正之度於三州竹束之者ニ被召抱、所々御陣場御用相勤、年月不知其後黒鍬之者ニ被仰付……初而当初ニおゐて黒鍬屋敷大縄地拝領仕……

黒鍬の素性について、江戸入り前の天正の頃、三河国で竹束を扱う者として召し抱えられて戦場を巡り、後に黒鍬之者となったというのです。後でお話ししますが、わが牛窪家の系譜についても、始祖景通《かげみち》が「竹把奉行」を務めたと別の書類にあります。

竹は有用な資材です。《大坂冬の陣図屏風》に、大坂城内でも包囲する徳川方でも、竹束の弾除けが描かれています。身の丈よりずっと高い細竹を複数束ねたものが、堀際にたくさん立てられ、その後ろから鉄砲を打っています。鉄砲戦では、弾除けのほか、竹は火縄にも使われました。また、土木資材としても、柵にしたり編んで石を詰めた蛇籠にしたりします。「竹束之者」は、膨大な量を必要とした竹の調達やそのような製品を作るのに携わっていたのでしょう。

慶長九（一六〇四）年に、佐渡の相川に「江戸より黒鍬同心百人を被遣ける」という記録があります。永井次芳『佐渡風土記《さどふどき》』（一七五〇）の「相川府中開発之事」です。幕府の記録では、慶安三（一六五〇）年十一月二十二日に「江戸城後閤構造成功行賞」という記事があります。西の丸大奥の工事が完成したことによりほうびを賜ったのですが、対象者の「諸工人」の中に、小普請奉行、大工、小細工頭などとともに黒鍬頭も並んでいました。頭に率いられた黒鍬が「諸工人」つまり工事に携わる者として扱われていたのです。貞応年中（一六五二〜五四）にも上様から「御紋の羽織」を賜っています。「御座間造営ありし頃」、黒鍬頭の「日毎に出仕」し「精励」したことに対するほうびでした。これも「造営」にかかわる仕事です。このような断片的な記録から、江戸初期には、黒鍬は三河で培った技術を持っていたといえるかもしれません。土木技術を手にした河童の像が浮かび上がってきます。

なお、藤堂高虎を祖とする津藩では、寛文七（一六六七）年、川除普請の百姓夫役を止める代わりに黒鍬を二百六十四人抱えました。奉行らの「郷中困窮」との上申に基づくもので、年間十万人分の夫役に当たるといわれます。ただ、この場合の黒鍬が恒常的な役職かどうかはわかりません。敦賀藩では代官が新田開発に黒鍬衆を雇ったそうですが、この場合は臨時の雇いでしょうから、それと同じような事情なのかもしれません。

もう一つの幻

劇画の『子連れ狼』では、黒鍬之者は「公儀探索人」だった。諸藩の実情を探る密偵、つまりは隠密やお庭番のことである。また、四谷北伊賀町に「黒鍬屋敷」があるという設定もあった。伊賀というからには、隠密＝忍者というイメージも重ねられる（ちなみに、幕臣としての「伊賀者」もいわゆる忍者ではなかった）。そんなイメージを持たれる事情が黒鍬にはあるのだろうか。

現代にいうオーラル・ヒストリーのはしりとして、明治の世に移ってから、旧幕臣に対してインタビューした記録がある。『旧事諮問録《きゅうじしもんろく》』（一八九二）という。目付や奉行を歴任した山口泉処という高官の発言がある。諸国へ変装して潜り込み政情を探る、いわゆる隠密ないし隠し目付について。

◎問　実際、御小人目付はそんなこと（引用者注：隠密・隠し目付）ができましたか。

◎答　御小人目付などはできますとも、黒鍬あたりから上へ挙げられた者はできます。……黒鍬などにどんな人物がいるか、目付は知りませぬ。御徒士目付の古い者に頼んで見付け出してもらうのです。

黒鍬頭が率いる黒鍬之者は、職制として目付の配下にある。目付職というのは、戦国時代は軍目付として軍隊の規律を司り、用兵・作戦の監視、将兵の勲功の評価、弾薬や物資（小荷駄）の監察などを務めていた。平和になってからは治安維持が主となり、広範囲な職務に携わる。目付配下の諸役名を並べると、徒《かち》（徒士）目付（組頭、ヒラ）、徒押《かちおし》、火之番（組頭、表、二の丸）、台所番、提灯奉行、掃除之者（組頭、ヒラ）、駕籠《かご》之者（組頭、ヒラ）、中間（組頭、目付、ヒラ）、小人《こびと》（組頭、目付、ヒラ）、浜吟味役、目付支配無役世話役、御貝役、押太鼓役等々がある。その並びに黒鍬之者がいた。このうち徒は将軍の外出時の供をする。場所や物の名前が付いた者はそれらの担当、黒鍬を含めそのほかは雑事に携わっていた。

目付の目付らしさ、つまり探索や監察（身辺調査）は徒目付と小人目付が担当した。何百人もいる徒や小人を監察するばかりでなく、とくに小人目付が諸国・諸藩の密偵に携わっていた。そこで先ほどの山口の答えになるわけである。彼らは姿を変えて（山口は「八百屋に化け」たと言う）行動する、つまり黒鍬からの出身者が『子連れ狼』の「公儀探索方」を思わせる仕事もした、との証言である。

そこまで行かなくとも、黒鍬は職務を果たすために江戸城の各所に出入りすることができ、守衛にも携わった。それで将軍はじめ上下さまざまの事情を見聞きすることにもなり、江戸城内での「情報通」として活用される道もあった。

小人目付は出世コースだったが、そうなることのできた者は気が利いたヤツなのか、「つぶしがきいた」からか。黒鍬之者全員がそうではない。ましてやフィクションの世界でのように、秘術を体得して修練を怠らず、代々伝えた、などという像は考えられない。

二、小役人の実像

幕臣として

江戸幕府の黒鍬がどのような経緯で正規の役職に位置づけられたかは不明です。熊本藩主細川氏の家史『綿《めん》考輯録《こうしゅうろく》』（一七七八）にこんな逸話があります。天正十八（一五九〇）年、豊臣秀吉の北条攻めで激戦となった韮山城攻撃のときです。「荊棘茂り、堀溝多く、石高くして難儀なりし」道に対して、細川忠興の家老松井康之が、「鍬を数多為持ちけれハ、是にて道を直させ滞りなく行過」たのでした。「陣具に鍬を多く持せし事太閤も聞て御感あり、家康公も御感にて畔鍬之衆御定被成候」。陣中に鍬を多数持っていることが功を奏したとして、秀吉も家康公も感心なされ、これをきっかけに「畔鍬之衆」つまり黒鍬之者を役職として定めたというのです。しかし、家康公はもちろん、それ以前の天下人ならずとも諸大名は、役職の名はどうあれ黒鍬に類する者を用い、黒鍬で戦ってきました。ですから、この挿話は地方の名士によく見られる、家康公に引っかけてのハク付けの一種だと思われます。

さて、幕府の黒鍬は職制上こうなっていました。

将軍―若年寄―目付―黒鍬頭―黒鍬之者

黒鍬之者は十二俵一人扶持、頭でも百俵（百五十俵、百俵五人扶持とも）です。禄高から明らかなように、最下級の役人です。三河以来の直参ながら、旗本ではなく「御目見以下」（将軍拝謁資格なし）の御家人でした。ただ黒鍬は、譜代席という代々相続される職であり、一代一代改めて召抱えられる不安定な身分（抱席《かかえせき》）ではありませんでした。

ヒラの黒鍬之者は、天和元（一六八一）年に二百人、享保十六（一七一三）年に四百三十人となり、嘉永・安政頃（一八四八〜一八五九）に四百七人、慶応三（一八六七）年には三百人となりました。年代不明ですが五百十人と記す文献もあります。

黒鍬之者は、同じように最下級の雑事をこなす職、「五役」と呼ばれた職の一つでした。ほかには掃除之者・中間・小人・駕籠之者がいます。いずれもヒラでは十俵一人扶持から十五俵一人扶持という軽輩の侍です。それぞれ百五十人から五百人ほどずつ、総勢で約千八百人が目付配下の中核部隊として働いていました。

病気などで職が務まらなくなれば「目付支配無役」という境遇になります。退職後も目付の監視下にあるの

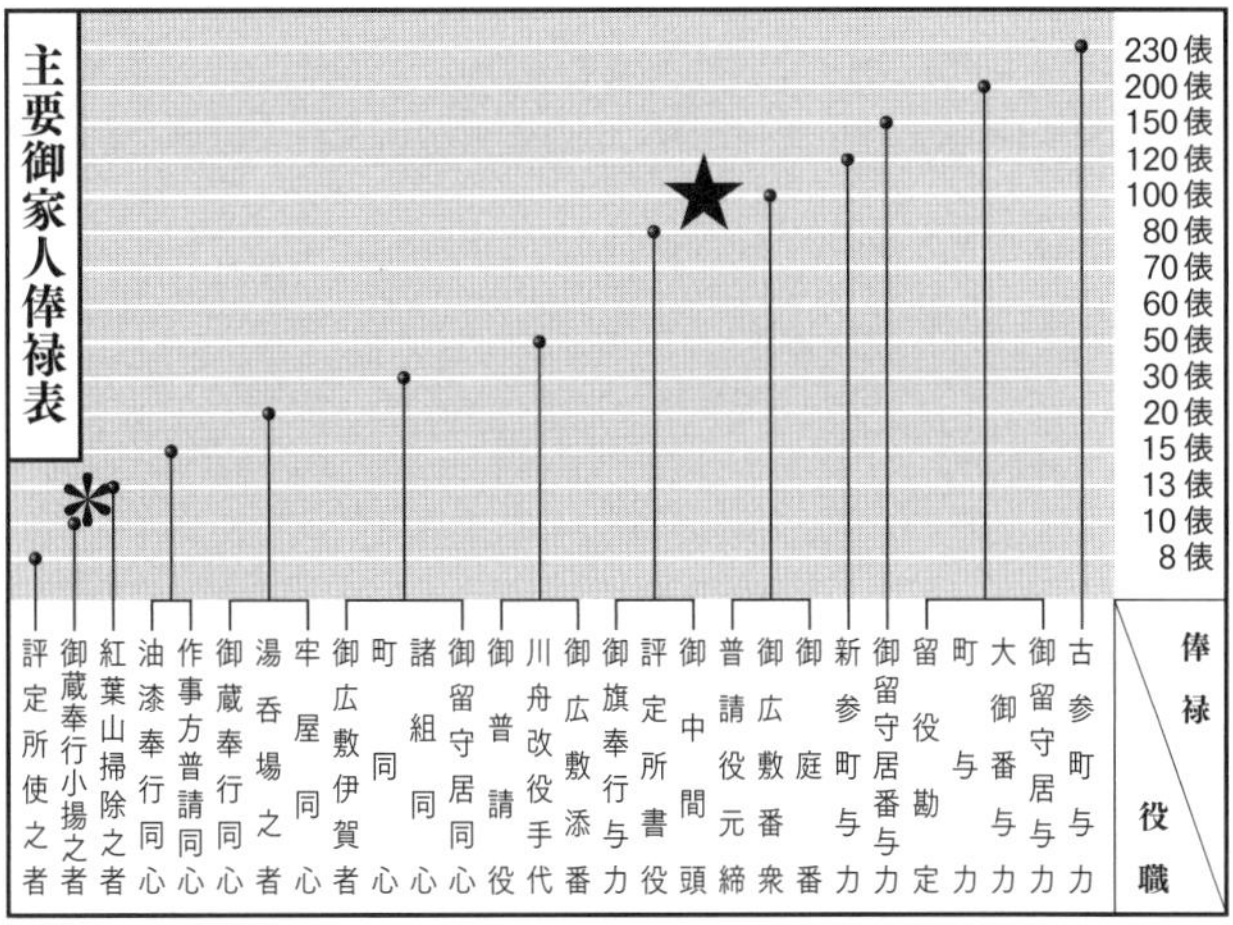

主な御家人と黒鍬の位置

宝永2(1705)年の幕府役人約2万3千人中、1万5千人までが百俵(石)以下。★が黒鍬頭、＊が黒鍬之者。高柳金芳『図説江戸の下級武士』所収の図をもとに作成。

です。跡目相続もなかなか骨が折れました。これが重なると欠員が増えるので、宝暦十（一七六〇）年には小普請入りした者の伜《せがれ》十五人を「新規御召抱」として補充しています。

寛永十八（一六四一）年以降、約五百人の黒鍬を三組に分け、配下の黒鍬之者の中から頭が抜擢した組頭二名ずつを置きました。組頭には特別の手当がありませんが、慶応三年の人員削減で二組に編成替えされた際にヒラと差をつけ、三十俵二人扶持となりました。なお、翌日の勤務の人員割を交付する「黒鍬触番《ふればん》」という役も十名ほどいて、同じときに勤金十両の支給が決まっています。組といえばこんな話があります。大目付にお辞儀の仕方をとがめられ「誰組の者か」と問われた黒鍬が、苗字を名乗って解雇されたというのです（『幕朝故事談《ばくちょうこじだん》』、寛政年間?）。組こそが実体で、個人なんぞという者は存在意義を認められず、公的には姓がないという扱いでした。

私が務めている黒鍬頭は百俵高持でしたが、慶応三年から別に御勤金（職務手当）三十両が支給されるようになりました。黒鍬頭は、組頭からは昇格せず、同列の五役の頭、掃除之者・中間・小人・駕籠之者の頭からの転任が多いようです。

地方の諸藩にも黒鍬はいたのでしょうか？　御三家尾張藩の藩士の家系を記す『士林泝洄《しりんそかい》』（一七四七）では、朝比奈氏の条に「藤右衛門　為黒鍬頭」とあり、藩の職名らしいです。水戸藩では、藩士西野正府の『享保日記』の記事に、享保二（一七一七）年の藩邸類焼の被災者、同八（一七二三）年の水戸候行列刃傷事件の被害者、十三（一七二八）年四月の日光参りで旅籠代と下銀を下された職名リスト列中の一員として、黒鍬が見られます。万治年間（一六五八〜六一）頃までには黒鍬頭という職が置かれ、中間や掃除之者（序列は中間―黒鍬―掃除）と雑務をこなしていました。人数は、明和年間（一七六四〜七二）に、水戸在勤三百八十五人、江戸四百人でした。水戸藩の場合は農民の武家奉公が中心だったようです。尾張藩とともに、少なくとも職制の中に位置づけられた黒鍬でした。

信州高遠藩は、徳川秀忠公の実子（家光公の異母弟）の保科正之様が、保科氏の養子として迎えられた藩です。彼が赴任した際、黒鍬頭橋爪久左衛門配下の黒鍬が随行し、そのまま彼地で召し抱えられました。寛永八（一六三一）年のことです（『会津藩家世実紀』巻之一　土津様之一の条による）。正之様は後に会津藩の祖となりますが、そこへも黒鍬が同道したかどうかはわかりません。

お勤めの実像

黒鍬に関する記事は、幕府の記録『徳川実紀《とくがわじっき》』（以下『実紀』と略記）にはわずかしか残っていない。

④（表中番号、以下同じ）と⑤はさきに牛窪氏が紹介した。④はこの年に完成した西の丸大奥御殿の「構造成功」、工事の完成により「諸工人」に並んでほうびを賜っている。⑤は、名前の表記が少し違うが、ほかならぬ案内人の牛窪氏自身である。「御座間造営」に「出仕」「精励」して誉められている。これらの記事では、彼らは工事に携わっていた。

『徳川実紀』に見る黒鍬

日　付	見出し項目	記　　　　　　　　　　事	備　考
①寛永 9 (1632)年 2 月26日	(秀忠遺物分配数次)	御遺金を賜ふ。……黒鍬小細工九人は二十両。又は十両。	徳川秀忠死去
②正保 2 (1645)年 11月 3 日	家綱臨井伊直孝第	大納言殿二丸　内宮に詣たまひ。……井伊掃部頭直孝が邸にならせらる。……供奉は……黒鍬三十六人。	
③正保 3 (1646)年 6 月 6 日	綱吉詣二丸紅葉山東照宮及山王社	徳丸君二丸　内宮に参らせ給ふ。……けふ御宮参の供奉せし歩行目付。歩行士へ。帷子。肩衣。袴。茶道坊主。小人。中間へ帷子。羽織。輿舁。黒鍬のものへ木綿。単衣。羽織をかづけらる。	
④慶安 3 (1650)年 11月22日	江戸城後閣搆造成功行賞	後閣搆造成功せしかば。……惣督したる留守居酒井紀伊守忠吉はじめ。広敷番頭。添番。伊賀。小普請奉行。大工。千人頭。小細工頭。黒鍬頭。諸工人時服。銀かづけらるゝ事差あり。	
⑤承応年中1652～54(家綱の代)	家綱賞牛窪景延精励	牛窪権右衛門景延は黒鍬頭勤めけるが。承応年中御座間造営ありし頃。景延日毎に出仕す。もとより丈高き男の。髭さえ生ければ。御目にとまり。常に障子の透間より御覧ありて。あの髭めはよくぞ精励す。大儀なりとて。めさせられし御紋の羽織を下し賜りしぞ。	
⑥万治 2 (1659)年 9 月 5 日	諸有司殿中詰所制定	諸有司伺公の座席を定らる。……庖所廊は千人頭。徒目付。組頭。火番組頭。貝太鼓役。植木奉行。黒鍬頭。掃除頭。評定所番。其の他工人の類。	
⑦寛文 2 (1662)年 2 月晦(30)日	定老中若年寄所管	此日……両番。新番頭。小姓。小納戸。中奥輩。百人組。持弓筒。先手。小十人。歩行。西城裏門番。納戸の頭。火消役。目付。使番。船手頭。二丸留守居。中川番。九千石以下交替せざる寄合。御膳奉行。小普請奉行。道奉行。書物奉行。儒。医。右筆。細工所。賄方。台所の頭。同朋。及び黒鍬……は少老所属たるべしと定らる。	少老＝若年寄
⑧寛文 3 (1663)年 2 月 9 日	日光山法会奉行	(徳川家綱)日光山供奉。……中間小人黒鍬頭銀十枚づゝ。小人。中間。黒鍬銀二枚づゝ下さる。	
⑨寛文 8 (1668)年 3 月29日	罹災有司以下恩貸賜金制	災にかゝりたる輩に貸賜の制を令せらる。……中間。小人。黒鍬。掃除のもの。露地のもの。小間遣には各金二両賜はり。病臥。幼稚の者もこれに同じかるべし。	
⑩寛文12(1672)年 閏 6 月17日	江戸城西丸洒掃制	西城はこれより先一月に三度づゝ洒掃せしが。この後は五度づゝ洒掃つかふまつるべしと。西城の留守居。目付。賄台所。同朋。数寄屋。黒鍬の頭に命ぜらる。	
⑪延宝 4 (1676)年 8 月 9 日	葬家綱夫人于東叡山	御台所の霊柩を桔梗橋より。山の護国院に導き奉る。……御先は挑灯一対。黒鍬のものこれをもつ。次に挑灯一対。上に同じ。……次に棺台一対。黒鍬二人づゝ。……次に挑灯一対。黒鍬これをもつ。次に御輤一挺。黒鍬六人これをもつ。次に供乗物八挺。黒鍬四十八人これをもつ。……挑灯十六。黒鍬十六人これをもつ。……挑灯一対。黒鍬これをもつ。……挑灯一対。黒鍬これをもつ。	
⑫宝永 3 (1706)年 12月29日	衣服制	けふ令せらるゝは。火番組頭。徒目付。太鼓役。黒鍬頭。掃除頭。徒押等は熨斗目着すべし。	
⑬享保 8 (1723)年 5 月14日	百人組先手組銃技褒賞延及数日	けふ西城洒掃の事怠らずつかふまつりし黒鍬の者四十八人。各一両くださる。	
⑭元文 3 (1738)年 2 月14日	黒鍬の長	紅葉山下吏亀井権右衛門年久しく直実なるよし聞し召。加俸ありて黒鍬の長とせられ。その子次右衛門も。親につかへ至孝の聞えあるをめでたまひ。父にかはり紅葉山に給仕せしめらる。	

⑮延享元(1744)年6月	諸有司営中詰所制定	この月諸有司殿中伺公の席をさだめられ。……台所前廊下は徒目付組頭。火番組頭。貝太鼓役。植木奉行。黒鍬頭。掃除者頭。犬率。評定所番。畳工伊阿弥修理。翠簾工。	
⑯宝暦3(1753)年11月8日	倹約令、千石以下御家人恩貸金	けふ布衣以上の諸有司を本城にめして仰下されしは。……いよいよ倹素を専らとすべし。しかるに米価大に賎しく。殊に俸禄すくなきものは。貧困甚しきさまに聞ゆ。よりて寄合。小普請を除きて。千石より下末末の者までも。金をかし給はるべしとなり。その差等は。……百俵以下は十俵に金一百をかし給はるべし。……番士。少吏。並に徒士。与力。同心。坊主。小人。中間。黒鍬の者。	
⑰安永9(1780)年5月19日	城番設置	けふ使番に命せられしは。向後城番と称し昼夜両人づゝに定め。郭内失火あらばとく出て。焼火間の廊に伺候し。指揮次第勤むべし。よて徒目付。小人目付。黒鍬の者等にも城番を立をき。失火の時焼火の間廊の近きあたりに出。使番出る時付きそふはづなり。	
⑱文政11(1828)年6月27日	黒鍬戒飭	黒鍬のもの御用物を持参し。途中にして不法の事ありしによりとがめらる。よて命せらるむねあり。	
⑲天保13(1842)年1月21日	(黒鍬頭中山金三郎老免)	黒鍬之者頭中山金三郎老免す。褒銀あり。	

＊『徳川実紀』(正・続、黒板勝美編:国史大系版、吉川弘文館)より作成。「見出し項目」は同書によるが、もともと付けられていないものは新たに作成しカッコ書きとした。

しかし、記事の四割弱が役職リストの並ぶ中の一項目で、御遺金や恩貸金の分配にせよ、若年寄所管の職名列挙にせよ、カタログの「その他大勢」以上の扱いではなかった(①、⑥、⑦、⑨、⑫、⑮、⑯)。記録全体をどう見ても、黒鍬は土木技術者やましく隠密などではなさそうである。②、③と⑧は行列のお伴、⑪も家綱夫人の葬列の提灯持ちだ。⑩と⑬の記事は西の丸の洒掃《さいそう》つまり掃除で、⑭は江戸城内の廟所紅葉山《もみじやま》の雑役、⑰は警備係だった。ほかの史料にも仕事は似たり寄ったり。さきの『幕朝故事談』ではこんな調子である。

①普請奉行が「城の水を灌き堀を埋る」際の人足

②すべての荷物担ぎ、箱入り書状持ち(包状は小人)

③石垣の草取り(「水野和泉守様……黒鍬に被仰付候処、三人落て死す」とある)

手紙は小人、箱に入れば荷物となって黒鍬の職務になるとは、きわめて細かい区別である。同じような軽輩者が数百人ずつ、こんな使いようは現代ならリストラ間違いなしだろう。堀の草刈は普請方・作事方と分担するが底浚えはせず、そちらはもっぱら普請方・作事方の担当だった。下働きはしたかもしれない。それと掃除之者との分担も不明確である。

さきの聞書『旧事諮問録』で、山口はきっぱり言い切っている。

◎答　……目付の部下が三、四千人おりますから、部下と申しますのは、御徒士目付、火之番、御小人目付、御中間、黒鍬、御小人等、それから、無役というのがあります。

◎問　黒鍬は何ですか。

◎答　あれは小使いのようなものです。僕《しもべ》ですな……

幕臣役職の解説書『明良帯録《めいりょうたいろく》』（一八一四）も、「黒鍬之者　懸り懸りにて奥廻り」と明快である。

ついでに水戸藩のことも。同藩では農民が奉公して黒鍬の職を務めていた。安永年間（一七七一〜八〇）の史料に、「御用」の様子が「掃除」や「水汲」、「飯炊」、「船漕」、「門番」、「御鷹様餌飼」などと、仕事の内容もはっきりわかるものがある。やはり雑用で、中間の職よりまだ単純な労務提供のようだった。一年契約で（延長もあり）村々から徴発し給金を払う。対象者は、たとえばそれで補填するような年貢未納者のこともあった。

目付配下の日常

目付配下らしい黒鍬のお役目として、江戸城の御門番がありました。諸大名の登城時には、従者が制限されて大手門はじめ各門前が混雑します。私たち黒鍬は、その通行管理や整理のために目付・徒目付・小人目付に召し連れられて番所に出役していました。「五役一同」の場合もあります。食事は出ましたが、昼夜を問わずの勤務でした。

この門番、そして防火や掃除などは、ご城内のどこにでも出入りできる仕事です。自然と上の方々の生活が丸見えになります。御旗本や諸大名方ばかりか、上様も例外ではありません。だから守秘義務、セキュリティも厳重で、出入りは鑑札で管理されました。

黒鍬之者各人は、城出入りのための焼印を押した木札を携帯しています。頭が彼らを率い、その組に許された門だけを、札を提示して通行することができました。頭の先導がなければ通れないのです。札は頭が交替するごとに更新していたようです。そのように厳しい管理の下にあるので、札を紛失しようものなら懲罰を受けることになります。

門番には、一日の終わりに目付の見回り点呼があります。村山鎮という、徳川慶喜公の小姓から明治政府の農商務省技師となった人がいます。この人の回想録（『大奥秘記《おおおくひき》』、一九一三）によれば、使いに出た黒鍬や小人は届け出れば閉門後も入れましたが、時に連絡ミスで朝まで締め出されたことがあったそうです。

黒鍬は幕末の大坂にも現れます（中西関次郎『在京在阪中日記《ざいきょうざいはんちゅうにっき》』、一八六五）。長州征伐に編成されながら遊びに忙しい歩兵隊、家茂公が江戸に戻るというのに、発つのは明日だから伏見でゆっくりと高を括っていました。すると、「夕七ツ半時頃黒鍬之者壱人駈来リ」、もう行列は京の二条に発ったのに「なぜ出役なされず」と責めたというのです。

時ならぬ御成りなどでは、行列や荷物運びに定員以上の人数が要ります。そんな突発的な事態には、「御雇」という手がありました。まずは十七歳以下の「無足倅共《ニート》」をその日限りで使いました。無給です。足りなければ同じ最下級の五役仲間の中間、小人、掃除之者にも頼みます。五役にはもう一種駕籠之者がいますが、彼らは駕籠かき専任でした。それでも不足すれば、作事奉行に「公儀人足」の派遣を願いました。町方からの傭われ者です。厳重な監督・監視が彼らにも付いたことは申すまでもありません。

繰り返すようですが、要するに、黒鍬は武士とは名ばかり、微禄で幕府全体の下僕、「公儀探索人」ならぬ「公儀使用人」の類いといえるでしょう。統一政権による兵農分離に伴い、戦場の技術系（？）雑役夫が平和になって役職に組み込まれた。技術を手にしていても、いつの間にか薄まってしまう。黒鍬はそういう者たちなのでした。だから実態は、『子連れ狼』より池波正太郎の小説『鬼平犯科帳』の方がはるかに近いといえます。「二度ある事は」（一九七九）の話で、渋谷近くの組屋敷から捕物の応援に「五名ほどを借り受け」ましたが、その程度のことです。

　出没自在で他人の秘密も知っている。だから忍者や隠密などと間違われた。実際その仲間になった者もいたでしょうが、黒鍬にそんな怪しげな幻想は持ってはいけません。

命により何者になりとも……

幕府の役人は世襲で職に縛り付けられたイメージであるが、異動はかなりあった。幕末近く（慶応年代か）の幕臣名簿（由緒書）が江戸城多聞櫓に所蔵されていた。そこから何人かの経歴を見る。役職が替わると、その役職の禄高と本俸との差額が支給される。その場合、もともとが十二俵持ちなので、高くなった追加分を別に書き加えて「高十五俵一人扶持内三俵御足高《たしだか》」というように記載される。年齢はこの資料時点のものである。

○大村兵平《へいべい》（亥年六十三、本国生国共武蔵）

　文化十四年十月従部屋住御駕籠之者→天保八年十二月同組頭役→弘化四年三月御駕籠之者頭→安政二年十一月黒鍬之者頭→同四年十二月病気につき小普請入：禄高現米七石＋二人扶持（以下、俵数と扶持人数を「○＋△」と数字のみで表す）

○小島波之助（卯年五十九、本国生国共武蔵）

　文化十年十二月父熊蔵跡に淑姫君様御輿昇となるが幼年につき御目付支配無役→天保七年九月黒鍬之者→同八年六月出精により譜代、御休息御庭之者：禄高十二＋一

○菰田《こもだ》直次郎（子年四十七、本国生国共武蔵）
祖父平六（死亡）：黒鍬之者組頭、父忠兵衛（死亡）：表火之番／天保五年八月黒鍬之者→同十五年十一月西丸御広敷御用部屋御雇→嘉永六年十月御本丸御広鋪□（引用者注：□は原本不明、以下姓名の場合も含め同じ表記とする）→安政二年十月箱館奉行組同心：禄高二十＋三うち八御足高

○田中久太郎（亥年三十三、本国上総、生国武蔵）
祖父善兵衛（死亡）：上総国金杉村百姓、父兵蔵（死亡）：同断／嘉永五年黒鍬之者御人少につき従弟田中新兵衛之続をもって新規御抱入→文久三年二月浪士取扱取締役へ出役→同年五月新徴組支配定役→同年九月表台所人：禄高四十＋一うち二十八足高

○村越理助（丑年六十一、本国生国共武蔵）
文政五年伯父村越半左衛門数年御奉公につき甥之続をもって黒鍬之者へ新規御抱入→天保三年西丸御休息御庭之者→同八年本丸へ召連→万延元年同所御庭之者世話役、役扶持一人半下置

「新規御抱入」で職歴を黒鍬から始める者、キャリアの途中に経る者などさまざまである。異動先は奥向きの雑用係、「(御膳所などの)六尺」（十五）が多い。あと多いのは、幕末の迫り来る風雲を反映し、北方警備の「函館奉行組同心」（二十）だった。

大半が同程度の微禄階層を移っていくだけなのに、階段をとんとん拍子に駆け上る者もいた。「中井源□□」は安政二（一八五五）年に黒鍬之者に抱え入れられ、御蔵米□、表火之番（七十）、外国奉行支配調□を経て同六年に富士見御蔵番で百俵取り（足高八十八俵）となった。一般に、さきに出てきた御小人目付の職は出世コースだった。

親の代で禄が上がれば、跡目を継いだ子はその最終職付近から職歴を始められる。逆に親の生前から職務を

始めても同じ職には就けず、たとえばさきの大村兵平の子徳太郎は文久三年に父の跡目を継いだのに、そのときの御台所番（二十＋二）のままだった。

「新規御抱入」の場合、就職にはいろんな縁故が効いた。田中久太郎は従弟の縁、村越理助の場合は伯父の縁である。田中の条に、黒鍬之者の人数が減ったゆえの補充とあり興味深い。村越も新規お抱え入れである。勤め出して十一年後、西丸御休息御庭之者へ異動となった際に、「出精相勤」たゆえに抱入から譜代に昇格した。

なお、農民を徴発していた水戸藩黒鍬の場合、最初から藩邸御用と江戸御用のどちらかの黒鍬職として召出された。原則一年契約で、藩の都合（人繰りができない）や自己都合で延長もありえたようである。

黒鍬頭の系譜

黒鍬頭は、『吏徴《りちょう》』（一八四五）という幕職を記した書物では、寛永十八（一六四一）年十二月二十九日、「始置」、「土岐加兵衛の名あり」としています。この時点で初めて設置された黒鍬頭に土岐氏らが任命されたというのです。でも、さきの下谷山崎町の由緒によればそれより前の元和年代に組屋敷が置かれており、年代が合いません。

黒鍬頭になると、幕府直撰の家譜集『寛政重修諸家譜《かんせいちょうしゅうしょかふ》』（以下『寛修譜』と略記）や民間の本屋が作る職員録『武鑑《ぶかん》』に職に就いた者の名前が載ります。私の一族、牛窪氏は、延宝三（一六七五）、天和元（一六八一）、天和三（一六八三）、元禄四（一六九一）、宝永七（一七一〇）、正徳三（一七一三）、享保三（一七一八）年版の『武鑑』に見えます。けれども、「牛久保」はまだしも、「牛寝」や「押久保」と書かれていたり、注記も「百五十俵同心五十人」や「百二十石」、「百俵」、「百俵五人ふち」となっていたり、ずいぶんブレています。大名や有力旗本ならともかく、こんな軽輩には一々かまっちゃおれん、ということなのでしょうか。

ちなみに、先ほどの土岐加兵衛は天和三、元禄四、宝永元（元禄十七、一七〇四）年の『武鑑』に出てきます。延宝三年と天和元年では「土崎加兵衛」とあってここでもブレていますが、同じ人物（家系）と見ると、土岐氏は三十年余り黒鍬頭を勤めています。

さて、わが家系を『寛修譜』で追っていきます。もともとの能勢姓から「三河国宝飯郡牛窪村に住せしより牛窪にあらたむ」。牛窪村は牛久保村ともいい、現在の愛知県豊川市牛久保町のあたりです。古来牧野氏が城を構え、二と七のつく日の定期市、とくに馬市で賑わっていました。武田信玄に仕えた伝説の軍師、山本勘助が住んでいたといわれます。信玄が自ら訪ねて迎え、百貫もの高禄で召し抱えた片目で足も不自由な男の活躍は、井上靖の小説『風林火山』（一九五五）で世に知れ渡っているようですね。甲斐の金掘りや川除衆の影のような、密かな縁《えにし》が感じられます。

牛窪家の家紋は丸輪です。家譜は権右衛門景通―景定（小生です）―景高《かげたか》―頼愛《よりなか》―頼諄《よりあつ》と続きます。始祖景通は慶長元（一五九六）年より「東照宮につかへたてまつり、竹把奉行をつとむ」とあります。「竹把奉行」とは、おそらく竹の調達・管理にかかわるコーディネーター、さきの下谷山崎町の町方書上に通じます。腕に覚えの牛窪権右衛門景通率いる者たちが家康公に連れられ江戸入りし、幕府で黒鍬の職を受けたのです。『寛修譜』では景通は竹把奉行までしか記していませんが、「牛窪権右衛門組」とあったさきの正保絵図や町方書上の由緒からして、黒鍬頭を拝命していたことは間違いないところでしょう。

次代の私、景定と息子の景高も黒鍬頭となります。景高は天和元（一六八一）年に跡目を継ぎ、徒押（八十）、徒目付（百十五）を経て黒鍬頭になりました。景高は、正徳二（一七一二）年頃の『御家人分限帳《ごけにんぶんげんちょう》』に四十六歳、百五十俵高でいます。黒鍬頭にはほかに、百俵五人扶持で四十七歳の河合弥兵衛と同三十四歳の浅井作右衛門もいました。なぜかこのときの黒鍬之者は総勢三百八十人なのに、切米一千五百三十六俵・扶持百二十八人とあります。御小人（十五十一）が四百五十九人で八千二十七俵・扶持五百六十八人半に比べて過少ですが、これは書写・翻読のミスでしょうか。

私の孫に当たる頼愛は、享保十八（一七三三）年に景高から跡目を継ぎ、御広敷《ひろしき》添番（百）になります。その子維明《これあき》が父に先立って死んで頼諄が養子に入り、安永六（一七七七）年跡目を継いで御広敷添番に、天明四（一七八四）年御勘定（百五十）に列すとあります。その次の代はまだ幼子でした。

私、景定は、さきの『実紀』記事⑤に髭面の大男として姿を現しています。『実紀』では「景延」となっていましたが、『寛修譜』からいって、家綱公から御紋の羽織を下賜されたのはこの私でした。「あの髭めはよくぞ精励す。大儀なり」と誉められたとあります。上様はまだ年端も行かぬ病弱な方でした。ねぎらいのお言葉と羽織を賜ったこと、私にとって生涯最高のできごと、いや一族の誇りとなる大快挙でした。

さて、各年代の『武鑑』には、ほかに何人も黒鍬頭の名が現れます。ですが、他の史料と照合できた者はわずかです。『実紀』記事⑭で「紅葉山下吏《もみじやまかり》」から黒鍬頭になった亀井権右衛門は元文六（一七四一）年の『武鑑』にあります。『実紀』記事⑲で定年退職（？）した中山金三郎も、文政二（一八一九）年から黒鍬頭を二十三年勤めたと『文政武鑑』からわかります。あと『寛修譜』では、河合弥兵衛（信照・信久、延宝元（一六七三）～享保十七（一七三二））、根本善左衛門儀陳《のりつら》（享保八（一七二三）～延享元（一七四四））、山菅《やますげ》小右衛門（正武・正登《まさなり》・正益《まさあり》、寛文頃（一六六五前後））、浅井作右衛門（某、享保頃（一七二〇前後））がいます。

私どもの頼諄や、景高と同僚の河合や浅井の子孫はせいぜい勘定か代官（百五十俵）止まりでした。それに比べ、天保の頃、山菅氏は御旗本の小十人組頭（三百俵）に出世し、根本氏に至っては勘定吟味役（五百石＋御役料三百俵）にまで昇任しました。

いや、欲を言ってはいけません。浅井は備中在任中の不首尾で、出仕どころか跡目相続も差止められたのですから。わが一族は勤めを全うできました。お家取り潰しの憂き目を見なかっただけでも幸いとしなければなりません。

三．衣食足りず礼節も知らず

身すぎ世すぎのありさま

衣：私たち黒鍬はどのような姿をしていたのでしょうか。

『吏徴』に、「黒鍬之者頭三人／若年寄支配／百俵持扶持／焼火間上下役《たきびのまかみしも》」とあります。「焼火間」は家督相続をおこなう江戸城内の場所で、黒鍬は三河以来の譜代席でしたが、上級者に充てられた躑躅間《つつじのま》ではなく、「席以下」の場所でした。反面、席以下の者は羽織・袴が普通なのに「上下役」とあります。「かみしも」は上《かみ》＝肩衣《かたぎぬ》、下《しも》＝袴で、熨斗目《のし》・麻上下が礼装、平服は継上下（上下別生地・色違い）で、『実紀』記事⑫にもあります。

ヒラの黒鍬は、『大概順《たいがいじゅん》』という別の役職一覧書に「白衣勤《びゃくえ》」とあります。白衣とは袴を付けないいわゆる着流し、正装・平服ともこれで通します。羽織は着ても、袴は雑用係には邪魔になり、普段一応刀を差しますが、御用のときには脇差だけになります。

職場は、黒鍬頭が台所前廊下でした。『実紀』記事⑮のように他の者と一緒です。ヒラには居場所などなく、御用に走り回るのが普通でした。

食：武士の懐事情を書いた本が現代には多数出版され、ベストセラーになるようですね。紹介されるのはい

行列と熨斗目
『実紀』記事⑪にあるような葬儀の行列。裾まくりで提灯を掲げるのがヒラの黒鍬。葬列なので白丁という白い単衣を羽織る。上下の武士もいる。市岡正一『徳川盛世禄』より。
熨斗目は黒とか色地の着物で、腰に格子模様が入る。伊勢崎市教育委員会提供。

ずれも数十俵取りかそれ以上の幕臣です。江原素六の父親は四十俵取っていました。真田広之が清貧を絵に描いた侍を演じた映画『たそがれ清兵衛』（二〇〇二）だって五十石（＝俵）取りで、まだ余裕です。第一、記録が残るから本になります。記録のない者はほとんど見えません。百俵取りの私ら頭はともかく、十二俵一人扶持なら？

福沢諭吉が中津藩で十三俵二人扶持、ほぼ同じです。彼は『旧藩情』（一八七七）で、士族の上下について、下級士族は上級に昇進できない（権利の差）ことから、骨肉の縁（縁組）、貧富、教育、理財活計の趣、風俗習慣まで、差別を列挙しています。下級士族の恨みつらみを並べ立てたようです。

黒鍬の給与は、頭もヒラも米俵数で表示されます。石高表示の者が知行地をもらう名誉を持つのに対し、格下の「蔵米《くらまい》（切米《きりまい》）取」といいます。二月と五月と十月、浅草米蔵から証文で給付され、蔵宿《くらやど》（札差《ふださし》）で換金します。手形が必要でした。「米〇〇俵、黒鍬之者□□人、一人×俵」などとし、表に頭が署名捺印し、裏に目付が判をなす一枚手形といわれるものです。一人扶持は一日五合の玄米＝年五俵高です。

名目高一石＝高一俵（三斗五升入）→実収〇・三五石＝〇・三五両

換金レートは年代や相場でまちまちだった。現代と比べるに、米価を基準に一両約六万円という換算と、一両を稼げる労働量から大工日当を基準に三十万円という換算の例がある。ややこしくなるので大まかに一両二十万円とすると黒鍬頭は百俵高、年俸三十五両で七百万円、ヒラの黒鍬は計十二＋五＝十七俵高で約六両、百二十万円弱となる。無茶な比較かもしれないが、平成二十八年の男性サラリーマンの平均年収は五百二十一万円、ヒラでは低すぎる。江戸初期、ヒラに三十俵を支給するという恩命を返上し、その代わりに格式の高い譜代席となった。そんな誇り、三百年も昇給のない子孫には罪な話だろう。

支出も現代とは違った。食費は実質一人一石に相当する。武士は参戦義務のため日常から家来や使用人を雇うことになっていた。そんな「身分費用」やつき合いにかかる負担は、頭はともかく、公儀使用人でしかないヒラの黒鍬には不要だし、絶対無理である。町与力や徒目付、勘定、小普請方、御賄頭《おんまかないがしら》、広敷役人など、出入りの職人や商人などからの「付届《つけとどけ》」がある職種もあったが、雑用係に誰が賄賂など考えるだろうか。使い走りにわずかでもご祝儀があれば御の字ではないか。『実紀』記事⑬では西の丸の掃除に精を出したというのでほうび一両を賜った。他の記事にもある気まぐれな臨時収入は俸禄に比べて破格で、願ってもない幸運だった。

生活に困れば給与以外の収入源が必要である。借金もあるだろうが、内職と家賃収入、それらが小身御家人にとっては必須の稼業だった。

住：江戸期にも公務員官舎がありました。武士が拝領する屋敷地は禄高で決まり、黒鍬の場合、標準で頭二百坪、ヒラ七十坪でした。ここに二十～三十坪、四間《ま》か五間の家を建てますが、違う使い方もありました。庭に

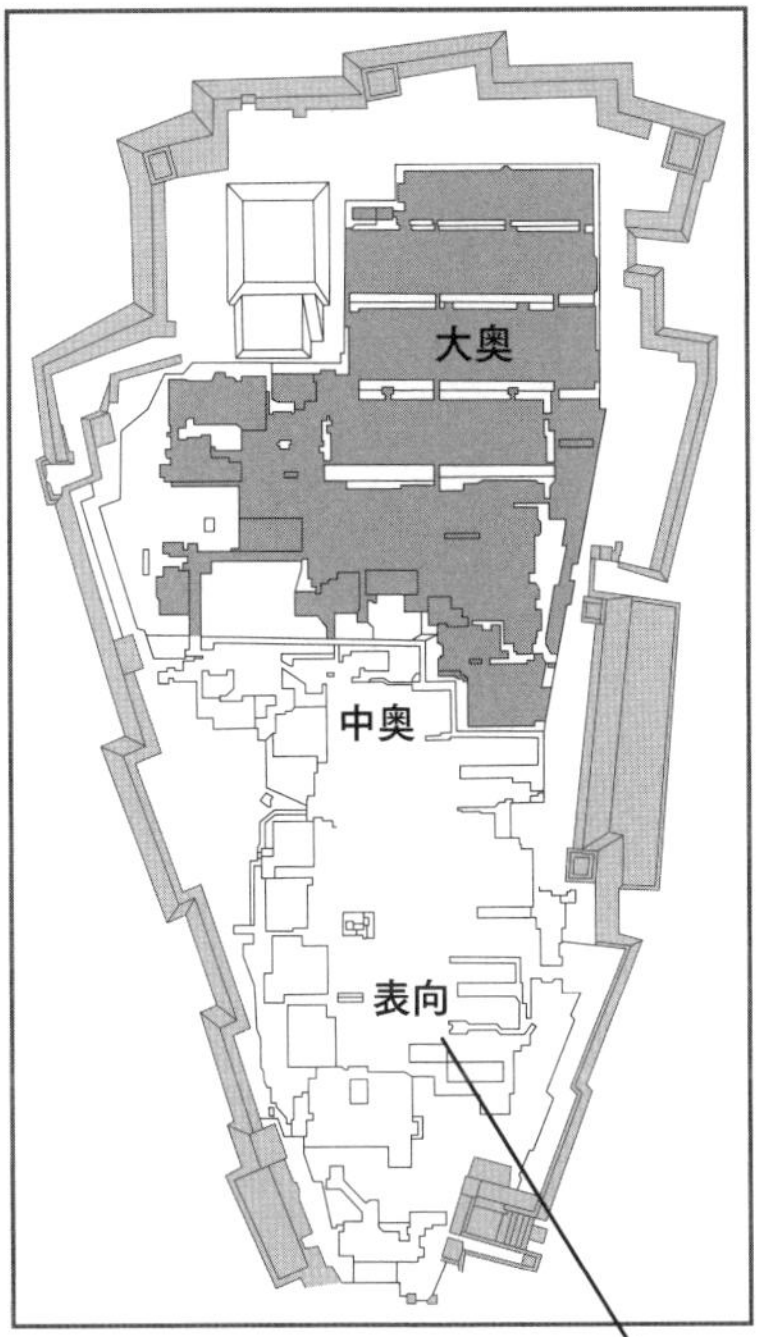

黒鍬の職場

彩色した堀が江戸城内・外堀での草刈担当場所。このほかに日比谷門〜数寄屋橋間も。武士生活研究会編『図録・近世武士生活史入門事典』をもとに作成。

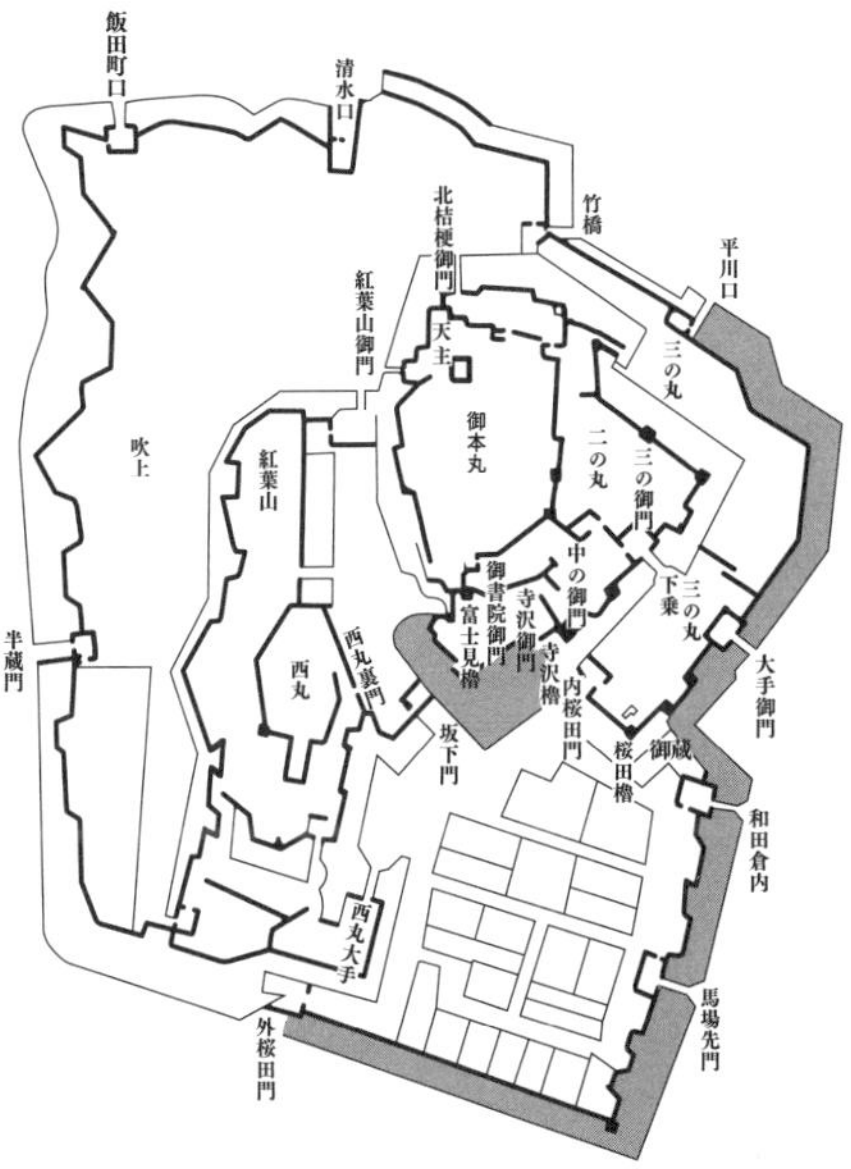

黒鍬頭の詰所、御台所前廊下は２間（3.6 m）× 15 間（27 m）。小粥祐子『江戸城のインテリア』収録の「江戸城本丸平面図」をベースに作成。

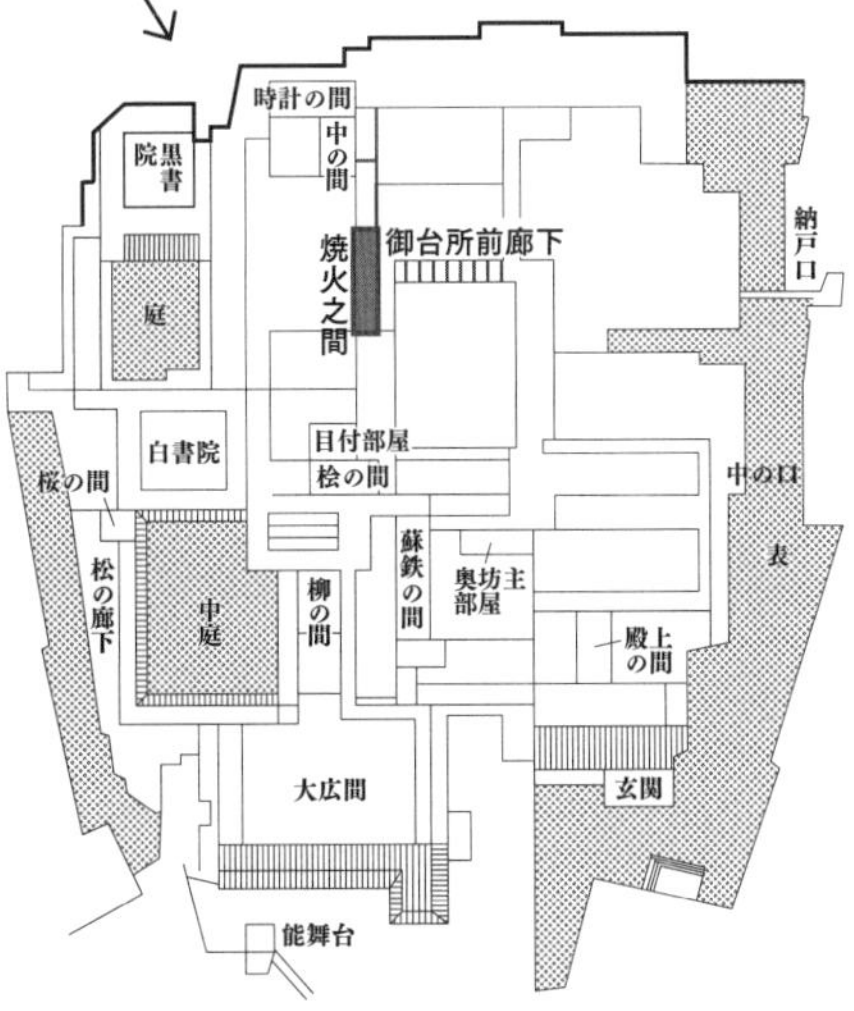

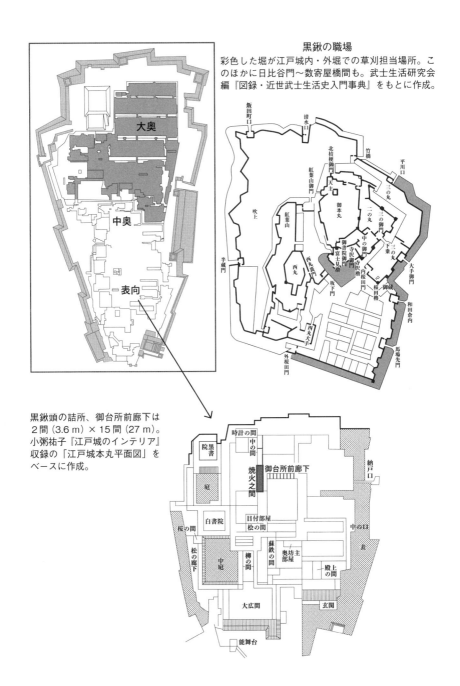

丹精を凝らすこともできます。文人南畝・蜀山人の顔を持つ御徒（七十十五）大田直次郎は、庭に妾宅を建てました。余裕の広さです。

拙宅は湯島天神の東側（湯島天神中坂下）にありました。普請奉行の宅地図面『御府内沿革図書《ごふないえんかくずしょ》』で元禄九（一六九六）、宝永元（一七〇四）、享保六（一七二一）、同九（一七二四）、安永五（一七七六）の各年に確認できます。別の史料でも、寛政十一（一七九九）年と文政十（一八二七）年頃に同じ住所とあります。その間、幸いにもお役目を続けてこられたということです。屋敷は標準よりもやや狭いでしょうか。同僚だった河合弥兵衛は外神田（現秋葉原電気街の真ん中）、根本善左衛門は赤坂（現赤坂駅の真上）でした。

ヒラには、ほかの下級職と同じく、同職でまとまった屋敷地（「大縄地《おおなわち》」といいます）が与えられました。これまで「組屋敷」と呼んできたのがそれです。「御徒町」（台東区）や「百人町」（新宿区）は地名に残っています。百人町は伊賀組鉄砲隊に与えられたものでした。『子連れ狼』には四谷北伊賀町の「黒鍬屋敷」が出てきますが、実際は御徒組の大縄地でした。これらの屋敷地は、黒鍬頭の名を被せて「誰某組」へと与えられ、死去などで召し上げられると頭が預かります。入口に木戸があり、入ると等分された宅地が並んでいます。建物も敷地造成も拝領された者の負担で、効率のいい都市開発手法といえます。

黒鍬組屋敷は、下谷山崎町一丁目の「町方書上」にあったとおり、初めてそこに大縄地を拝領しました。そのほか拝領年代も規模も違うものも含め、切絵図＝区分地図と大絵図から追っていくことができます。絵図では組屋敷の表記があった十一か所が読み取れます。ただ、下谷山崎町のように、町方支配になれば（「拝領町屋」といいます）町名が付いてそれしか記載されなくなり、もともとが黒鍬組屋敷だったかどうかわからなくなってしまいます。そのほかに、規模が小さすぎるのか、どの絵図にも表記されなかった大縄地として、神田仲町二丁目に十七人分のものがありました。

そういう事情は「町方書上」からわかるのですが、町々の書上にはさらに、いくつかの町方に当時ヒラの黒鍬の名前が散見されます。下谷御切手町（台東区）、本郷竹町、本郷金助町（以上文京区）、鮫河橋谷町（新宿区）、本所吉田町一丁目（墨田区）で、ほかの役職の者と並んでいるので、当時たまたま黒鍬之者を拝命していたようです。もっとも、この時期になると、組屋敷大縄地といえども黒鍬一色ではありませんでしたが。

黒鍬組屋敷は、開発当時はどこも河童の出没しそうな街のフロンティア、街と田園との境界にあってやがて都市化の波に呑まれていきます。

行く末はまた別の物語に。

なお、地方にも黒鍬の地名があります。熊本市の黒鍬町（現水道町）は明治十三（一八八〇）年に付けられた町名で、細川藩時代の下級武家屋敷群があったのに由来します。三重県鈴鹿市には黒鍬公園（現南玉垣町）というのがあり、由来は不明ですが新田であったことに関係がありそうです。

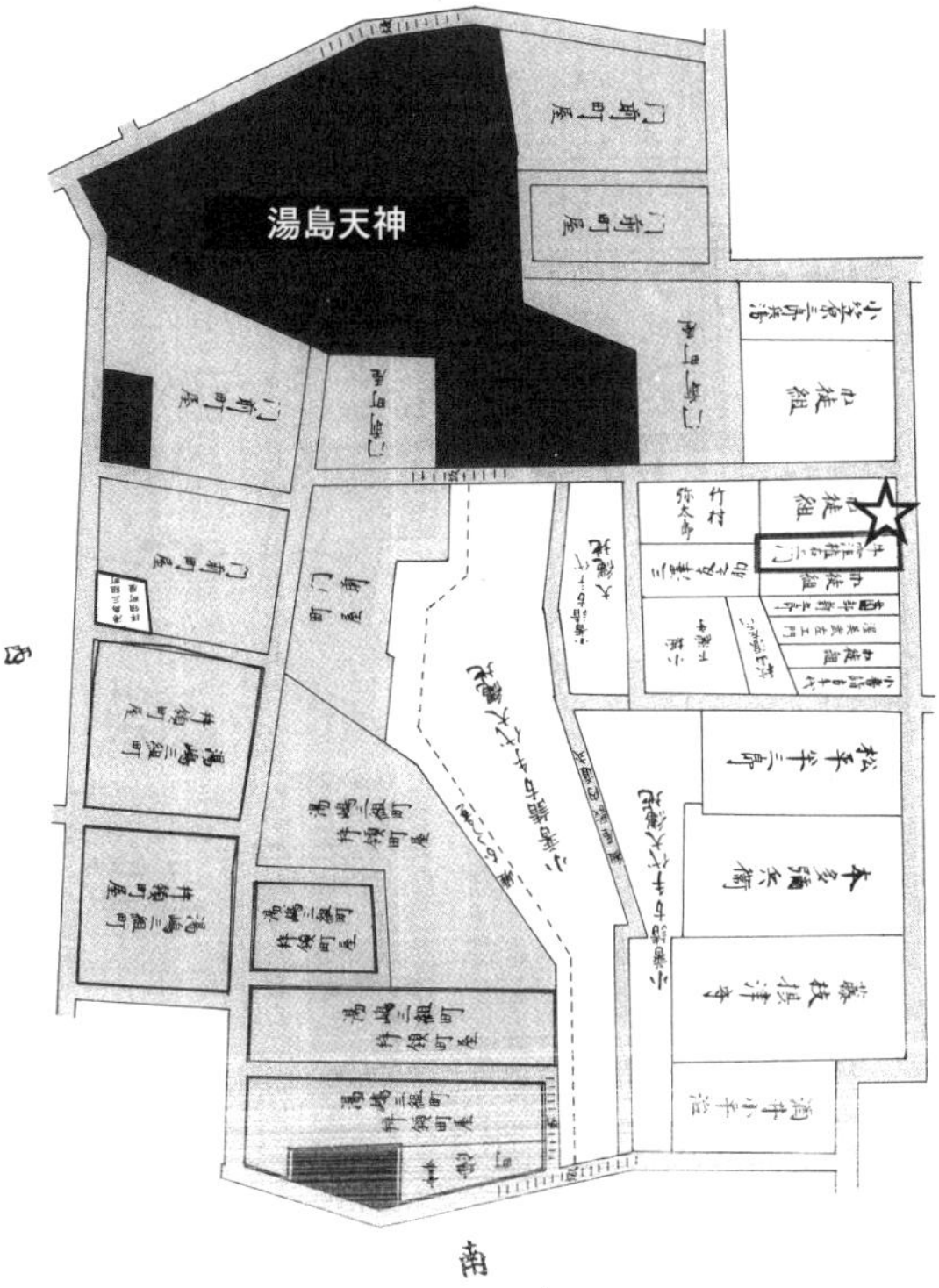

牛窪権右衛門宅

元禄9（1696）年。
湯島天神中坂下、現在文京区湯島3-24、地下鉄湯島駅5番出口上。
推定間口4間（7m）弱×奥行20間（35m）弱の約72坪。
周囲は御徒組屋敷など、グレーの部分は町屋。
『江戸城下変遷絵図集』所収の原図に加筆。

武士のたつき

現代人の飽くなき好奇心にとって、昔のサラリーマンの懐具合は格好の標的である。そんなある意味ゲスな関心のようだが、もう少し深入りする。

『経済随筆《けいざいずいひつ》』（一八一三）という著作がある。著者は将軍の護衛を務める小姓組番士（高三百俵）の橋本敬簡《ゆきやす》で、七十俵から五百俵までの収入に応じた家計の収支モデル、やりくりの方法が披露されている。黒鍬頭の百俵ではこうある（一両＝四分＝八朱、米価はさきのレートとは若干違っている）。

○自家消費：二十五俵を充当（八・七五石、六人分か）

○収入：二十二両一分

　自家消費を除き七十五俵売却（手数料一分）

○支出：二十二両一分

　食料・燃料・小遣い等月入用　九両（月三分）

　使用人給金　五両二分（小侍一両二分、下女一両、下男三両）

　着衣料　二両／盆・暮入用　三両／五節句入用　二分二朱

　修繕費　二分／慶弔費　一分二朱／非常金　二分／手元金　三分

使用人の扱い方や盗難予防心得など生活ノウハウのほか、手元金というのが興味を引く。「浩然の気を養ふも養生」と言い、「公の勤も多病なれば心に思へる十の一にも届き兼る者なれば性を養ふも亦一の勤なるべし」と、詩歌、連俳、囲碁将棋、花、茶、書画、遊猟、遊山など余暇活動に一定額を充てて気を養うのも勤めだとしている。

しかし、そんな余裕は百俵取りだから許される。かの江原素六の回想記にこうある。

私の一六七歳の時は邸内《やしき》に畑を作つて沢山ではないが色々野菜を作つたもので、自家《うち》で作つた牛蒡《ごぼう》の軸を茹《うで》て始終飯の代りに食つたこともあるし、又ヒネ赤豆と云ふ虫の蝕《い》つた極く安い赤豆を買つて来て、之を食料としたこともある。又甘藷の屑を買つてそれで餓《うえ》を凌《しの》いだこともある。如恁《こんな》生活の有様が一年やら其処《そこい》らではなかつたが、……（江原「予の受けたる境遇と感化」『現代名流自伝』第一編、一九〇八所収）

禄高四十俵の御家人にしてこの生活である。半分にも至らないヒラの黒鍬は悲惨だった。借金も必要だろう。負債にまみれた日々、せっせと内職に精を出して食いつなぐ。というより、福沢諭吉が『旧藩情』に言うように、「一種の職人」といってもいい。福沢は下駄作りや刀剣細工を近所の士族に習った。江原家では小枝の片方の先端をブラシ状にした房楊枝《ふさようじ》作りを内職にしていた。現代の発掘調査で、江戸では、小身の御家人の拝領地ではなく旗本屋敷の跡地から内職の痕跡が出現している。港区南麻布一丁目からは傘作りのための竹の部材や漆加工用の道具が現れた。わが黒鍬の青山浅河町の組屋敷は傘を扱う内職で知られ、「傘町《からかさ》」の異名をとっていた。墨田区江東橋二丁目からは泥メンコやその型が、新宿区市谷薬王寺町からは鹿骨の細工品が見つかっている。

生計に忙しく子弟の教育もならず、福沢曰く「賤しき商工の風あり」。内職こそが本業のようである。

土地活用という道

大縄地の各戸では菜園は当たり前で、敷地内には貸家も建てる。開発当初から、または一定の時間をおいて、敷地内に町人向けの長屋を置くことが認められ、「拝領町屋敷《はいりょうまちやしき》」となった。微禄での生活苦を見込んで店賃《たな》を取らせるのである。こうして江戸は、内から高密度の百万都市になっていく。

たとえば下谷山崎町は、元和の大縄地拝領後、元禄十二（一六九九）年に願いにより町屋敷化され、町奉

【高原八十次郎の拝領町屋敷】（1829年）

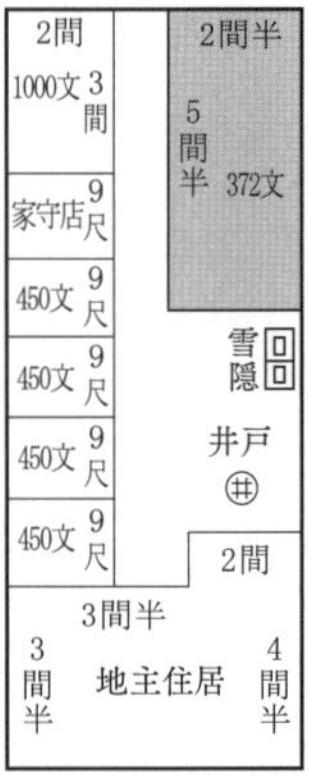

（間口5間半・奥行14間）

【中島専之助の拝領町屋敷】（1808年）

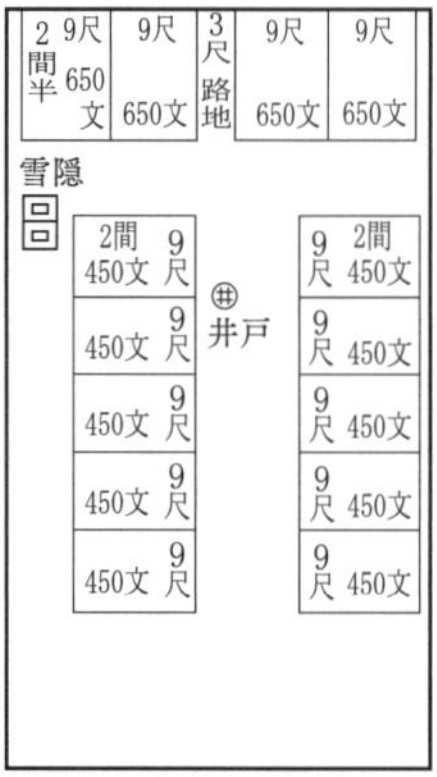

（間口7間・奥行14間3尺）

拝領町屋敷の実態

武士各人の敷地で、井戸と雪隠の周りに規格化された「九尺二間裏長屋」が建つ。網かけは地借。吉田伸之『成熟する江戸』所収の図をもとに作成。

行支配の山崎町一・二丁目となった。もとの住人黒鍬五十人ずつは地主となる。とはいえ、元和年代に百人の黒鍬が拝領したはずのこの地、「町方書上」の文政期までに、両町で百三筆に対して拝領地主が九十五人、役職は三十一種と多様化し、黒鍬はわずか十二人になっていた。御庭方十五人、奥六尺十三人などのほか目付支配無役も十六人いる。黒鍬を含む五役の者の引退後かもしれない。要するに、同じような小身の御家人衆の拝領町屋敷だったのである。両町で九千四百二十坪に六百十一軒の家があり、そのうち八割に及ぶ四百七十九軒が店借、借家人である。おそらく通称「九尺二間」といわれる零細な貸長屋だった（間口九尺＝二・七m、奥行二間＝三・六m）。

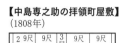

文化元（一八〇四）年、山崎町二丁目の中島専之助（一橋徒）は、七十五坪の土地に、表通りに面した九尺二間半の表店を四軒、面さない九尺二間の裏店を十軒、合計で建坪四十六・二五坪を建てようと町会所から借金をした。役替で実現しなかったが、年十二両余りの収入が得られる計画だった。ヒラの黒鍬十二俵五人扶持＝十七俵として年間六両ほどの収入だから、その倍が稼げる計算となる。役替となった彼の拝領地は、黒鍬頭大林弥一兵衛からの返却願により、家作もろとも組頭が引き受ける形の上地（管理地）となった。組の土地が組に戻ったのである。

また、目付支配無役の高原八十次郎の土地には、四十五坪の土地の奥に地主住居があり、地借一軒、表店一軒、家守店一軒と裏店四軒があった。これで年間に五・九両ほどの収入となるが、文政六（一八二三）年、高原は収入を引当にして町会所から借金するのに、偽りを申し立てた。安い地借を店借とし、収入を生まない家守店を店借に、地主住居の一部も店借に偽って、年十三両もの収入があるとしたのである。

ついでながら、ここにある家守店の家守庄兵衛と申す者はよそに住み、ここを貸家にしていたらしい。店借人は日雇や大道芸人の類いの、食うや食わずのありさまで離散しやすい者が多かった。だから必ずしも懐手で安穏とできる収入ではなかったようであるが、それでもその不安定な店賃を当てにせざるをえなかった。

傘町のように拝領地での内職が群をなせば（現になしていたのだが）、植木栽培では大久保百人町のツツジのように名所にもなった。下谷御徒町の御徒組屋敷は「朝顔屋敷」である。花や葉の色・形の珍しさを競う奇品趣味といった高尚な道楽ではなく、切実な商品生産だったようであるが、こんな生業《なりわい》が図らずも江戸を園芸《ガーデン》都市《シティ》にしたのである。わが黒鍬組屋敷も一環を担っていたかもしれない。

「御中間黒鍬程悪者ハ無之」

三十俵三人扶持の大久保仁斎は、「物有てこそ質素倹約も行はるべし。……内職専用ならざれば仰て奉公ぶりも成し難く、又父母に孝養ぶりもいたし難く」と書いています（『富国強兵問答』、一八五五）。衣食足りて礼節を知る。ならば、食うや食わずの黒鍬の行状は礼節以前でしょうか。

①綱吉公の愛妾お伝の方は黒鍬小谷権兵衛の娘。実兄権太郎は、裕福になった実家を仲間とともに襲う居所不定の無頼者で、博打のもつれから殺された。（三田村鳶魚『公方様の話』、一九二四）

②御腰者方御用の長持を運ぶ途中で、松平中務の供の者に道を譲れと口論。吟味すれば黒鍬の「がさつ不法」。（『実紀』記事⑱および大目付宛通達）

③紀州候婚礼時、御道具持ちの「黒鍬躰之者」に饗応しなかったら、今日は酒や料理、ご祝儀が出るはずなのに茶も出さないのかと、玄関前で暴言の数々。（水野為長『よしの冊子』天保頃）

④（山王神社の祭礼での暴行事件を記し）中間や黒鍬は平素から何かにつけ争い、古参になると成り上がりの頭の言うことなど聞かなくなる。「御中間黒鍬程悪者ハ無之」。（同）

『よしの冊子』は、寛政の改革宰相松平定信様が放った隠し目付の報告です（だから「〜の由」の草子です）。そこに「黒鍬抔《など》申ものハ至て悪物」と、悪評紛々でした。面目ないことです。

プライドだけは高かった。また江原素六ですが、困窮のなかでも、両親は他人から一銭も借りようとしたり泣きごとを言ったりしなかった、と書いています。こんなエピソードもあったようです。内職の原料は日本橋の河岸から米俵で二つ分ほどを買い、四谷愛住町まで運びました。現代の距離で約六km、人足賃一銭を惜しみ、昼間二本差しで店に行って買い置き、日暮れを待って大小を荷に結び付け自ら背負って運んだというのです。

武士の体面としてはこんな話も。江原少年が八文のいなりずしを買いたくて買えず、ようやく金を貯めて買い、歩きながら食べていたというのです。父親に見とがめられて往来で殴打され、母親にも叱られた。歩き食いは人足の振舞、人足同様の「賤役《せんえき》」は生活のためにやむをえないが、武士たるもの、行儀まで人足のまねになってはいけない、と。

黒鍬の悪評にバランスするような美談はあまりありません。例外的に、水戸藩の刃傷事件がありました。水戸候の行列を乱した武士がとがめられ、合羽籠を担いだ黒鍬に斬りつけました。沼田伝衛門なるこの黒鍬、脇差が錆びていたのか鞘のまま受けましたが、ひょんなことに鞘が飛び抜け斬り返せました。手傷を負っての抜き合いが殊勝だと、五両二人扶持で水戸勤めの御旗組に昇格したといいます。

私たちに忍びの幻影をお持ちの向きには、このような生身は残念かもしれません。

「お役目としての黒鍬」は、微禄で雑用専門の「公儀使用人」でした。戦国の技術戦を生きた土木技術者は昔の話、太平の世にすっかり脱技術化してしまいました。江戸の工事現場には民間建設業者しかいなくなりました。我ら黒鍬が工事や隠密に携わっても手伝いか抜擢で、あくまで例外でした。しかも、無頼の徒どもと同一視されかねません。

ともあれ、そろそろ「再び会うまでの遠い約束」をする時が来てしまいました。長い、しかも見通しのきかぬ迂回や断片におつき合い下さり、まことに忝《かたじけ》のうございました。

江戸大絵図 政 11(1828))	天保改正 御江戸大絵図 (天保 14(1843))	近江屋板切絵図	尾張屋板切絵図	東京大絵図 (明治 4(1871))
秋、クロクワ	クロクハ、山サキ丁	下谷三ノ輪浅草三谷編之絵図 (嘉永 3(1850)) 下谷山崎町一・二丁目	東都下谷絵図(嘉永 4(1851)) 山崎町一・二丁目	クロクハ
サトミ丁	—	下谷三ノ輪浅草三谷編之絵図 浅草浅留町	今戸箕輪浅草絵図 浅草浅留町	丁
ロクワ、クロワクミ	クロクハ、山フシ丁	下谷箕輪浅草三谷辺之絵図 (嘉永 3(1850)) 黒鍬組	今戸箕輪浅草絵図(嘉永 6(1853)) 黒鍬組	クロクハ、山フシ丁
ヤククミ、ク	アサカ丁、クミ	青山長者丸辺之図(嘉永 4(1851)) 浅川町、浅川丁(通りの名)	東都青山絵図 浅川町	アサカ丁
ロクハ、アサ丁(通りの名)	アサカ丁	谷中本郷駒込小石川辺絵図 (嘉永 2(1849)) 黒鍬組町、浅嘉丁二丁目(通りの名)	小石川谷中本郷絵図(嘉永 6(1853)) 黒鍬組丁、浅嘉丁二丁目(通りの名)	アサカ丁二丁目(通りの名のみ)
		同上嘉永 3 年版 浅嘉町	根岸谷中日暮里豊島辺図(安政 3(1856)) 黒鍬組町、浅嘉丁二丁目(通りの名)	
鍬、クミ	クロクハダニ、クロクワ、クロクハ	赤阪今井一ッ木辺之絵図 (嘉永 2(1849)) 黒鍬組、クロクハクミ、黒鍬谷	今井谷赤坂六本木絵図(嘉永 3(1850)) 御黒鍬組、黒鍬谷(通りの名)	ヤシキ
		同上嘉永 7 年版 コノエンーエンクロクワタニトイフ (通りの記述のみ)	今井谷市兵衛町赤坂全図(元治 2(1865)) 黒クワ組、黒鍬谷(通りの名)	
畔鍬ヤシキ、同 ミヤシキ、同 組ヤシキ	クロクハヤシキ、クロクハ	芝高輪三田白金辺絵図 (安政 3(1856)) 黒鍬組屋敷	芝高輪辺絵図(嘉永 3(1850)) 黒鍬組	(今里村百セウチ)
		本芝高輪白金三田辺之絵図 (嘉永 2(1849)) マジリ組屋鋪	目黒白金辺図(嘉永 7(1854)) 黒鍬組	
クミ、クワ	小ヤク人	四ッ谷千駄ヶ谷内藤新宿辺絵図 (嘉永 2(1849)) 黒鍬組	内藤新宿千駄ヶ谷絵図(文久 2(1862)) クロクワ丁(通りの名のみ)	—
		内藤新宿新屋敷之図 (嘉永 4(1851)) 黒鍬丁(通りの名のみ)		
—	クミ	渋谷宮益金王辺図(嘉永 4(1851)) 黒鍬谷組屋鋪	東都青山絵図(嘉永 6(1853)) 黒鍬組	—
畔鍬之者	クロクワグミ	巣鴨染井王子辺図(嘉永 5(1852)) 黒鍬組、ヤシキ	染井王子巣鴨辺絵図(嘉永 7(1854)) 黒鍬組	(棄茶畑)
クミ	クロクハクミ	南本所竪川辺地図(嘉永 4(1851)) 磯野(?)黒鍬組、黒鍬組	本所深川絵図(嘉永 5(1852)) 黒鍬組	クミヤシキ

絵図に見る黒鍬組屋敷の変遷

居住地	現在の地名	江戸図鑑綱目(元禄2(1689))	分道江戸大絵図(享保元(1716))	享保年中江戸絵図	吉文字屋板切絵図	新編江戸安見図
❶下谷山崎町一・二丁目	台東区東上野4丁目、北上野1丁目	黒鍬町	黒鍬町	畔鍬、山崎丁・山サキ丁(通りの名)	下谷浅草絵図(明和4(1767)) 黒鍬、黒鍬組、黒鍬組ヤシキ	下谷一円東叡山迄之図(政10(1827)) クロクワ、クロクワヤシ
❷浅草浅留町	台東区松が谷1丁目	(三十三間堂千手観音)	クミヤシキ	畔鍬屋鋪、浅富丁(通りの名)	下谷浅草絵図(明和4(1767)) クロクワ	浅草御門外ヨリ北千住口マテ 図 —
❸下谷山伏町	台東区北上野2丁目	(本多下野守屋敷)	(本多信濃守屋敷)	畔鍬屋鋪、山伏丁	下谷浅草絵図(明和4(1767)) 黒鍬クミ	浅草御門外ヨリ北千住口マテ 図(文政10(1827)) クロクワ
❹青山浅河町	港区北青山2丁目	(脇坂淡路守屋敷)	町、クミヤシキ	小役人、浅河町、畔鍬屋鋪	—	四谷御門ヨリ西之図右ノ続キ 藤宿マデ(明和6(1769)) 黒クワ衆、クミ
❺駒込浅嘉町	文京区本駒込3丁目	—	—	畔鍬、浅香丁(通りの名)	本郷谷中小石川丸山絵図(明和7(1770)) 黒クワヤシキ	湯嶋本郷谷中白山之辺図(明和6(1769)) クロクワシユ
❻赤坂丹後町	港区赤坂4丁目	(千代姫様屋敷他)	(千代姫様屋敷他)	新畔鍬	—	赤坂御門ヨリ麻布青山渋谷迄之図(明和6(1769)) 新クロクワ
❼白金志田町	港区白金1丁目、高輪1丁目	(田)	(田)	畔鍬屋鋪	—	—
❽千駄ヶ谷仲町二丁目	渋谷区千駄ヶ谷5丁目、代々木2丁目	(田)	クミヤシキ	黒鍬屋鋪	—	四谷御門ヨリ西之図右ノ続キ内 藤宿マデ(明和6(1769)) クロクワ
❾渋谷宮益町	渋谷区渋谷2丁目	—	(畠)	(松平主馬屋敷)	—	—
❿巣鴨町(真性寺門前)	豊島区巣鴨2丁目	—	—	(水野隼人正屋敷)	—	—
⓫本所林町二丁目南	墨田区立川2丁目	—	—	畔鍬屋鋪(宝暦以前隅田川以東図)	—	—

1.「居住地」欄には、組屋敷のままなら町名が付かないため、付近の地名(明治以降のものを含む)あるいは後に町屋として払い下げられた際の町名を記す。
2. 記載の( )書きは別地目を表し、「—」は図幅がないもの、または図幅はあっても記載がないか不明のものを示す。
3. この他にも比較的小規模な大縄地が、神田仲町二丁目(現千代田区外神田1丁目)、大久保(内藤新宿)番衆町(現新宿区新宿5丁目)、四谷天龍寺脇(現新宿区新宿4丁目)、本所入江町(現墨田区緑4丁目)、深川富川町(現江東区森下5丁目)、深川大和町(現江東区冬木、上記のうち一部の絵図には記載あり)にあったことが『東京市史稿市街編』所収文書(屋敷渡預絵図証文)や『御府内沿革図書』から確認できる。

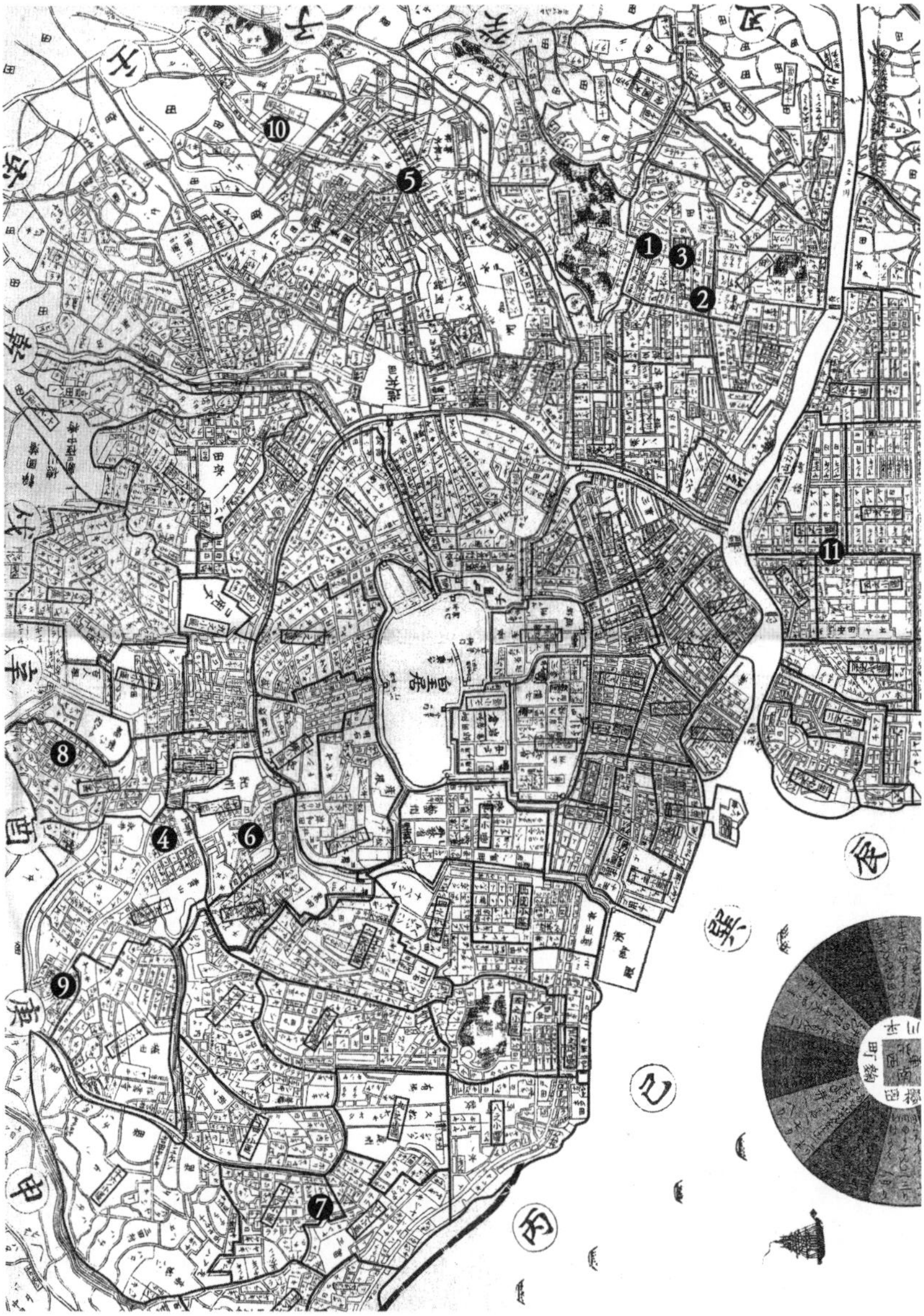

黒鍬組屋敷の位置

数字は前表に対応。基図は吉田屋文三郎刊「東京御絵図」（1871）人文社編集部編『武蔵伊豆江戸と東京地図撰譜』より。

column

官民分担と「官」の変質

近世初期には、士分＝「官」と「民」の境界的な存在である土豪（地侍）が多くいた。尾張・美濃で三千八百町歩もの新田を開発した鬼頭景義、信濃で三河田・市村・五郎兵衛の三新田（現長野県佐久市）を開発した市川五郎兵衛などが代表的である。素性は不明だが、腕と才覚に覚えのある者が「官」と「民」のどちらか有利な立場を選んだ。

伝統的な技術は、江戸中期頃までに、「官」の一手独占から「民」の全面請負へと進化した。発注者直営方式から、発注者が機材を、業者が労務を提供する労務請負の導入を経て、労務も機材も業者が手当てする材工込み請負へと変わっていった。

土木工事は、建築と違い、大規模ではあるが単純労働を大量に動員すればほとんどできたので、村仕事や領主の農民徴用による夫役などが多かった。玉川上水ほかの上水も請負だったとされるが、これらは例外的に早く、請負そのものが伝説かと疑う向きもある。

民間の請負工事の始まりは、確実な記録の残る寛文期（一六六一～七三）の中頃以降とされる。初期には技術

形態		官独占型	官民併存型	民請負型
形態の概念		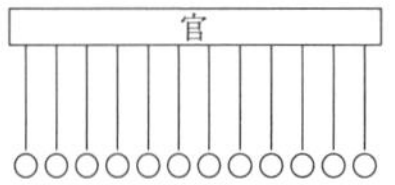	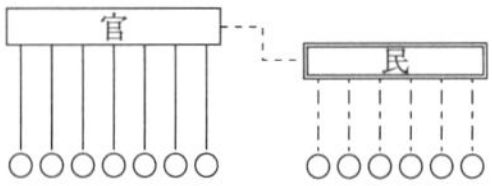	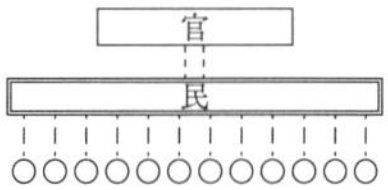
官		・技術を一手に集中	・技術集団を維持（直営形態） ・官が民間施工者を間接的に支配 ・官の支配を受けない施工形態（ex. 土豪） （以上、併存）	・性格の変化（技術指導→企画・監督）
民	施工者	・一部、僧侶による施工あり	・民間施工者の出現（独立形態・官の間接支配で施工）	・官からの請負形式で施工
民	労力	・官に賦役労働（僧侶の場合は勧進）	・官には賦役労働 ・民間施工者には雇用	・民間施工者に雇用
民	変動		・単なる労力から施工者への成長が顕著	
時代	伝統技術	古代～中世	中世～近世初頭	近世中期～
時代	近代技術	明治初頭～戦後高度成長期	官指導形態が明治中以降あり（ex. 耕地整理）	戦後高度成長期～

普請の施工形態の変遷

面は幕府の直轄、請負人は労務の提供・管理がもっぱらだった。すべてを請け負う請負業が成立するのは、工事の需要が潤沢で経済的に企業活動が成り立つようになった享保期（一七一六〜三六）頃のことである。その後約百年余りをかけて企業が力を蓄え、幕末の横須賀製鉄所や台場工事などになると、数千〜数万両規模の工事を請け負う者が育ってくる。幕府の役職は実働をしない管理・経営担当に変わっていった。

黒鍬組屋敷の場所《トポス》と記憶

○下谷山崎町：元和二（一六一六）年に組屋敷として拝領の後、元禄十二（一六九九）年に山崎町一・二丁目として町方支配に。明和五（一七六八）年以来、二丁目に寺社境内や往来、広小路などで興行する芸能者、辻芸人の親玉、乞胸頭《ごうむねがしら》山本仁太夫が住んだ。天保十三（一八四二）年には乞胸は四百八十人ほどにもなった。大手芸能プロダクションさながらである。

明治二（一八六九）年に「万年町」と改称。明治・大正年間に貧民窟（スラム）の代名詞となる。トタン張りの板塀が囲う九間×二十間の一角に三尺陋路《ろじ》二条を持つ四十八軒長屋があり、四畳半一間《ま》の四十八軒に四十六世帯（百九十五人）が住んだという記録が残る。著名な演歌師添田添田唖蝉坊《あぜんぼう》も住んでいた。長屋すら借りられない者は、畳一畳の木賃宿に雑居で長逗留した。多くは日銭を稼ぐ人足・日傭取《ひようとり》として道路・橋梁などの修繕をはじめ土木工事に出る者だったが、屑拾いも多かった。

劇作家唐十郎はここの生まれである。「昭和二十一年から住みついたオカマたちでにぎわい、電蓄から鳴るタンゴの曲で、ハエのとび交う町でした」（『下谷万年町物語』、一九八一）。その後、「昭和五十年に、一度、火事が起こり、二年後にもお不動様が焼け……オカマたちが去った代りに今では時計バンドの家内工業ミシンが鳴りひびいています」（同書）。

○浅草浅留町：元禄十一（一六九八）年、山崎町組屋敷の一部が御用地召上げとなった代地として黒鍬組五十

スラムの諸相
残飯屋と土方作業。松原岩五郎『最暗黒の東京』（久保田金僊画）より。

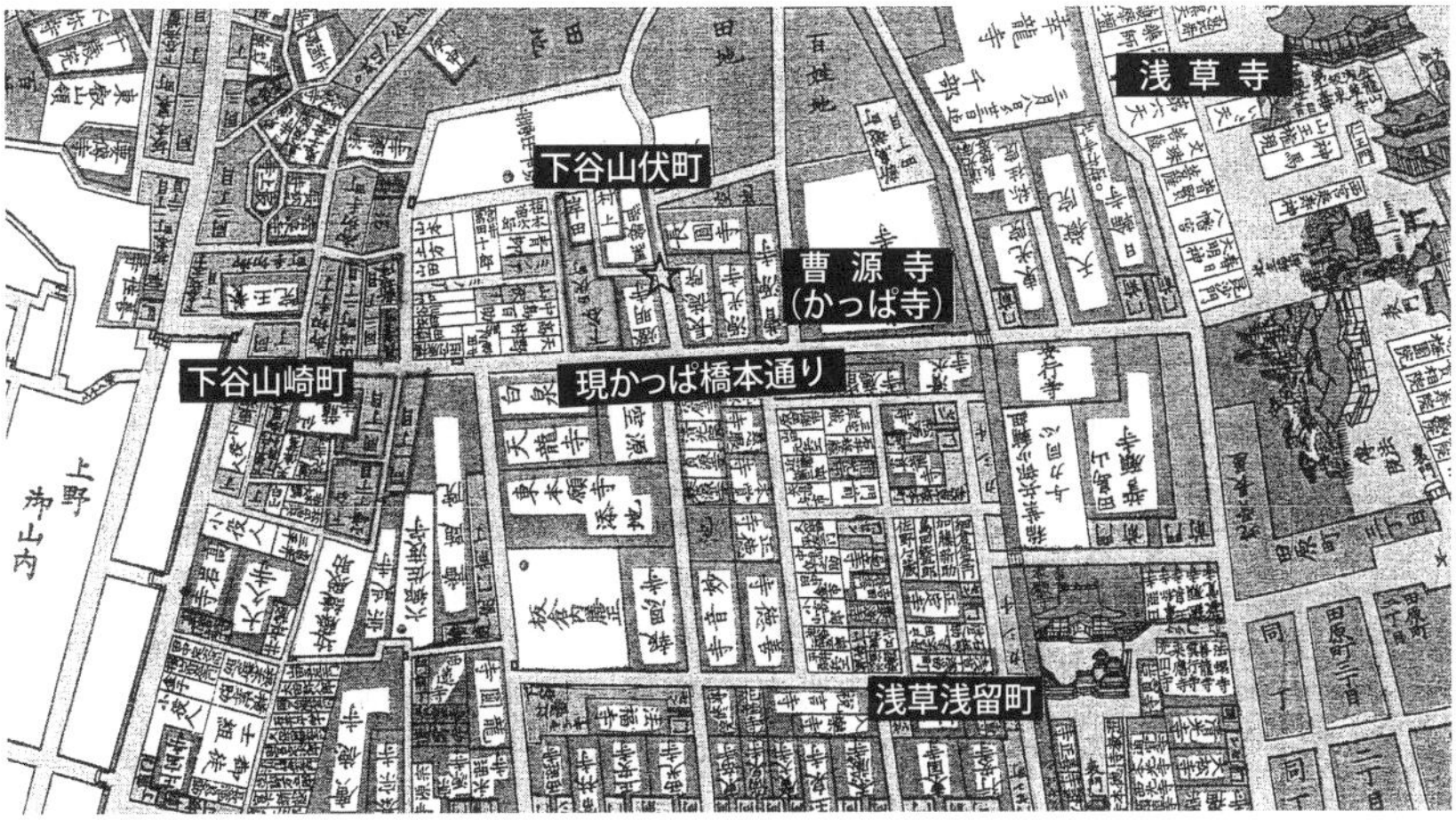

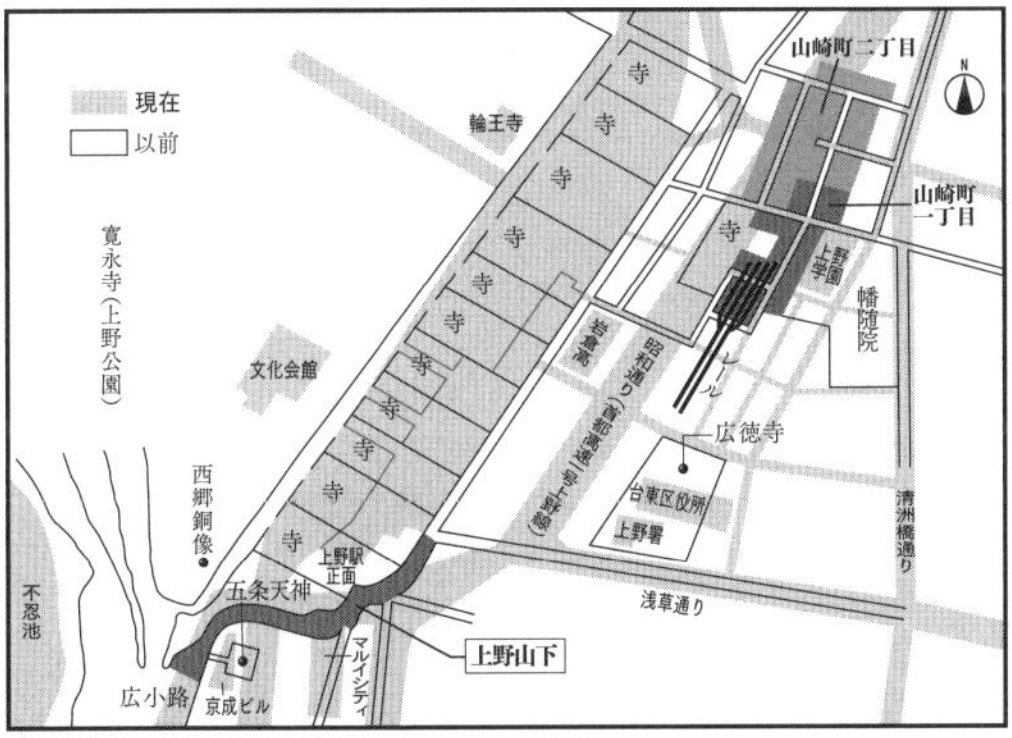

下谷山崎町周辺と四十八軒長屋

切絵図は尾張屋版『今戸箕輪浅草絵図』。山伏町の組屋敷と町屋、浅草浅留町を示す。

左は山崎町付近を現代と対比したもので、塩見鮮一郎『乞胸』所収の図をもとに作図。

四十八件長屋は知久政太郎『変装探訪 世態の様々』より。1軒は1間半×2間（4畳半）一間に1間半×3尺の流しが付帯。40家族195人が住んでいた。長屋南側（最上列）のほぼ真ん中に添田唖蝉坊の家族が見える。

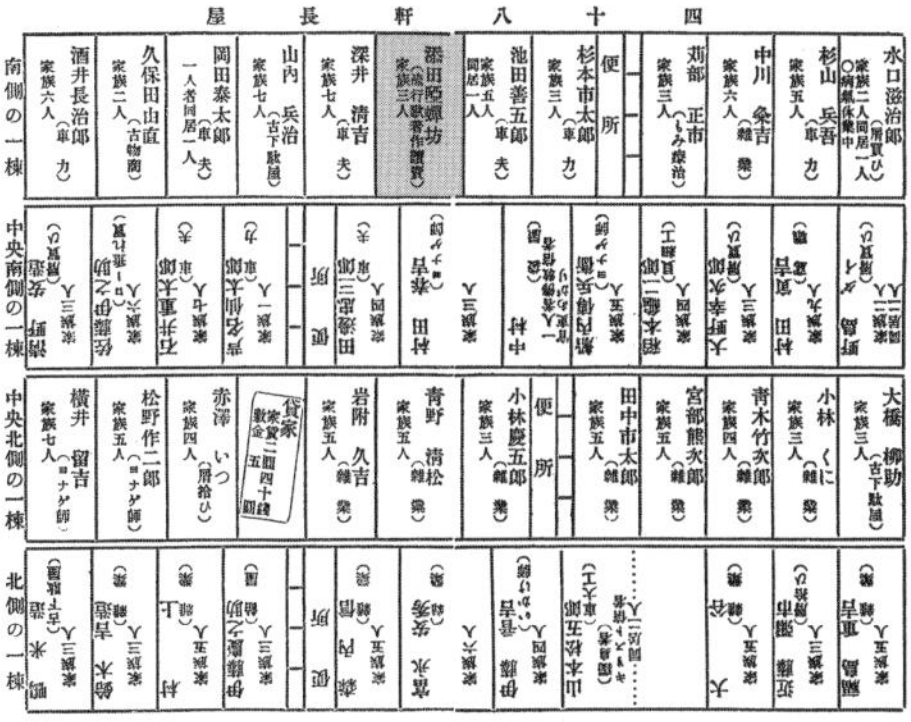

人が拝領。三十三間堂の焼失跡地の一角である。山崎町と同時に町方支配に。この界隈はかつて「堂前《ドーマエ》」という一大私娼窟で、天保の改革による廃止後、ほど近い龍光寺門前に仁太夫以下乞胸の多数が山崎町から強制移住させられた。明治期、合棟長屋三棟三十八戸が、標準の半分の「九尺一間三畳敷の住居をもて一家団欒の楽し」むとの報告（『朝野新聞』、一八九二）がある。

○下谷山伏町：享保九（一七二四）年に十九人分千三百三十坪と同十三（一七二八）年に十三人分八百坪が大縄地として授与。大和郡山藩主本多家屋敷の召上跡地。牛込山伏町の代地で町方支配となった町屋が隣接。近代以降、ここもスラム化した。「万年町山崎町の住民は油断して居れば庭の物を攫い行かるる心配あり」（横山源之助「都会の半面」、一八九五）よりここは悪く、「四人・失踪者を出だすこと万年町の上に出で」たらしい。

○青山浅河町・駒込浅嘉町：双子の屋敷地。青山は、天和三（一六八三）年、神田御茶の水の拝領地が召し上げられた代地として授与（青山下野守の上地跡地）。黒鍬九十六人の大縄地だが、駒込は青山が手狭なため与えられた足地で、町名は青山に倣う。町方支配となった年月はいずれも不明。

青山浅河町は俗称「傘町」、古傘の張り替えを商売とした者が多い。傘は破れると提灯の張替職人に出され、さらに傷めば古傘（古骨）買いから問屋に渡る。問屋は紙をはがし糸や骨を修理した後、油紙の張り替えを下職に出す。浅河町ではこの工程を請け負った。張り替えた傘は問屋に戻り、新品よりずっと安く売られた。明治維新後、召し上げた武家地の有効活用で、青山は一時桑畑に転換した。

○駒込浅嘉町：ダイコン・ゴボウなどの土物と青物の市（やっちゃば〔場〕）が立ち、「土物店《つちものだな》」と呼ばれた。町内に青物問屋が三人住む。尾張の原種を改良した「練馬大根」がブランド化したのは、青物問屋肝煎役、角萬小泉甲太郎が将軍の大々根《おおね》として以来のこと。町の外れには吉祥寺、八百屋の娘が寺小姓に惚れ、逢いたい一心から極刑覚悟で火付けした「お七火事」（一六八三）の火元がある。

○赤坂丹後町：東を丹後坂、西を薬研坂で区切られた坂の下にある。「赤坂薬研坂（脇）」ともいい、明治以降に丹後町となった。尾張家に嫁いだ将軍家光の姫の死亡召上地の一部で、元禄十四（一七〇一）年、「新黒鍬之者」五十九人に大縄地四区画が授与。

通称「黒鍬谷」は悪い御家人の代名詞、放蕩無頼のイメージが満ちる。「この赤坂の商人は何商売に拘らず、黒鍬組の者どもが乱暴なすに困るよし……」（河竹黙阿弥『音聞浅間幻燈画』《おとにきくあさまのうつしえ》一八八八初演）。

○**白金志田町**：通称「魚藍坂下」《ぎょらんざか》。「麻布白銀《しろかね》新堀端」、「三田魚藍下」とも。この堀は「古川」と呼ばれる渋谷川（上流で後に童謡「春の小川」を生んだ）。『鬼平犯科帳』では、鬼平・長谷川平蔵の密偵となる元盗賊が、坂上の魚藍寺に茶店のオヤジとして潜伏する。明治五（一八七二）年、この町名になり、当時の地図では建物が一掃され、農地が広がる。町名の由来は「田を志す」意味を持たせたともいわれる。

○**渋谷宮益町**：「渋谷金王《こんのう》脇」とも。鬼平が捕り物に動員したのがここの黒鍬之者という設定。維新後の植付奨励では多くが茶畑になり、松涛茶が有名に。

○**巣鴨真性寺前**：『江戸名所図会』にも描かれる名刹真性寺の門前。寺は江戸六地蔵尊の一つを擁し、歴代将軍が参詣する。

○**本所林町二丁目南ほか**：切絵図には、本所地域の「黒鍬組」は林町にしか表示されず、ほかのものは深川大和町に一時期姿を見せるだけ。規模が小さいせいか、町屋化してもわからない。墨東は新開地で奇譚に事欠かない。物の怪に怯えながら、「本所の銕《てつ》」、若き日の鬼平や「飲む、打つ、買う」に明け暮れた勝小吉（海舟の父）らと、素行の悪さで引けを取らない黒鍬がワル仲間だったかもしれない。

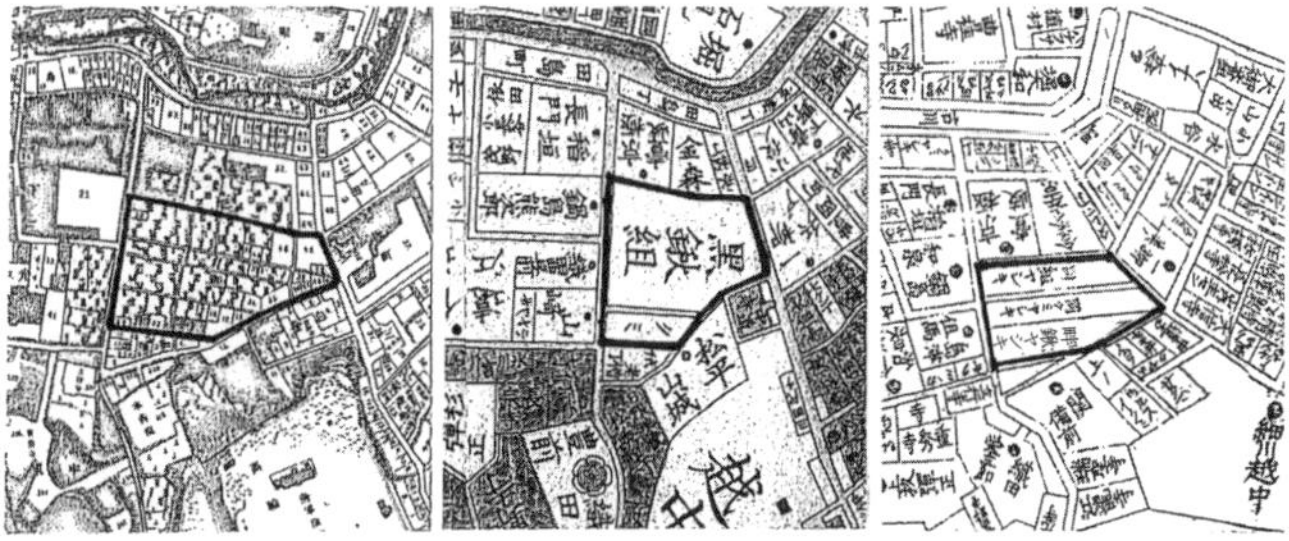

江戸期〜明治初期の白金志田町組屋敷

右から「分間江戸大絵図完」（1779）／「分間江戸大絵図完」（1859）／「東京実測絵図」（1886 − 89）。地図資料編纂会編『五千分の一　江戸－東京市街地図集成　第１期』より。

第三話

石と河原の者

——〈石の達人〉としての黒鍬　その一

一、石を扱うこと

石と伝説

石は伝説を生む。各地に残る伝説を集めた柳田國男の『日本伝説名彙』に、「木」や「水」、「塚」、「坂・峠・山」、「祠堂」と並んで「石・岩」の項目が立つ。それほど石の伝説は多い。神秘の色や形、模様、肌理《きめ》の微妙さに惹かれ、堅牢性や永久性、安定感に魅せられる。石自体、成長したり（「さざれ石の巌《いわお》となりて……」）、神や魔物が依りついたり、人や獣が化身したりと、伝説の中身はきわめて豊かである。石にかかわる者もまた、伝説となりやすい。古代の為政者の墓、古墳を造った者たちは、大陸からの渡来人であったに違いない。石の棺や覆い（石室・石槨）、表面の葺石《ふきいし》の規模や見事さに目を見張り、人智を超えた神か鬼の仕業として語り継がれてもおかしくない。

山の斜面に石を積んで造った田畑は「耕して天に至る」といわれる。それを造った超絶技巧は黒鍬のものだった、と伝える所がある。「棚田百選」に選ばれた岐阜県恵那市の坂折《さかおり》や三重県熊野市の丸山千枚田、兵庫県多可町の岩座神《いさりがみ》など。文書記録はなく、署名も残さず、忽然と消え去った造り手。「あの田んぼは黒鍬さんが造った」という言い伝えには、畏敬はもちろん、どこか親しみも込められているようである。神が宿るのとはまた違った趣を持った、これも一種の伝説ではないか。

伝説といえばこんなものも。江戸後期の地誌『新編相模国風土記稿』（一八四一）にある。

○旧家石屋善左衛門　……其祖善左衛門は、甲州の浪士にて、駿州田中郷に住し、田中を氏とす、此人石工を業とし、活計の為関左諸州の山々に到り、采《採》石するを以て、各国の土風山川険易の地理に暁達せり、明応中北条早雲、小田原在城の頃、当所に移住し、石匠の棟梁となり、早雲所々出馬ごとに、其導引として扈従せり、且国々に配下の石匠多きをもて、隠密の軍務を命ぜしとなり、［按ずるに当時北条氏にて専ら用いし乱波の類なるべし］又小田原城以下諸城修理の時は配下の鍥工を駈催し、土肥山小田原山辺の釆石をなさしめ、城垣を築成す、……（天正）十八年小田原落去の後、東照宮城内を歴覧し給ふ時、小田原石もて畳築し煙硝庫を上覧ありて、其工人善左衛門［中興の祖］を召る

（同書巻之二十六 村里部 足柄下郡 巻之五）

徳川家康にも認められた石屋の青木善左衛門。代々練達した石屋棟梁でありながら、その祖は北条早雲の乱波＝間者《スパイ》を務めていたというのである。「甲州の浪士にて」が気にかかるところである。甲州といえば武田信玄の甲州流だ。釜無川の治水システムで、流れを導く「石積み出し」も、ぶつけて左右に分ける「将棋頭」も石の匠の業にほかならない。ついでに、信濃の著名な「高遠石工」も同じ武田の流れを汲むという。

いや、乱波だった。紀州藩ではこう言い伝えられる。藩で抱えていた石工「穴太衆」の長、二代目津村吉兵衛が、若くして「穴太見習」として藩主の菩提寺の御廟建築に携わった。機密保持の理由からだという。その寺、長保寺は和歌山市街から南方三里弱、和歌山が落城したら逃走経路になる。そんな重要施設の「御内々御用」に、本来の所属である大普請組を通さず直接命じられたのである。

フィクションだが、今西祐行『肥後の石工』（一九六五）でもそういう設定になっている。棟梁岩永三五郎は薩摩藩の石橋建設に雇われた後、「永送り」（暗殺）されかける。眼鏡橋のアーチの「要石《かなめ》を抜けば落ちる」秘密を知るからである。史実とは違うがもっともらしい。同様の言い伝えは「大島石」の産地、愛媛県今治市宮窪町にもある。今治城の築城の秘密漏洩を恐れた藤堂高虎の手から、石工の先祖が逃げ落ちた、と。

石工は軍事施設の秘密に通じ、工事や採石場探しに携わる。「各国の土風山川険易の地理」、お国の事情を知り尽くす。こうした技能を持ち、組織ぐるみで忍者とも紙一重の諜報員の役目を果たす。劇画『子連れ狼』が

振りまく黒鍬＝隠密（公儀探索人）のイメージの源は、目付配下の隠密の役目だけではない。こういう所にもあったのである。

石工稼業の時間と空間

石工という稼業はどんなものか？　まず世に名高い銘柄「〇〇石」の産地に芽生えた石材業がある。主体は切り出しで、製品の需要地は別の場所。加工して持って行くか、素材を運んで加工するか。その間は当然のこと、運搬しなければならない。産地―運搬―需要地の三種の稼業が成り立つ。切り出すのを石採工《いしとりこう》（石切）、加工するのを石彫工《いしぼりこう》、積むのを石積工《いしづみこう》と、得意分野で区別する。作る物によっても分かれるし、彫れても積めないなど、その区別はかなり厳しい。時と場合によってはこの区別を超えて融通もきいた。

石工の流れを大まかに追えば、大規模な建造物を手がけた時代がずっと昔にあった。古墳を造った渡来人系の技術は、石棺の材質や加工技法の系譜から二派が知られる。六世紀末～七世紀初めを境に、前の古墳時代では古墳を造る土木技術の一環として伝わった。その後飛鳥時代になって、仏教と一緒に寺院造営の者たちも来た。石工集団は、熊本の阿蘇石、大阪の二上山《にじょうざん》石、兵庫の竜山《たつやま》石など、使う石の産地それぞれで独自の技法を持つ、いわば「山付き」の技術である。古墳期はそんな特定の石材＝石工集団それぞれが古墳の現場で働いた。飛鳥期にも山付き石工集団という形は変わらないが、新しい石工は、柔らかい凝灰岩から硬い花崗岩まで扱うことができ、寺や庭に使う高度な造形もできた。寺の現場では、建築部位ごとに石材が使い分けられ、各地の山付き石工集団が分業・協業したらしい。

そこからしばらく、石塔や石仏、板碑《いたび》など、いわゆる「石造美術」は増えるが、古墳並みの大構造物の築造は途絶える。時の流れに離れ小島のように石築地《いしついじ》、元寇に際して博多湾岸に鎌倉幕府が造った石の防塁が現れた。有名な『蒙古襲来絵詞《もうこしゅうらいえことば》』（鎌倉後期、年代未詳）にも描かれる。この石垣は高さも幅も二～三ｍほど、延長約二十㎞に及ぶ。田一反当たり長さ一寸などの賦課基準で各所領主に分担させて建造したという。台形状に石を積んで内部の隙間に砂を詰めた構造もあれば、石塁と土塁の二列構造になっている所もある。建造の経緯や技術の詳細など不明なことが多いらしい。北部九州には、古墳と同じ時期に「神籠石《こうごいし》」と呼ばれる石を積んだ山城もあった。瀬戸内地方にかけても同種のものがあるが、これも謎の多い施設である。戦国期に造られた城とは系譜が違う。

戦国期から続く城づくりは、江戸幕府が諸大名に命じてその財力を殺いだ「天下普請」でピークをなす。各藩の領内でも拠点が整備された。そんなブームを過ぎれば、旺盛に活動したのは墓石石工くらいか。仲間には、大工に対して宮大工がいるように、「ミヤモノ石工」がいて、鳥居や狛犬など神社系の製品を手がける。五輪塔や宝篋印塔《ほうきょういんとう》など型を主とした石塔を作るのは「カタモノ石工」である。石仏は「ホリモノ石工」が彫る。腕は、簡単な物作りから精妙な作品制作へと上がっていくだろう。

石工が多いのは京都・大坂・江戸の三都、巨大な需要地で競争も激しい。真壁《まかべ》（茨城県）、岡崎（愛知県）、庵治《あじ》（香川県）といった名高い石材産地にも多い。また、大谷《おおや》石工（栃木県）、高遠石工（長野県）、笏谷《しゃくだに》石工（福井県）、和泉石工（大阪府）、出雲（来待《きまち》）石工（島根県）、八女《やめ》石工（福岡県）、砥川《とがわ》石工（佐賀県）、肥後石工（熊本県）などが歴史に名を残す。もっとローカルで小さな山やその周辺にも付いていた。彼らは集まり、離散し、出戻り、浮浪など、時とともに目まぐるしく動く。

「旅する巨人」、民俗学者宮本常一が故郷山口県の石工について書いた。

石工は山元で割って出す者と、築きあげる仲間とは別であった。採石の方は一定の場所でいつまでも仕事をつづける。そこの石がなくなるまでは丁場をたてている。そしてしかもそれがすぐに船に積めるようなところで作業している。築きたてる方は仕事場がたえずかわっていく。そして新田や塩浜のひらかれる地をさがしもとめてはあるいた。（『宮本常一著作集二九 中国風土記』一九八四所収「腕ききの石工たち」）

故郷の瀬戸内海一帯では、新田開発を「開作《かいさく》」といい、近世後期に藩主導で盛んにおこなわれた。その結果、石材や普請の需要が増え、石工たちのあり方も変わっていった。詳しくは後に譲るが、仕事を「さがしもとめてはあるいた」石工が大勢出た。

そんなふうに、石工の手わざは地方色豊かに花開いてきたのである。

二．源泉を訪ねる：その一　河原者

河原者からブランド「穴太」へ

おれは、このおれは、どこにいるのだ。……それから、ここはどこなのだ。それよりも第一、このおれは誰なのだ。それをすっかり、おれは忘れた。

どこか山深いところ、襞《ひだ》をなす斜面に石を積んで田を作っていた。曼珠沙華の真っ赤な花がぽつりぽつりと固まっていた。まだこの目に残る。積んでも積んでも埋まっていかないあの長く広い尾根。そここに岩が芽を吹く。岩根は深く大きく、手に負えたものではなかった。水にも手を焼いた。浸み出す所に吹き出す所、受けて流して使う技を競った。

自分の名を思い出せないまま、〝おれ〟がここから少しお話しします。

「黒鍬」といわれた石工は、三つの源泉から湧き出した流れが合流したものです。まずは中世の被差別民の土木技術者である「河原者」、いわばプロらしいプロの流れがあります。次に鉱山にかかわる者、つまり「山の者」の流れがあります。そして第三に、プロに対してアマチュア（実際にはそれどころではありませんが）、農民の技の成熟というのもれっきとした一つの流れとしてあります。

河原は都市の境界です。鎌倉初め頃までに、住人は「賤民」として差別を受けるようになりました。彼らの生業は法要や宮廷行事、寺社の造営の手伝い、石組み、屋根葺き、壁塗り、かまど塗り、道普請、井戸掘りなどでした。彼ら河原者ないし「山水河原者」は、室町期に庭づくりが盛んになって重用されました。将軍足利義政の厚遇で「天下第一」と賞される「庭の者」、善阿弥もいます。庭づくりは植木や運送、池掘り、築山《つきやま》、水引き、砂の造作など総合プロジェクトでしたが、枯山水などを中心として石を扱うのを得意とした者もいました。

石工は寺社に隷属するような形でも専門職として働いていましたが、織田信長に目を付けられました。信長は、城造りのために彼らをパトロンから解放しました。信長の発想で、城の歴史は新時代を迎えます。織豊期の城づくりは、①石垣と、その上の②瓦葺きの、③「礎石立建物」という三点セットを特徴としています。石工集団は土台を担いました。もちろん彼らより前にも城に石垣を積んだ者はいますから、そこにも石工はいたでしょう。ですが、信長は三点セットを城の標準形に集大成しました。その最高峰は安土城です。

そこから新しい伝説が生まれました。「穴太衆」と彼らの独創とされる「穴太積み」です。穴太衆は近江国穴太村（現滋賀県大津市）を本拠とする石工集団で、かの司馬遼太郎が『街道をゆく』シリーズで想像を繰り広げました。彼らは渡来人の系譜を引き、伝説の「志賀高穴穂の宮《しがのたかあなほのみや》」を造り、天智帝の大津宮の造営にも活躍したと。安土城の石垣を積んだのをきっかけに独自の工法をもって全国展開したとします。幕府・諸藩に専門家として仕えたのも皆、近江穴太を祖とした石工だとも言うのです。
穴太の石工は、比叡山延暦寺に隷属し、近江の穴太散所《さんじょ》を本拠として土木工事に携わっていました。やがて石積みの巧者として室町幕府や信長・秀吉に重用されました。長享二（一四八八）年、足利義政の山荘東山殿（京都市左京区）の造営に「あなうのもの」あるいは「穴太」がかかわったといわれます。秀吉は北条氏の小田原攻めで石垣山城に陣取りますが、その造築に携わった「穴太参拾五人」を送り返す手配を指示した小早川隆景《こばやかわたかかげ》宛ての朱印状があります。
通称「穴太積み」は特別の技術なのかどうか。一般にそう呼ばれるのは「野面《のづら》石積み」といって、そこらの自然のままの石を加工しないか、わずかに整形するだけで積む方法です。穴太衆の子孫の語りに耳を傾けてみましょう。十四代目の粟田純司はこう言います。

穴太積みは大小の自然石を加工せずに組み合わせる積み方で、表面は石が横長になるように並べる。石を切り刻まないので表面にはすき間が空き、一見粗雑に見える。花こう岩、安山岩、砂岩など作業現場で調達しやすい石材を使う。／大事なのはむしろ内部だ。表面にすき間があっても、石と石は表面から十〜十五センチでしっかり接合し、内部は見た目より安定している。その奥は地盤（岩盤）との間に栗石と呼ぶ小石を大量に挟み込む。コンクリートや土で固めるのと違って水はけがよく、雨水で石垣に荷重がかかることもない。栗石自体も岩盤の圧力を吸収・分散する。

（「石の声聴き垣造り」日本経済新聞二〇〇四・四・一四）

代替わりした十五代目、現在の当主純徳《すみのり》も口を揃えます。
石の奥行きの三分の一ほど手前で下の石に接するように積むのが基本です。強い揺れでこすれ合っても、余裕があるんです。上の石を二つ以上の石で支え、荷重を均等に分散させれば崩れにくい。下の石より上の石を少し前に出すと忍者の足がかりがなくなり、配水効率も良くなります。……地震大国の日本で今に残る城跡の石垣の九割以上が野面積みです。野面積みの強度が高い証拠やと思います。
（トップランナー・インタビュー記事　朝日新聞二〇一七・一二・九 週末別冊版 Be on Saturday）

穴太積みの石垣（滋賀県大津市）

積み方の特徴は、石と石の継ぎ目（目地）を横一線に通すように積む「布積み」が基本です。自然の石で規格が揃っているわけではないから、目地は直線にならず乱れます。それは「布積み崩し」といわれます。「品」の字を描くように積むのが基本形です。鏡餅のように積み重ねたり、縦や斜め（「谷積み（落とし積み）」という）に積むことを禁じ手としていました。

このような穴太の石工が積み方を完成したのが安土城だといわれて通説となってきました。

安土城は語る

この通説に、近年、疑いの目が向けられている。「穴太」は強大ではあっても、あくまで一つの銘柄でしかない、というのである。通説は、真田増誉『明良洪範《めいりょうこうはん》』（江戸中期、不詳）や諸藩穴太衆の由緒書を根拠とする。だが安土築城時代の記録はなく、大津の現地にも「穴太衆」などという石工の史料はない。現在彼地に多い石垣も江戸以降のものである。だから、近江穴太は過大評価された。「穴太」はいても諸国の石工集団の一つにすぎず、城郭石垣の祖でも全国の城の石垣を積みに行ったのでもない、と。

安土城は信長の死後に壊された。廃城の発掘調査で、さまざまなことがわかってきた。

①石は琵琶湖湖東平野の丘陵に産する湖東流紋岩《ことうりゅうもんがん》。各地から石工が大量に持ち込んだと記録されるが、安土山のものが圧倒的に多い。

②山を削って出た大量の石を、加工する手間をかけるより、選り分けて使った方が合理的だったと思われる。

③石は控えを長く取り、石同士の接点を後ろに置き、裏込石を十分に使うという技術を基本とする。細部では必ずしも守られていない。

④天主の立つ主郭には最高の技術で最良の石を使ったが、他の箇所は技術も材質も劣り、同一箇所でも水準の違う技術が混在する。

⑤石仏や石塔などの転用石材、河原の石なども使われたが、その箇所は工事の時期が新しく、使える石材に制約が出てきたことを表す。

石垣の積み方は一様ではなく、特定の石工集団だけの造作ではないという結論である。信長が使ったのは穴太衆に限らず、近江国内、さらには他国からも石工を呼び寄せた。穴太石工の持つ唯一の基準をもとに同じ技術水準で積んだのではない。穴太衆も一メンバーとして、それぞれの腕と積み方で加わった。そう考えるのが妥当であろう。

湖東流紋岩は、ものは堅いが節理に沿って割れる。今の規格品ブロックのようにはいかない。石垣の表面には大きくて平らな面が取れるものを見えるように積む。小さくて角張っているものは裏込に、取捨選択して組み合わせる。現地で大量の材料が発生するから、割って整形するより、手間がかからない選別、使い分けの方がいい。その結果、でき上がった石垣は、大小の石に間詰を多く用いた構造となった。選別などが自由にできる場所なのか。石の性質はどうか。どんな腕の職人がどれだけ確保できたか。そうした要因が違えば、石垣は全然違ったものになる。そんな当たり前のことを安土城の残された石垣が語ってくれる。だから、石の材質も積む技術も、水準の違ったものを引っくるめた全体が安土城の石垣だった。

同じ近江には、現近江八幡市の馬淵や岩倉に石工がいた。馬淵石工は広い範囲で出稼ぎに出た。三条大橋の橋脚（現在は平安神宮の庭園に移設）なども造った。それでも活動は十七世紀初頭、徳川幕府の一国一城令で築城ブームが終わるまでの三十五年余りに限られる。もともと得意としていた地元での石臼作り（臼師）に戻っていったのである。

それに比べると、穴太ブランドははるかに強い。実力も備えていたのだろうが。紀州藩でのように、「穴太」は石垣技術者の代名詞となった。熊本入りした加藤清正は築城や治水工事に石材を多用したことで知られる。自らの熊本城にも家康の命による駿府城にも、普請に穴太を使った。各藩の穴太は、ハクを付けるために自らを近江由来とする由緒書まで作る。フィクションの世界でも主人公となる。佐々木譲の『天下城』（二〇〇四）では、安土城造築のクライマックスに向けて、佐久平の地侍市郎太が遍歴を重ね、伝説どおりの穴太衆となっていく。『カムイ外伝』に出てきた黒鍬五兵衛の根拠地は「坂本」だったが、その南側が穴太の土地である。穴太ブランドが仕事の請負に物を言ったのではないか。

戦国期には、馬淵石工のような地元の石積み技術者が近江に限らず各地にいた。さきの相模国の石屋善左衛門がそうだった。関東地域では、城の周辺にいる山付きの石工をつかまえては石垣を組ませた。安芸の吉川《きっかわ》氏領内には「石つきのもの共」がいた。彼らの石垣は、横石を積んだ中に立石を一定間隔に配置する特徴的なものだった。

こうした地方の石工が、穴太を中心として技術の指導や伝播があったのかどうか。おそらく、優れた石の積み手がいれば「穴太」と呼んだというほどのことだろう。「徳川の平和《パックス・トクガワーナ》」の下で、彼らが軍需から民需へ方向転換したのが黒鍬の一つの源泉となる。

石の声を聴く——在地の技術

安土城の後、江戸幕府の「天下普請」が大坂城や江戸城を舞台としておこなわれました。はるか彼方の採石場から巨大な石を大量に運びました。建築現場では、寸分の隙もなく積むように加工の粋がこらされました。「切り込み接《ハ》ぎ」と呼ばれる積み方です。自然石そのままの「野面石積み」に対して、技術が高度になったとされます。ついでながら、ここでも石工の分業・協業は明らかです。たとえば巨石を割るときにクサビを打ち込む矢穴に見られます。伊豆の石切場の所々で、その入れ方に差が出ています。熟達した石工は石の目に矢穴を必要最小限だけ入れますが、無理やり動員された（？）未熟者の矢穴は、機械的に等間隔で大き目だというのです。

これらの城と安土城では、同じ〝天下城〟でも、造成の思想が大きく隔たっています。安土城では現場の素材に現場の知恵で対応した、ということになるでしょうか。もちろん、統一政権の天下取りによって、山城から城下町を従えた平城へという、城の意味が変わったことが背景としてありますが、思想の一大転換を見ることもできます。普請は大地を傷つける行為ですから、普請に際しては大地を司る神の許しを請わなければならないという考えがありました。そこから脱し、自然を人間の思いのままに操ることができるという考え方へ変わっていきました。「野面石積み」と「切り込み接ぎ」との間にも、そのような時の裂け目が見えます。ここにいわば〝近代〟が出現したのです。

現代穴太衆の語りは、そんな巨大技術とはおそらく無縁です。

……石工の力量は、用意された石材をバランスよく配置できるかどうかにかかっている。数個は積めても全体を積むと大小の石の配置のバランスが悪かったり、崩れたりする。試行錯誤を続けること十数年。安土城の石垣修復をしていたときに、初めて石が「コトン」という音をたててうまくはまった気がした。

……石にも、ひねくれた石、やんちゃな石などさまざまな体格・性格の石がある。うまく積んでやればすごく落ち着いた石として働く。いまは作業前に二、三日かけて石材の山を眺めて回り、頭の中で設計図を描く。

（粟田純司：前出日本経済新聞記事）

純司は大学の土木科を卒業した後、父親（大津市無形文化財技術保有者の粟田万亀三）に見習いに引っ張り込まれました。技を「盗め」という教育（?）でした。技の核心は「石の声を聴き、石の行きたいところへ持っていけ」。石の声が聞こえるようになったのは四十歳を過ぎてからだといいます。息子の純徳も祖父の万亀三に鍛えられ、父子が兄弟弟子になりました。

（石の声が聴こえたことがあるか、との問いに対して）

石が行きたい所へ持っていき、積むというのが、その心です。思い描いた通りに石がポンポンとはまった瞬間、聴こえたような気もしますが、祖父からは「死ぬまで修業や」と言われていたんで、死ぬまで聴こえないのかもしれません。

（石垣の設計図はどう描くか、との問いに対して）

石の種類、石垣の高さと長さに基づいて頭の中で構図を描き、採石場で石を選びます。自然の石なんで、その通りにはそろわず、選んだ石で構図を描き直します。仕事の八割はこの段取りで、あとの二割は積む作業。まったく同じ形の自然石は存在しないので、それを組み合わせて積むのに技が必要になります。

（粟田純徳：前出朝日新聞記事）

「石の声」は「石のこはんにしたがひて」を思い出させます。わが国最古の作庭書といわれる『作庭記』（橘俊綱、一二八九写）です。「こはん」は「乞わん」、それに従え、石が欲しているとおりにせよ、という意味になります。石を使って山水を形づくる、「石を立てる」ポイントをこう表現しています。それが「山水河原者」の精神です。「石の声を聴く」現代穴太の技術もその精神に通じているのでしょう。

恵那の坂折棚田で職人としての黒鍬が積んだ石垣があります。坂折川の西岸、地域の本家筋が築きました。

二mを超す高さの石垣は「タカボタ」と呼ばれます。面が一直線で横から見て出っ張りがありません。農家が自前で積んだものとは一目瞭然、「見場が違う」といわれます。ちなみに、井伏鱒二のエッセイ「石垣」（一九四六）では、上手な石積みを「みる目に調子のよい」と表現しています。坂折では穴太とは別の流儀、谷積み（谷落とし）が基本です。使う石の数も多い。掘っても小さな石が少ししか出ない斜面で、日陰になるから凍結しやすく石が割れ、壁面が脹れ出して崩れるかもしれない。そんな所に小さい石を密に高く積んだのです。

裏込も当然しっかりしています。金はかかりますがおれたち専門家にしかできない造形でした。

現地の感覚を最大に活かして積んだ石垣は、当然のことながら見事です。力学的にも、強さは最近の工学的解析が実証しています。関西地方の「穴太積み」石垣は、兵庫県南部地震などで震度五以上となってもびくともしませんでした。黒鍬による「耕して天に至る」石積みは、権力者の城よりもずっと在地色が強い。現場の素材に現場の知恵で対応する「在地の技術」の見本といえるでしょう。

石から水へ、山へ

近江の穴太衆は、近世に入っては、石垣を築く専門技術集団であり、伊賀の上野城の石垣も穴太衆の築いたものとされるが、森川桜男氏の教示によると、それは古墳の石積みの技術とまったく同じであるという。井戸掘は水脈を探しあてて、そこに湧水をためる石囲いをほどこす。そこで石工の技術が必要とされるのである。そして水脈と鉱脈を発見する作業は、地質をしらべる上からは同じものであり、それは同一の技術集団が担うものであった。

（谷川健一『鍛冶屋の母』一九七九）

ここに来て突然だが、石から水に移る。話が一転したように見えるが、「河原者」段階ではほぼ同類だった。また、山に石を積むのに、地表の水はけや地下の水脈をうまく処理することが肝腎である。見えない水脈も見きわめ、受けて流して使う技を持たねばならない。石積みには邪魔だが、水を必要とする所へは、石を加工して石管など運ぶ施設を造る。

文政年間（一八一八〜三〇）頃の『略画職人尽《りゃくがしょくにんづくし》』に井戸掘り職人が登場する。絵姿に「朝顔にくめる足代《あじろ》のいたゞきの莟《つぼみ》に筒をとめる井戸堀」の狂歌を負っている。「足代」は櫓、それを朝顔に組むとは下の方を広げて組むということ。職人は背中に滑車と縄を背負う。掘削土を穴の底から出すためのものか。

古い時代の井戸掘りはいわゆる浅井戸で、一・五m前後の方形か円形の穴に人が入って掘る方法だった。もっと深く掘る必要が出てくると、櫓を組んで重い鉄棒を立て、人力で何度も持ち上げては落として掘る。江戸後期からの「突掘り法」である。

狂歌の「筒」とは、井戸穴の壁面崩落を防ぐ井筒だろう。突掘り法だと口径が数センチだから、節を抜いた竹でいい。ところが人が入って掘る方法だと、何もしないで壁面が自立する場合は稀で、木組みや石組みなど工夫が要る。木組みから石組みへと、より深くより堅牢になるのが進歩のようであるが、単純ではない。京都や大坂では瓦を使い江戸は桶を使うと、喜田川守貞『近世風俗志』（一八五四、『守貞漫稿《もりさだまんこう》』ともいう）にある。

他方、木から石へ、が進歩だと思いたくなる事情もある。木組みの場合は上から押し込むことができるが、石組みを施そうとすると、穴を掘り上げて下から裏込めをしながら積み上げなければならない。でき上がりが仮に一mの径だとしても、積む石の大きさや作業足場、裏込を考えると、少なくともその倍の径で掘る必要がある。しかも最下部は水の中、狭い場所で壁面に注意しながら大量の資材を降ろす。特殊な技量がいる。

突掘り法ではせいぜい五十mくらいの深さしか掘れず、多くの人手と費用、危険が伴った。鉄棒の代わりに竹ヒゴを利用したのが「上総掘り」である。古くからの考案かもしれないが完成は明治中期頃のこととされる。材料が比較的簡単に手に入り、技術習得もたやすく、省力化・経費節減ができたうえに数百mまで掘削でき、しかも危険がない。それでこの方法はあっという間に広がった。今や世界級の〝カズサ・システム〟になっている。

突掘り法では穴の口径が小さく、しかも地下水が噴き出てこないと効果がない。武蔵野台地では地下水位が深く、自噴しない（不圧）地下水になる。この場合、深い地下水に達するには、あらかじめ数mもすり鉢状に掘り下げた底から本来の井戸掘りに取りかかることになる。いわゆる「まいまいず井戸」の形を採らざるをえない。この形の井戸は全国各地に古墳時代からあるようで、一般的には「降り井」ないし「下り井」という。掘りかねた井戸の意味で「堀兼の井」とも呼ばれる。

幕末近くの『今様職人尽歌合《いまようしょくにんづくしうたあわせ》』（一八二五、鍬形蕙斎《けいさい》画）にも「井戸堀」の図がある。職人は鍬を脇に立て、ここぞと決めた場所に御幣を差し、地面に耳を当てて地下水の流れを聴く。「こはいかに、堀兼のたぐひにや」の詞書が付く。

「堀兼」にはいくつも伝説がある。ヤマトタケルが武蔵野で井戸を掘らせたが、水が出ないので竜神に祈って水を引かせた（埼玉県狭山市）。やもめ男が後妻を迎え、前妻の息子を後妻と一緒に虐め、井戸を掘らせたが水が出ず、息子は精根尽きて死んでしまったという陰惨なもの（東京都新宿区）も。西行は「汲みて知る人もあらなんおのづからほりかねの井の底の心を」と心中を映す。井戸で水を得る苦労がしのばれる。

まいまいず井戸では、東京都羽村市五ノ神のものが有名である。すり鉢状窪地は直径十六・五m、深さ七・五mある。近くの戦国〜近世遺跡から、武蔵野にいた製鉄業者（鋳物師《いもじ》）集団が掘ったのではないかといわれる。ここから、井戸―金属―鉱山がつながっていく。

先ほど穴太と井戸掘りを重ねた民俗学者谷川健一はさらに言う。大ムカデを退治したといわれる藤原秀郷《ひでさと》は別名俵藤太《たわらとうた》。「藤《ふじ》」は「淵《ふち》」で水の精霊を象徴し、彼を祖として、井戸掘りを業とする者に藤太や藤次、藤四、藤五などの名が多いと。ムカデはたとえば武蔵国聖《ひじり》神社（現埼玉県秩父市）に祀られるが、ここは和同開珎を鋳た銅を献上した地だった。だから鉱山と縁が深い。「藤」の字は鉱山を業とする者の名にも多い。そういうわけで、地下の水脈を探す井戸掘りと鉱脈を探す金掘りないし鋳物師は通じている。古代の有力な語り部だった穴穂（穴太）部は、芸能だけでなく、水脈や鉱脈を「卜定《ぼくてい》透視」する特殊技術を持っていた。石工に目を向けた宮本常一も、故郷山口県の周防大島で横穴を持つ棚田の近くにイモジ原やカジヤという地名を見つけている。

地下の水脈や鉱脈の卜定透視という特殊技術は、「呪術宗教的意義を有する」「神聖な技術」だった。さきの江戸職人絵でも神聖さを表す御幣が立てられていた。滋賀・湖西地域の井戸掘り職人も、井戸を掘る前に御幣を付けた榊を四本立てて「ジマツリ」を、また、掘った穴で水が出たときにもその榊で儀式をおこなった。陰陽師がおこなったという地鎮めの儀式を思わせるではないか。

江戸の地下の造形

江戸の地下話でさらに脇道へ入ると、旧江戸市街の発掘調査で多く出てくる穴がある。災害から家財を守る穴蔵もしくは醸造のための麹室《こうじむろ》などである。中央区日本橋駿河町の三井家本店には、大店らしく屋敷内にいくつも穴蔵を持つ。内壁に厚さ七寸（二十一㎝）、床は五寸（十五㎝）、天井は八寸（二十四㎝）の材木を使い、広さ二間（三・六ｍ）四方で深さ六尺五寸（二ｍ）に造れとの発注文書も残る。井戸と構造は同じだがずっと広い。

穴蔵を造るのに携わった元締は穴蔵屋（師）といわれ、資材と職人を手配する。職人には、防水加工の木組みをおこなう穴蔵大工、壁面が崩れないよう留めながら穴を掘る掘方人足、そして必要に応じて、地下水を防ぐ水留左官がいる。穴蔵大工には加工や防水の技術に精密さが求められた。その技を得意とする船大工と橋大工の流れを引いて独立したらしい。ちなみに、芥川龍之介が自伝的小品『大導寺信輔《だいどうじしんすけ》の半生《はんせい》』（一九二五）に書いている。生家の本所（墨田区）周辺は「穴蔵大工だの駄菓子屋だの古道具屋だのばかりだった」と。湿地を埋め立てた彼地ではそのような穴蔵が必要だったのだろう。なお、穴蔵屋は穴蔵ばかりでなく、配下の技術を使ってトイレや風呂場、流しなど家庭の水回りも、さらには上水の普請・修復までやっていた。

石工もかかわる。木製の壁止めが多い中に、裏込を施し切石や間知石《けんちいし》を積んだものがいくつか見つかっている。さきの『近世風俗志』の「窖《あなぐら》」では、京都や大坂では壁面に切石を積むのが多く、江戸ではヒノキ材を使うとしているのだが。

巨大都市江戸では、インフラの技術水準は高かった。大部分の施設は木製で、橋を架けるのも飲料水の供給も体系的におこなわれた。橋と水道が交差した技術の結晶は、斎藤月岑《げっしん》の『江戸名所図会』（一八三四～三六）に神田上水（一五九〇）の掛樋として描かれ、地名の「水道橋」に名を残す。このような水路では、水漏れが問題となるのが普通である。ため池では、用水を漏らさず運ぶ底樋《そこひ》が堤体の下を潜るという構造上最も重要な場所に来る。そこから漏水すれば堤体の決壊に直結する。かたや穴蔵では、漏水は大事な家財を台なしにしてしまう。木枠の内側から漏るか外側から浸み入るかの違いはあるが、どちらも細心の注意を必要としたに違い

石樋（神田上水）
発掘後、東京都水道歴史館（文京区本郷）裏の本郷給水所公苑に復元されたもの。

ない。

石工の活躍は、神田上水でも玉川上水（一六五四）でも使われた幹線水路の石樋に見られる。樋は石をくり抜くのではなく、切石や間知石を積み上げた「石垣樋」の構造を持つ。大きさは上端が約百五十cm、下端が約百二十cm、深さは百二十〜百五十cmほど、基礎の胴木と裏込をしたうえで、石と石との間には漏水防止のために粘土を詰めてあった。

名は残る？　残らない？

さまざまな造作に、誰が石を積んだのか？　石工の名前は、だいたいがわかりません。いや、必ずしもそうとはいえないかもしれません。石造美術では作品に銘が残ります。多くは「大工」と名乗り、流派をなすいくつかの姓をたどることができます。平安時代末期、東大寺復興に力を尽くした僧重源《ちょうげん》が宋から呼んだ石工の直系は「伊」姓を持っていました。ほかに「大蔵」、「橘」、「平」、「藤原」などの者がいました。けれども彼らはほとんど「作家」で、おれたちとは種族が違います。（うん、藤原？　井戸掘りや鉱山師とも通じる姓ではないですか。）

かたや小田原の青木善左衛門は後世に伝えられてきました。「穴太」がブランドになったとき、公儀の穴太頭となった棟梁の名前も何人かわかっています。「戸波駿河」とか「高村参河」、「戸波丹後」、「堀金出雲」というように。でも、一族の代表格ですからこれも特例といえます。

そして『肥後の石工』の物語。主人公は岩永三五郎。物語になるくらいに、文字どおり伝説の人物です。太鼓橋とも眼（目）鏡橋とも呼ばれる石造アーチ橋という独特な橋の名匠です。最古の石造アーチ橋は、中国渡来の技術で長崎に造られ（一六三四、琉球を除く）、その後次々に造られていきました。火砕流が固まった溶結《ようけつ》凝灰岩《ぎょうかいがん》が豊富で、加工しやすいことが幸いしました。有名な通潤橋はじめ水路橋もある。江戸の「水道橋」がこの地では木ではなく石で架けられるのでした。

『肥後の石工』の物語は岩永三五郎を中心に回ります。彼は九州の代表的な石工集団、肥後の野津《のづ》石工の出身です。肥後には他に種山《たねやま》石工もいて、物語はこれらを混同しています。岩永の薩摩国での石造アーチ橋建設（一八四〇～一八四九）が物語の前半です。秘密を知るがゆえに命を狙われたという創作がここに加わります。

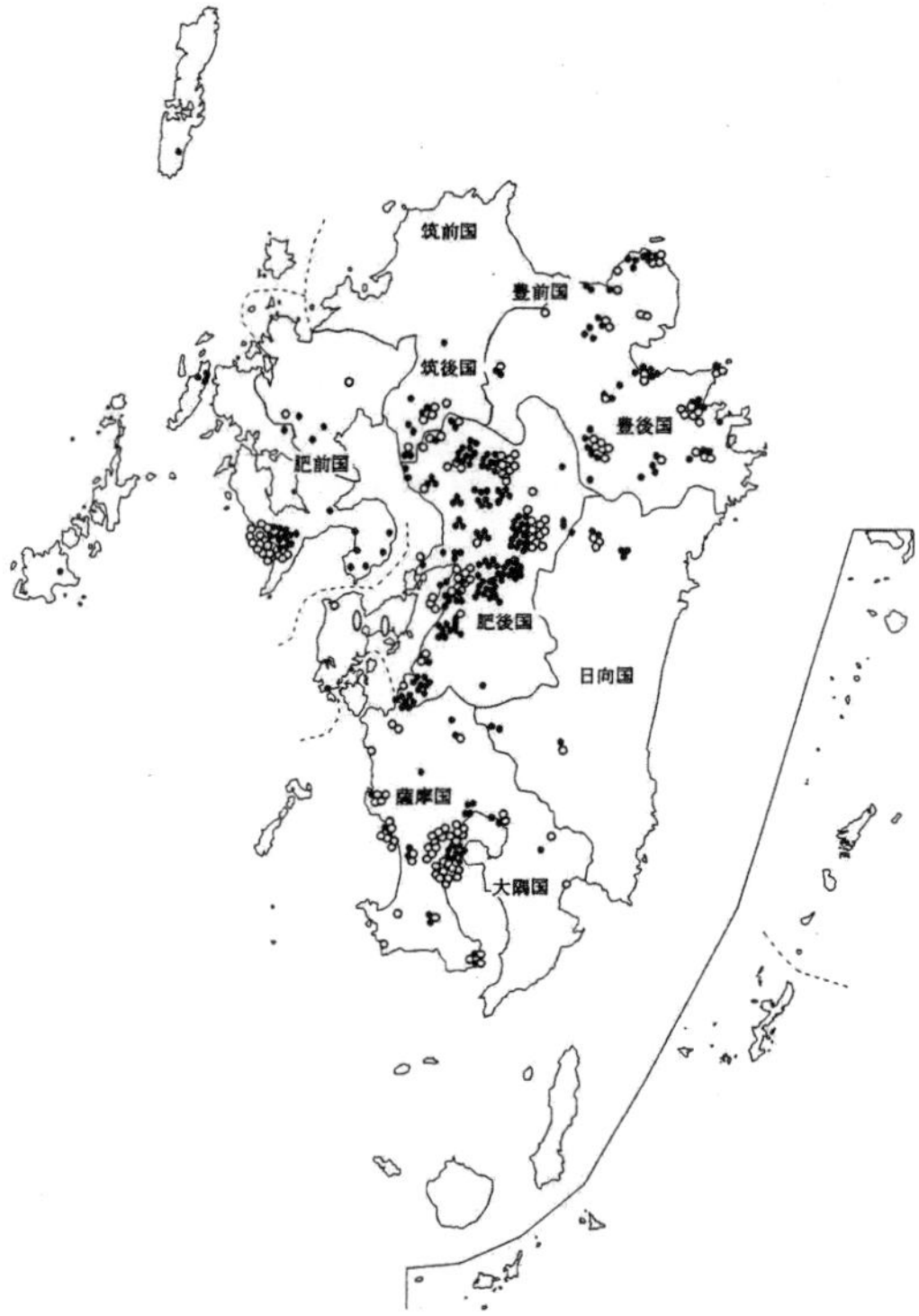

九州の石造アーチ橋

●は現存、○は崩壊もしくは撤去。稲用光治・尾道建二「九州地方における石造アーチ橋の分布と石工集団」より。

後半は主役がもう一人の石工、丈八（橋本勘五郎）に移ります。肥後で霊台橋および通潤橋という二大事業にかかわりました。それだけでなく、明治政府に雇われ、東京で万世橋そのほか多くの橋を架けました。

技術が広まるのに大きな役割を果たしたのは、肥後国の七百町干拓です。文政四（一八二一）年、八代郡野津の庄屋だった鹿子《かのこ》木量平《ぎりょうへい》と息子の謙之助が奉行の命で指揮に当たりました。量平が

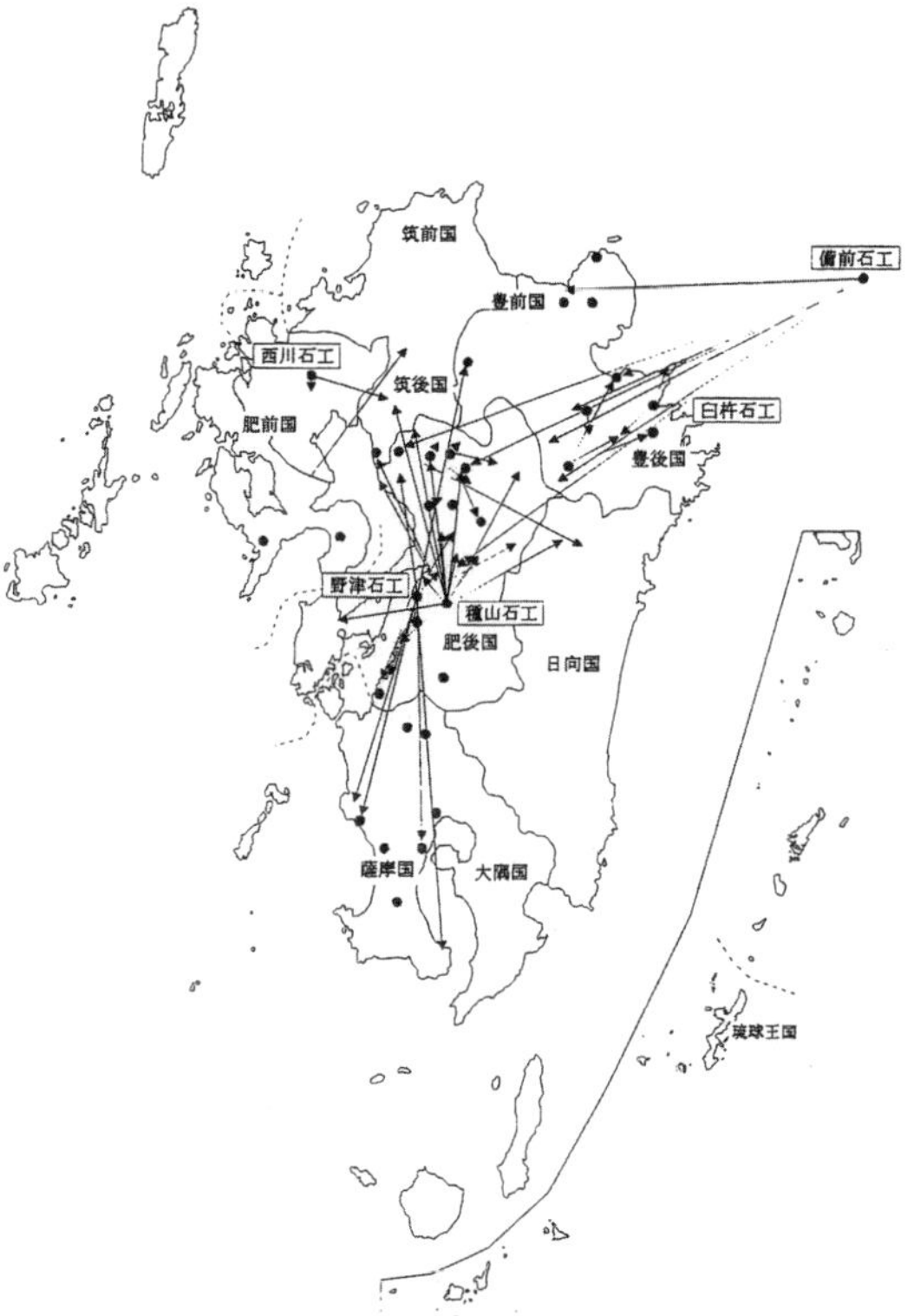

九州の石工の分布
●は居住地、矢印は活動範囲。出典は右図と同じ。

手がけて成功させた百町新田（一八〇五）、四百町新田（一八一九）と続くシリーズの集大成で、当時九州最大規模といわれました。彼らは先進地として備前国を視察し、その地の石工を呼んで先進技術で成し遂げました。樋門を築造したのは高野貞七という備前の石工です。二mもある築城用の巨石を用い、切石を隙間なく積めるのが、彼らの流儀であり腕でした。その後備前石工は熊本藩内で農業用水や石造アーチ橋の足跡を残します。児島郡阿津村の勘五郎という名が各地で見られます。

このように先進地の備前の技術者を含む数百人もの石工を統率したのが、石工頭廻し役の岩永三五郎でした。年少期から鍛冶の技術を体得し、石割の筋を見きわめることに優れていたといいます。天保十一（一八四〇）年から十年間、薩摩藩の財政再建に力を振るった調所広郷《ずしょひろさと》に招かれ、郡奉行見習として、藩大工頭の阿蘇鉄矢とともに各種工事に活躍しました。架橋だけでなく、河川改修や港湾修築、新田開発など、業績は多岐にわたります。物語のように殺そうなんてめっそうもない、藩にとっては恩人ではないですか。

こうして記録や碑文に名を記された石工はほんの一握りです。橋は、石造美術品とはジャンルは違いますが、見方によれば一つの工芸作品です。だから作者の名が残りうる。ましてや普通の橋ではありません。江戸期には九州以外ではあまりお目にかからない独特の形式です。人馬を渡す機能を持った「工芸作品」と見てもおかしくありません。

としても、この独特な橋だって、工事に携わった者は何人いるでしょうか。岩永たちから技術を習い、やがて九州全土に広がり根づきました。それどころか、豊後国では肥後以前に臼杵藩領で石造アーチ橋が架けられていました。数多くの石造アーチ橋は、一人前になった各地の石工の作品でした。でも、作者の名はたいてい残りません。

無名の碑

棚田伝説、つまり黒鍬の超絶技巧が棚田を造った、と言い伝えられる所はさきに名を挙げた坂折、丸山、岩座神以外にもある。愛知県鳳来町(現新城市)では、棚田の石垣を積んだのは「ドカタ衆」や「クロクワ衆」だと伝える。一方、豊根村では

……中にはセケン(世間。よそ)から流れてきて一年か一年半男衆として雇われ、どこの誰かもわからないうちにどこかに行ってしまう人もいた。……渡って来た人で、どこから来たか開いても絶対に言わなかった。心やすくなっても言わなかったという。頼めば何でもやってくれ、畑なら畑の石を掘り出してイシカケ(引用者注:石垣)を築くし、田も高いところを掘り出して平らにしてイシカケを積んだ。石垣を積むことを石イビリ、畑を耕す仕事を土イビリといった。そんな仕事をした場合も礼は野菜ぐらいで金は取らなかった。

(愛知県史編さん委員会編『愛知県史 別編 民俗三 三河』二〇〇五)

といった調子である。寡黙な職人気質なのか。どこか「訳あり」の匂いがしなくもない。

石工の名はたいてい残らない。石垣で立派な「天下普請」の石垣では、完成品でも石切場でも、記号や家紋など数多くの刻印が打たれた。他藩と区別するためだろうし、誰が仕事をしたかという各藩のアリバイの意味も濃厚である。だが、名高い城を築いた穴太衆でさえ、集団では名が通るのに、個人の名はほとんど残さないし残らない。

地方の棚田の記録はさらに希薄になる。たとえば恵那の坂折棚田。江戸から明治に活躍した〇〇さんのお祖父さんが黒鍬で、崩れかかった棚田をきちんと積み直してもらった。そんな伝承はある。だが、文字の記録は旧家の「代々之覚」にたった一件、天保八（一八三七）年十月、「くろくわ下畑兼次郎」に「かどばたつき直し」をさせたことが残るばかりである。多くは、江戸中期以降今に残る造作だけが痕跡で、造った者はきれいに姿を消してしまう。業を今に伝承する人々はごくわずか。高齢化や弟子が入らず系譜が途絶えたか、そうでなければ風前の灯火というのが実情なのだろう。

『紀和町史』（一九九四）も黒鍬を探索する。現在熊野市に含まれる丸山千枚田の地だ。町史は一つの節を「黒鍬の里」に充てる。残念ながらそこにも名はない。「川瀬村 石工萬治」とか「長尾村 石工手伝 安左衛門」とかが刻まれたのは加工された石塔にであって、千枚田の石積みにではない。ここには、大正から昭和にかけて、町内の二集落に「黒鍬職人」が十二、三人いたという。町史はそれに明治四十（一九〇七）年生まれの職人の話と、石材や石垣の積み方を記す。「歴史の中に消えようとしているため、町史の一ページに記録する」（同書）のである。

そもそも石工が自ら「黒鍬」と名乗ったかどうか。周りがそう呼ぶだけかもしれない。だが、無名が常の中にあって、自ら名乗った珍しい例がある。奈良県香芝市畑公民館の前庭、近くのため池を改修したときに不要

黒鍬の署名

になった石造物に名を刻む。石には溝が切ってある。旧洪水吐に板をはめ込むようにした角落しの片側らしい。「明治十五年壬午年初春／字粕池笠置新築／太田村 黒鍬 棟梁／河合太三郎」。太田村とは現葛城市。ここに住んでいた石工の黒鍬が残した署名である。

「黒鍬」とは名乗らない記銘もある。奈良市柳生町の「柳生の里」の柳生藩家老屋敷。愛知県半田市の「はんだ郷土史研究会」が見つけた。ここには一時、作家の山岡荘八が住んでいたという。石垣に刻まれたのは「天保十二年／丑三月吉日／尾州／知多郡／上野間村／石工善五良／善六」。上野間村は現在の愛知県美浜町、〈土の達人〉である黒鍬の里である。石の技も使えたのか。そのあたりとなると、これまでの話で黒鍬が多芸の持ち主だったことは明らかだろう。

思い出したぞ。おれが誰だったか、——訣《わか》ったぞ。おれだ。このおれだ。

あれは美濃、柘植惣右衛門というお大臣に呼び出されたおれ。下畑兼次郎。それが、おれだったのだ。

夕されば 門田の稲葉 おとづれて 芦のまろ屋に 秋風ぞ吹く（大納言経信）

百人一首に詠まれるような場所で働いた。時は天保八（一八三七）年神無月。今は恵那と呼ばれる美濃国中野方村、惣右衛門殿の「門畑《かどばた》」。屋敷の前の最も早く開けた場所だ。その技を誰から、そしてどこで習い覚えたのか。そのことをおれ自身が知らぬ。第一、生まれも育ちもまったくわからない。思い出せない……おれの名は、誰も伝えるものがない。長く久しく、おれ自身にすら忘れられていたのだ。可愛《いと》しいおれの名は。そうだ。語り伝える子があったはずだ。——なぜか、おれの心は寂しい。空虚な感じが、しくしくと胸を刺すようだ。石を斜めに組む「谷落とし」の技は、今でも石垣の面をびしっと通らせているだろう。百姓が見よう見まねで積むのとは格が違う。

おれの耳は聞える。それなのに、目が見えぬ。闇の中にばかり瞑《つぶ》っていたおれの目よ。も一度かっと見開いて、現し世のありのままをうつしてくれ。……おれの積んだ石を見たい。

column

技術の社会学

土木技術史は、往々にして名僧や大名などビッグネームの名人芸と秘伝のオンパレードだった。とくに水田技術は、①開発対象地（受益地）、②水源、③用水の搬送手段から構成され、プロジェクトは①と②とを③により結びつける。それを称して、立案者もしくは事業を最後まで遂行した者が「○○用水を開いた」といわれる。管理《マネジメント》・遂行能力を買ったともいえるが、「一将功成りて万骨枯る」の不幸な事態でもあろう。

代官や勘定所の重鎮などになった地方巧者《じかたこうしゃ》は各地に業績を残し、それをたどれば農業土木技術者の系譜が織り上がる。中くらいのネームバリューを持つ彼らが皆、現代的な意味での技術者かどうかは不明だが、総合プロジェクトの遂行能力は持っていた。だが、その下にもまた手代とか手付がいた。成果を上げれども、悲しいかな、顔も手わざも闇の中である。

技術の周辺には、当人が一流の剣豪のような者もいれば、兵を動かす指揮官のような総合技術のマネージャーもいる。だから、階層別の役割分担や業務内容の探究、いわば〝技術の社会学〟せずして本当の意味の技術史は成立しない。

また、容易に残る「何をしたか」よりも、誰がどんな技術教育を受けどこから着想を得たか、そして具体的なプロジェクトでどのように調査・計画・設計したのか。現場にどんなニーズがあり、応えるのにどのように発想し、実現にこぎ着けたのか、技術史の一番肝心な所は霧に包まれている。そのように丹念に歴史像を描かない限り、「何某が苦労の甲斐あって○○用水を造った（泣）」の水準をいつまで経っても超えられない。

「民」の技術者グループは、農民に近い分、それだけ現地を見て実情に合った労務動員もできたのだろう。功績もさることながら、階層の移動や「民」・「官」の移動、接点での合意形成など、地方巧者以来の技術者集団は、社会学として興味深い存在である。

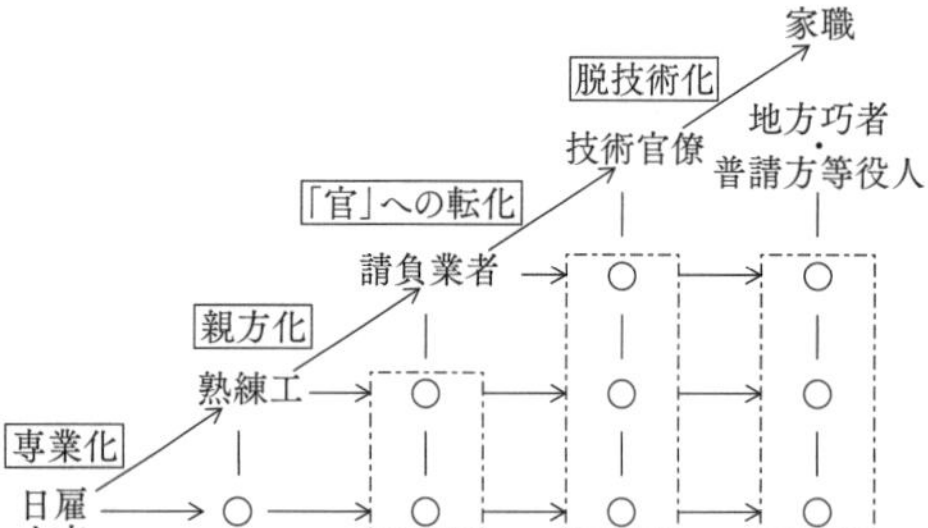

技術者の階梯

技術の継承

〝継承〟は階層とともに技術を見る際の大事なポイントである。農業水利を含む川除技術は、技術史上、享保期の定法書からそれほど進歩しておらず、「官」よりは地方巧者という「民」の方に経験や知見が豊かで、移入された近代技術の中でも在来技術との差が最も小さいという評価がある。とはいえ、幕末から維新後にかけての時期には混乱も裂け目もあった。

慶応四（一八六八）年、前年の大政奉還に続き無血開城、上野で彰義隊が敗北した。関東平野有数の大用水である見沼代用水（現埼玉県）は幕府直轄、四川用水普請役に属する用水差配掛が配水管理や修繕をしてきたが、その年は派遣役人が到着ひと月も経たずに引き上げた。緊急事態である。開削以来自主的な管理の経験のない関係各村が管理の継続を新政府に嘆願したところ、新政府は用水差配と修繕の普請役を派遣した。幕臣が新政府に継承されたのだろう。その後次第に国から県、郡、そして受益者へ民営化の度合を強めていくが、過渡期には前代の技術者が後代の管理を補佐していったようである。

加納鉄三郎は、茨城の加納新田（現利根町）を開いた始祖久右衛門以来、幕府の普請役を代々務めた家系の八代目。明治四（一八七一）年、高岡県（現千葉県成田市に所在）に対し、「今般御一新に付裏（浦）和県土木司相勤罷任」との『由緒書』を提出した。内務省『土木工要録』（一八八一）は江戸期の河川技術の集大成である。著者は高津儀一、普請方を務め、当時は「内務五等属」という職にあった。明治政府が淀川や木曽川などで用いたオランダ工法も載せ、著者は切れ目なく同じ業務を遂行していた。地方巧者たちの下にいた技術者群が、幕臣から新政権の中央・地方職員として継承されたことがわかる。

江原素六が創設にかかわった沼津兵学校は新生徳川家の軍人を育てる教育機関で、数年で新政府の兵学寮に統合されたとはいえ、最新の数学や測量技術などを教えた。技術者や学者を輩出し、琵琶湖疏水を造った田辺朔郎も、同校の附属小学校の後に工部大学校へと進んだ。

国と県、「官」と「学」、そして「民」を技術者が流動しながら技術が伝えられていく。古代から近世までの伝統技術と同じ過程を近代工学技術もたどる。しかも、その速度たるや、数十年単位という凄まじいものだった。

1870（M3）　1880（M13）　1890（M23）　1900（M33）　1910（M43）　1920（T9）　1930（S5）　1940（S15）

士族授産開墾　低水工事
田区改正・乾田化　低水・高水工事併用
耕地整理・用排水改良　治水・土地改良の体系的整備
開墾・府県営用排水工事追加
救農土木
土地改良　戦時開墾・

- 72　オランダ河川技術者招聘
- 75　名倉太郎馬畦畔・農道整理
- 79　安積疏水工事開始
- 80　那須開墾社設立
- 87・88　鈴木浦八畦畔改良・高田久兵衛田区改正
- 90　水利組合条例
- 93　酒匂常明『土地整理論』
- 96　河川法
- 99　耕地整理法(旧法)
- 03　富田甚平水閘土管発明
- 05　耕地整理法改正・上野英三郎『耕地整理講義』
- 08　水利組合法
- 09　耕地整理法(新法)
- 14　耕地整理法改正
- 19　開墾助成法
- 23　用排水改良事業補助要項
- 25　農林省耕地課設置
- 32　時局匡救農業土木事業
- 33　巨椋池開墾着工
- 41　農地開発法

Episode1　技術者・新渡戸七郎

新渡戸家の嫡男七郎は稲造の兄。父十次郎らとともに三本木原開拓に従事後、上京して土木を学び、勧農局へ。安積疏水の実施設計を手がけ、那須疏水、鹿背坂(山口県)・月居(茨城)の道路トンネル工事にも従事。官を辞し会社を興すが、鳥越トンネル(岩手県)工事中に病没。

Episode2　安積疏水

安積疏水の当初全体設計はお雇い外国人長工師ファン・ドールンが行ったか、日本人技術者だったか。
通説は後者(内務省勧農局山田寅吉他)だったが、最近の土木史学者の史料批判によれば、日本人の測量図面に基づき、ファン・ドールンが主要な部分の設計をおこなったという。
彼が残した土木局長宛の「復命書」には、単位面積当たり所要水量、水位計の観測に基づく流量計算、広頂堰式による堰流量の計算、クッター式による水路流量計算・断面設計、ルート比較など、当時の最先端の技術が駆使されている。

Episode3　暗渠排水

熊本県の富田甚平が確立した暗渠排水技術。富農の彼が暗渠に関心を持ったのは、地租改正時、畦畔を一つ隔てた土地の等級の差違から。体系を確立できたのは、農書と天保期に菊池・山鹿両郡にいた先駆者の事蹟を子細に研究した結果である。

Episode4　駆け巡る技術者

「明治農法」は乾田化を行い、馬耕を可能とすることが目標。その前提となる耕地整理を普及するために、先駆者たちは出身県を越えて各地を巡回し、指導。
①高田久兵衛(石川)：千葉、石川に指導依頼、息子信久も神奈川、宮城に招聘
②鈴木浦八(静岡)：岐阜、宮城、千葉、愛知、静岡に指導依頼。「岐阜県可児郡帷子村に成功、千葉県ならびに高知県、三重県、山形県、愛知県等において設計しおきたるもの、着手または成功の報あり。いまなお、続々起業の傾向あり」(『畦畔改良意見書』)
③富田甚平(熊本)：「菊池郡役所にありて数年間土木工事を監督し、爾後鹿児島県へは十年間、耕地の整理排水に従事して数十か所を整理し、熊本県にても数か所の整理,道路、溝川位置を選定し、山口県にては70余か所、前後合わせて百数十か所につき溝川勾配の緩急、および泥土溝と砂礫溝との勾配関係につきいささか調査」(『耕地整理講話』)
④柳原敬作(熊本)：同県人の青森県令に請われて青森へ
このような巡回指導はEpisode5④の新体制確立で終焉。

Episode5　農業土木実務者教育

①初期農学校時代(1870's)
測量と農学の一分野の農業土木
②各県農学校時代(1883～86)
農用土木と土地改良法(肥料、灌漑、排水)
③農業学校時代(1889～)
各種教科書が出現
④耕地整理講習時代(1906以降)
大卒(1種;農科大学)、専門学校卒(2種;農科大学)、中学・農業学校卒(3種;高等農学校)
本体制と耕地整理法の改正及びEpisode6の実務が密接に関連。

Episode6　耕地整理の実務 1

県に耕地整理監督官、(技手)、開墾監督官(技師・技手)を置き、県庁職員とともに地方事務を担当させた(農林省『第1次耕地改良拡張事業要覧』(1926))。
事業実施は、施工者が県から設計書を無償下付。当初は専任の技術者を持つ県農会が調査・設計・工事監督を実施。後に国の補助制度創設を機に県の直轄へ移行(1907(M40)頃が転機)。
労力は、通常の場合関係耕作者が賃金付きで受け持つが、特殊な場合は業者が施行。

Episode7　耕地整理の実務2(大阪府光明池の場合)

○T14/6/28：農林省・府の技師が踏査
○T14/9/9：農林省技師が出張し調査測量、終了後引き続き府技師が用水幹線その他の実地測量
○S3/6/2：府より設計書下付
○S3/6/26：府技師がため池測量調査及び面積調査
○S3/11/1：泉北耕地整理組合設立認可を府に申請、11/21：組合設立及び工事施行認可
○S6/4：大阪府営事業として着工

＊『日本農業発達史』をベースに『農業土木古典選集』の各巻、各県の土地改良史、県土連史、土地改良区史等により作成

近代以降の農業土木技術者の継承

第四話

山の者、そして花咲く百の姓

――〈石の達人〉としての黒鍬　その二

三　源泉を訪ねる：その二　山の者

海の石工

「石虹」と美しく呼ばれる石造アーチ橋。その発展の焦点には熊本藩の干拓があった。先進技術をもたらしたのは備前石工だった。瀬戸内海一帯で「開作」といわれた新田開発や塩田開発が重要な職場である。宮本常一の言葉を借りよう。

　少々のシケにあってもくずれない程の石垣を海中から築きあげてゆくのはなかなか困難であった。花崗岩の四角に割れやすい性質を利用して丈夫な石垣をついた。石垣はそのはじめ大きな石を積みあげてゆき、スキができると小さい石をかませておくというのが普通である。……元禄の頃から、ほぼ同じような大きさの石を斜に亀甲型に積みあげて行く技術が発達した。これなら石と石がガッチリかみあっていて積みあげてゆくと大きな一枚の壁になる。このような石垣が築きたてられはじめたのは享保（一七一六～一七三五）からだといわれている。（前出『宮本常一著作集二九 中国風土記』所収「腕ききの石工たち」）

彼にならえば、開作のプロセスはこうなる。鍬初《くわぞめ》式に続き、陸地に接した浅海や干潟に丁場を立てて石垣の土手を沖へ突き出す（「沖土手」という）。ぐるっと囲う形で沖土手を二か所から築き、残された開口部を大きな干潮時に閉め切る。「潮がひききってみちてくるまでには築きとめて海水が中にはいらないようにしなければならないから、大ぜいの加勢に手伝ってもらってほんの僅かの間に仕事をしあげる」（同書）難しい作業である。石垣の内側には浸み出す海水を受ける遊水池や排水路、抜き捨てるための樋門を造る。

瀬戸内の石材産地では、藩に運上金を納める代わりに採石場を与えられた特定の業者が採石・販売を独占していた。それが運搬もする新興採石業者に取って代わられた。産地がそうなら需要地（普請の現場）でも、もとは藩に採石場を与えられた大坂の石工が普請を独占していた。岡山藩召し抱えの河内屋治兵衛は、藩主の墓所や倉田新田・倉安川、閑谷《しずたに》学校の石塀などを手がけ、その名が知れ渡っていた。しかし、次第に独占は崩れていく。大坂石工は石樋の製作など高度な技術の工種だけに限られ、普通の普請は地元業者がするようになった。一つか二つの郡を縄張りとする「石頭《いしがしら》」や、自ら請負にも参加する中小業者である。彼らの下には、瀬戸内一帯から仕事を探し求めて歩く大勢の石工が雇われた。

備前岡山では花崗岩という最良の石材が手軽に得られた。そんな地の利を得て、早くから樋門が石で造られた。干拓地の軟弱な地盤に胴木を敷いて基礎を固め、長い切石を縦横に組み合わせた構造を載せる。樋板は巻上げ式、柱に軸受を切って「車知《しゃち》」（ロクロ）という木材を渡し、そこへ樋板を吊るしたシュロ縄を巻き付けて上下させる。これをいくつも連ねた多連式の大型樋門もお手のもので、百間川河口の唐樋《からひ》などは二十連もあった。小さな樋門は巻上げ式ではなく、樋板の上部にハシゴ状の取っ手を付け、一段ごとに上げ下げする方式である。軸受を設けられない軟質の石材産地、たとえば肥後国の干拓地ではその方式が用いられた。

こうした技術を伝播させたのが、下畑氏が前に話した天保期の四百町干拓や七百町干拓だった。石土手堤防と樋門の組合せに備前流の特徴が受け継がれた。熊本地方では早くも加藤清正・忠広の治世（一六〇〇～三二）に、石の達人が築城や治水に腕を振るっていたが、その者たちの係累がこの時代まで保たれていたのではなかったらしい。ついでながら、備前石工は、元禄年間（一六八八～一七〇四）、アーチ橋ではないにせよ水路橋を田原用水（現赤磐市）で架けていた。切石の組合せ構造で、九州の技術に何らかの影響を与えたかもしれない。肥後国や豊後国では、石造アーチ橋のうち十数橋に備前石工が携わっていたようである。

こうして開作＝干拓工事は石工を育てた。「海の石工」はなかなか目立たないが、技術の重要な担い手だった。全国ブランド「穴太」だって瀬戸内の干拓工事が育てた、という説がある。穴太の石工はもともと五輪塔などを彫る石彫工だった。安土城建設に当たって全国から呼び寄せられた石工のうち、石積みに最も優れたのが「浜筋の者」と呼ばれる瀬戸内の職人だった。その技術を得て初めて穴太はブランドになったのだという。大津宮の昔からという司馬遼太郎好みの伝説とはまた氏素性を異にして謎を孕む。

山と海で公害を防ぐ

このような「海の石工」と並ぶようにして「山の石工」がいる。「山の者」ともいうべき彼らは、〈石の達人〉としての黒鍬のもう一つの源流となる。これについても宮本常一が書いている。中国山地でのたたら製鉄である。そこでは砂鉄と砂を水流で選り分ける。原料とするため、風化した花崗岩の山を切り崩す。そういう者を、使う鍬の名にちなんで「黒鍬師」というのだと。

海岸地方ばかりでなく、山中でもしきりに田をひらいていった。砂を流して砂鉄と砂を分離する作業をカンナ（鉄砂）流しというが、その砂を川に流して洪水の原因を作るのでなく、谷間などに石垣を築き、その内側に砂をためる。そして石垣の内が砂でいっぱいになると、その内側にまた石垣を築いて砂をためてゆく。砂がたまって平らになったところは水田にする。……よくこのような山中にまで水田をひらいたものだとおどろくのであるが、じつは公害防止の対策が新しい水田を生み出したのである。この田を「流し込み田」といっている。……このようにして、中国山地も瀬戸内海沿岸地方も、黒鍬師たちの活躍によって新しい景観を作り出していったのである。その黒鍬師たちの技術をうけついで、石垣積みを専門にして歩く人たちが、広島県西部の山中に群生した。もとはみな砂鉄をとった地帯である。

（『宮本常一著作集四四 民衆文化と造形』二〇〇三所収「石垣と民衆」）

映画『もののけ姫』（一九九七）に「たたら場」が出てくる。そこで働く男が、たたらは山を大いに傷つけ、山の主を怒らせると言う。原因は鉄穴《かんな》流しの手法だった。砂鉄を含む花崗岩類の風化堆積土を切り崩し、前もって切羽近くまで引き込んだ水路に落とし込む。一定の距離を流して精洗池（「洗《あら》い樋《ひ》」とも）の中で揺り分け、重い砂鉄だけを集める。

たたらの炉には、地下に「床釣《とこつり》」という深さ三mもの構造物がある。断熱や地面からの湿気の遮断のために砂利やマサ土を敷き詰めた上に粘土層を作る。この「本床」の両側には「小舟」という空洞を持つ。これら床釣では、江戸の穴蔵と同じように壁面に石を積む。小舟の壁面も石積みで仕上げている。

鉄穴流し

平瀬徹斎撰・長谷川光信画『日本山海名物図会』巻之一より。キャプションに「あさき流川にむしろをしき、その上へほりだしたる山土をながしかくれば、鉄はむしろの上にとまり、土は皆ながれ行くなり」とある。

掘削土を流す一連の装置はさらに大きな規模の土木工事を伴う。大量の水を確保するには、小河川から水を引くかため池に貯めるかしなければならない。流路の途中、選鉱のための洗い樋は堰き止める土砂の量を調節できる堰を設けた池が上下三段、これを二セット、そんな大がかりなものを山中の適当な傾斜地に造成する。そういうことができる技と力を黒鍬師は持っていた。応用もきく技と力である。

鉄穴流しは奥州・北上山地や中国山地で盛んだった。とくに中国では、江戸末期に美作・因幡・伯耆・備中・備後・出雲・石見・安芸の約二百五十か村に、鉄穴が一千に上ったという。明治三十（一八九七）年過ぎから衰退していくと、黒鍬師たちは当時各地で進められていた耕地整理事業に携わった。耕地整理ではマチダオシ（またはマチナオシ）といって、棚田の小さな区画をまとめて大きくする。このとき土の畦に換えて石垣を積んだ。広島県の黒鍬師たちは、県内ばかりか兵庫・大阪地方や九州にも足を向けた。宮崎県米良・椎葉など山深い地にも広島から来た黒鍬師が石垣を積んだ。鹿児島県大口市（現伊佐市大口山野）木地山では、明治の終わりに彼らの石垣ができて初めて、水田が開かれたといわれている。そう、細々とした棚田をゆったり伸びやかな山田へ、畑を田んぼへ、「新しい景観を作り出していった」のである。

宮本の言う「公害」とは、「洪水の原因」を生み出すことである。砂鉄は掘った土砂にわずかしか含まれないから、流す土砂の量が膨大になる。鉄を溶かすための木炭の量もすごい。鉄を溶かす炉のための粘土も要る。「山の主」をどれだけ怒らせるか。ヤマタノオロチが暴れたという鳥取県・島根県の日野川流域や斐伊川流域に流された土砂は、それぞれ約二億㎥ほどもあったという。土砂は川底を高くして洪水を引き起こし、トラブルが絶えなかった。その一方で、弓ヶ浜半島の名高い白砂青松を創った。美保湾に面する外浜だけに鉄分が含まれるので、鉄穴由来の土砂が海に流出して波や潮流で打ち寄せられたというわけである。瀬戸内海側でも、児島湾などの開作の舞台はこの土砂が造った干潟だった。

黒鍬師は鉄穴を掘る。掘り跡は山から平地になって人が使える土地になる。流す土砂も、海までの途中で貯めれば土地になる。宮本が記す「流し込み田」は、一般には「流水客土《りゅうすいきゃくど》」と呼ばれる工法である。「流し山」により「埋め新田」を造ろうとする新田開発願いなどもあった。現代のフィリピン、世界文化遺産に登録されたコルディレラの棚田も、イフガオ族が同じ方法で造ったといわれる。鉄穴流しでは、砂鉄採取後の廃土は洗い樋の選鉱地点より相当下流に行くだろう。そんな土砂を思いどおりに水路で導く。黒鍬師は流水客土工法を駆使できたに違いない。

土砂は洪水を起こすが海も埋める。黒鍬は「海岸地方へ出かけていって瀬掘りをしたり、堤防を築いたり、また石垣を積んだりして」（同書）「公害防止」に働いた。再び海である。ここに海と山が交差する。

山に生きる者

今回もおれが、下畑兼次郎がご同行します。

中世以来、わが国は世界にとどろく〝黄金の国ジパング〟でした。銀の輸出が世界一、支えたのは鉱山技術です。統一政権が確立した近世初期、一つのピークを迎えました。製錬工程はともかく、山に直接向かう採鉱技術の枠は、〝穴〟に、「坑道掘り」に見られます。佐渡金銀山でも、世界文化遺産の石見銀山でも、穴は迷路のように走っています。

坑道掘りは、地下の奥深くにある鉱脈を掘る技術です。効率よく所定の断面で掘り進むことと、坑道を維持し土石の崩落を防ぐ必要があります。掘進技術と山留め技術というわけです。近代になって西洋技術で火薬や機械、鉄の支保などが導入される前は人力だけ。長い間さして進歩はなかった。ただ掘るだけではありません。地表に露頭した鉱脈を掘り進むのでは限界が来るので、地下深い鉱脈を横断する方向で掘るのです。あるいはまた、掘った土砂（ズリ）の搬出など作業に都合のいい場所から水平に坑道を掘り、そこから枝分かれさせます。坑道普請と呼ばれる技術です。そうすると、狙った鉱脈に方向を定める測量技術と、伸びた坑道の排水が重要になってきます。長足の進歩は測量と水処理の技術が実現したのです。

そこにどんな者がいたか。まず山師。山主・山元ともいわれます。「山の者」、山を歩く者のイメージは、石屋善左衛門の記事に「各国の土風山川険易の地理に暁達」とありました。けれども、「山師」と呼ばれるものは少し感じが違います。文字どおりは山を見る者。鉱脈を探る技術者や鉱山経営に優れた者のはずでしたが、不名誉な仇名にも使われます。当たれば利益も大きいがリスクも大きな仕事、成功の見込みのないのにあえて冒険をする者。そんな怪しげな者を「山師」といい、時として詐欺師も含まれます。なぜそうなるのでしょうか?

うさん臭さは山野を駆け巡ることにあります。常人には無用としか見えない石ころから、役立つものを見出してしまうのです。さらには、神秘的な火の作用を加えて有用な金属に変えます。不思議な術、西洋なら錬金術師の業です。恐れを抱かせ、崇敬または裏表で蔑視や迫害の対象となります。佐藤信淵《のぶひろ》(一七六九〜一八五〇)という自称超・学者の『山相秘録《さんそうひろく》』(一八二七)は鉱山の見分け方を説いています。有用金属が埋まっている場所には独特のオーラが出ている、と。

金精は華の如く、銀精は龍の如く、銅精は虹の如く、鉛精は煙の如く、錫精は霧の如し。金・銀・銅の精は、高く升《のぼ》るものは二十丈の上に出で……即ち是れ諸金蒸発の精気各自の形色にして、古来山相家一子相伝の秘訣なり。

岩石中の金属含有量の多少、鉱脈の深浅など、オレはどれも見分けられるぞ、と言うのでしょうか。何種類か残る『石見銀山絵巻』(年代未詳)のうちには、山の図に何本もの朱線が引かれているものがあります。鉱脈の走る方向を表すのです。ただし、信淵の場合は「是れ皆な一子相伝の秘訣なり」。うさん臭いことこの上ありません。

けれども、〝山のオーラ〟を見きわめる一方、手に技術を持つ配下を抱えて幕府や藩から採鉱を請け負う経営者でもあります。そういう意味で金掘りは「案内者」と呼ばれたのです。選鉱・製錬は、山師と分業して「買石《かいし》」(買師・買吹などともいいます)がやります。

山師配下の技術者にはいろんな者がいました。現場の統括技術者=親方である金子《かなこ》、大工(直接の掘り手=

坑夫）、寸甫《すんぽ》（寸法、測量技師）、山留（坑道の維持のための支保工夫）、樋《とい》大工（排水技師）などです。これら数十人ほどに加えて、大量の熟練不要な手子《てご》（掘子、鉱石・土石の運び手）や樋引《といびき》（水引、水替＝排水人夫）などが周辺農村から雇われました。佐渡の水替人夫には江戸などから送られた無宿者もいました。工具や資材を提供する鍛冶や炭焼、それに単純雑用人夫も要ります。だから、たとえば出羽国院内銀山で慶長十二（一六〇七）年の開坑時に七千余人というほど、総勢はものすごい数に上ります。

ゲザイなる者

鉱山にかかわる者は「ゲザイ」とも呼ばれた。掘り手、坑夫だけのこともあれば、山にかかわる者全体を指す場合もあった。表す字も「下財」から始まってさまざまである。「ゲ」に「下」や「外」の字を充て、「ザイ」には「財」のほか「才」、「材」などを充てて組み合わせる。これがいろいろな形で黒鍬と結びつく。

中世の「河原者」は多くの顔を持っていた。諸職人の中世での特徴である。山に住み活動する者たちはさらに多くの顔を持つ。木地師（屋）は、樹木を伐ってロクロを回し、椀や盆などの製品を作る。鈴鹿山脈に抱かれた近江国の小椋谷《おぐらだに》が本拠地とされる。初めて木地職に就く者は、谷を構成する蛭谷《ひるたに》村の氏神筒井八幡宮で儀式をおこなう。膳を供え、烏帽子《えぼし》や直垂《ひたたれ》を着け、額を地に付けて伏し拝んで名乗りを上げる。「阿野定盛《あののさだもり》にて候」とか「谷後家次《たんごのいえつぐ》にて候」と。この名乗りが木地師と石工、黒鍬を結びつける。「阿野」は「穴太」、「谷後」は「丹後」で、さきに出てきた穴太頭の名前に通じる。

同じ谷の別の村、君ヶ畑には銀山があった。その下財が村人の一員として正式に受け入れられたり、婿に入ったりしたと、木地師の棟梁格だった蛭谷の大岩氏の日記に記す。観音寺城主六角義実《ろっかくよしざね》の伊勢国司攻めの際、郷中の者が道路を造ったとも。敵が攻めてきたときには筒井峠で石を集め、大石を立て、大木を伐り並べ、落として防御せよ、それが目付の家の心得だともいう。まるで戦国武将の陣中にいた「道造の黒鍬」ではないか。

ゲザイは、仏教で使われた「内財」に対する「外財」だという説がある。内財は体、外財は体の外の財産というのがもとの意味だった。やがて内財には家内の財物という意味が加わった。対して外財には体の外の働きの意味が込められるようになり、「才」や「材」の字も使われるようになった。諸職人の仕事も広く「芸能」と見られたから、やがて「外」の字が「下」になって職業への蔑視につながっていった。とくに鉱山は、隔絶した山中の閉鎖社会で、平地で罪を犯した者や他人の迫害を逃れる者の一種の逃避所《アジール》でもあった。技術を携えて各地を渡り歩く者も出てくる。どちらにしても、得体の知れない漂泊者の像ができ上がる。

丸山千枚田で知られる熊野市の旧紀和町内では、木地師が住みかの痕跡を残す。奈良時代以来の銅鉱山もあったし、石垣を積んだ赤木城も建てられた。そういう環境に棚田が共存しているのである。ここにさまざまな職人の往き来を想像するのはたやすいだろう。鉱山なら鉱脈が深く貧しくなり経営者の山師が立ち行かなくなると、その下の金子＝下財が技術を売る業者として自立するようになっていく。「黒鍬」が隧道を掘り、あるいは案内人下畑兼次郎氏のような〈石の達人〉として棚田を積んだり水回りを処理できたりする技は、この流れから浮かび上がってきたのである。山と石の技術はそれほど近い。

明治期、南一郎平という男がいた。政府に雇われ、猪苗代湖の安積疎水の開削に活躍した。官を辞した後に現業社という隧道工事の専門会社を創り、鉄道工事に勇名を馳せた。そこに集う技術者は「穴掘りの名人」と「黒鍬の頭分」たちだったという。旧技術の担い手仲間で、穴掘りと黒鍬が近しい関係にあったといえる。実際、彼らは南が腕を振るった大分の広瀬井手時代からのつき合いだった。現業社はやがて近代土木技術に押されて凋落していく。穴掘りと黒鍬の蜜月も消えた。

鉱山が拓く新田

山の技術は、新田開発とピークの時期が重なる。近世初期は「大開墾の時代」といわれる。新田開発や水利施設の建設に鉱山技術がかかわる例がきわめて多い。

①出羽国岩堰（岩関）用水：院内銀山奉行を務めた秋田藩家老梅津政景《うめづまさかげ》の指導により開削。梅津の元和二（一六一六）年六月十八日の日記に「岩を切候所、間歩口まで仁《に》百間」など隧道の記載あり。安永七（一七七八）年の洪水による大破後、水貫《みずぬき》（排水）普請の経験を積んだという阿仁前田村の作兵衛が請け負って更新工事を実施。

②常陸国辰之口江堰《えぜき》（用水）：「甲州黒川之者」＝金山衆の由緒書を持つ永田茂衛門らが開削。彼らは金山採掘の傍ら、初期水戸藩政に携わる旧武田氏遺臣群に見込まれ、辰之口・岩崎・小場の三大江堰をはじめ水道・ため池など各種プロジェクトに関与し、水利施設の管理役「水積《みずもり》」にも従事。江堰には岩潜《いわくぐり》（隧道）を含む。

③信濃国五郎兵衛用水：四か所の掘貫《ほりぬき》（隧道）を備え、上州砥沢（現群馬県南牧村）で砥石の製造をしていた市川五郎兵衛により開削。近傍の佐久平では、同時期御影・塩沢・八重原などの新田が同様の技術で開削。延宝八（一六八〇）年の掘貫崩壊時には、「金掘にて無御座候へハ……掘貫之内、岩も有之、又ハほりぬきまがり出申ニ付如此」として、金掘り・大工・鍛冶などの雇用を計画。

「穴堰《あなぜき》」や「潜穴《せんけつ》」とも呼ばれる隧道は各地で掘られた。なぜ掘るのか？　そうまでして水が、田んぼが、米がほしいからである。谷川より高い土地に、その川で同じかそれ以上の標高の所から水を引くのは「水を横に引く」技術といわれる。等高線に沿って同じ高さ（高低差が「縦」ならこれは「横」になる）に延々と水路を造るのである。そのとき尾根を回すより直線で突っ切る方がたやすい所がある。手に技術があれば突っ切れる。そうして水田を拓き、養える人口も増えたのが、近世初期の「大開墾の時代」だった。

今のはほんの一例にすぎない。箱根（深良《ふから》）用水や辰巳用水など、名だたる用水には軒並み金掘りがかかわっていた。なお、五郎兵衛新田近くの岩村田領三河田村（現長野県佐久市）では、金掘りではなく石工が隧道を抜いたという。伊那の石屋とは、当時石仏作りに活躍していた高遠石工だろう。隧道工事に目が行きがちであるが、金掘りの腕は穴の外にも及ぶ。五郎兵衛用水では、地面を掘り下げて両側に土手を築く「乗掘せぎ」と盛土の上に水路を通す「つきせぎ」があった。これらを使い分け、高さを調整し勾配を保った。測量と普請の大いなる成果である。

さらに大切なのは見分けや見立ての才覚かもしれない。山からオーラが立ち上るとはいえ、実際に掘るには地表に露頭した鉱脈を発見し、鉱山経営の可能性を探る必要がある。山師が得意としたのは、この見きわめだった。探鉱技術の熟練者は、鉱山経営の採算がとれるか否かを、地形や地質の具合を見て判断する。「山を見る」大局的な判断である。そこから新田開発プロジェクトの構想樹立にも勘を生かせただろう。どこに農地を開くか。そのためにはどこに用水源を求めてどう導けばよいか。その投資・資金回収の手立てをどう組み立てるか。抱えた多数の糊口をしのぐ経営基盤として、新田を開くことが必要な場合もあった。そういった問題を解くのに、「案内者」たる山師は達人だったに違いない。

ここはどこ？

〈山の技術〉の一方をなす測量技術は、年貢を産み出す土地の丈量をはじめ城郭建設、水路開削など、土木・建築全般に必要でした。近世初期の対外貿易に伴い、新たな技術が導入されたと思われます。現代に一般的に使われる三角法の応用はまだ後のこと。長崎経由でヨーロッパからの移入を待たねばなりません。

鎖国以前の「南蛮系」測量技術では、坑道を掘るのに、まず地表（坑外）で坑口の位置や基準点を定め、掘進の方向を決めます。そこから現在の平板測量に当たる測量を繰り返し、さらに坑内で修正測量をして精度を高めていくのです。主な方法は、いくつかの地点から目標を見通して量盤（見盤《けんばん》）上に線を引いて縮図を作ります。方位・距離・高さなどを測定して紙上に落とし、計算で地形や面積を把握しました。

方位に従い坑道を掘進する方法を寸甫切《すんぽぎり》といいます。それに当たっては掘削中の坑内測量が大事です。方向・勾配が計画どおり進んでいるか、繰り返しおこなうチェックの積み重ねが成否を決めます。曲がりくねった隧道や、多数の坑口からの同時掘進は、坑内での丹念な修正測量によって初めて成功します。

寸甫に始まる測量技術を佐渡では後に振矩術《ふりかね》といい、技術者を振矩師といいました。『佐渡年代記』の元禄四（一六九一）年の条に「振矩師静野与右衛門と云ものに縄引をなさしめ……間切を切始め……」とあります。静野は町人ながら、江戸から来た和算家に算術を学びました。二人扶持と身分は低いが、測量の現場責任者です。精密な実測図や測量具を残しています。

文化八（一八一一）年の阿部誠之《せいし》『校正振矩術』の序にはまた違う振矩術が出てきます。通気用の煙貫や排水用の水貫などを使って、工期短縮のために坑道の両端から向かい合って掘進し真ん中で合わせる工法を「向切り《むかいぎ》」といいます。そこに必要な距離・高低・方位の測定法を振矩術というのです。静野与右衛門はその高度な向切りに長けていました。この書物はまず鉤股弦《こうこげん》（三平方〔ピタゴラス〕の定理）、縄引、方位、図引・歩積《ぶづもり》（縮図を描いての求積法）、勾配、高下など基本を述べます。向切りのため坑道の中間点に横から抜く穴（横貫）を設置するのに使う測量法もあります。坑内の位置を坑外へ確定する（もしくはその逆）方法「山上ニテ鋪内ノ台引立ノ在所ヲ求ム」などもあって、実践的な方法を解説しています。

測量技術の裾野は意外と広い。和算の伝統が支えたのです。和算書、吉田光由《みつよし》の『塵劫記《じんこうき》』（一六二七）には日常生活全般にわたる計算問題が並んでおり、ミリオンセラーになりました。彼は豊臣秀吉や徳川家康にまみえた豪商にして技術者です。角倉了以の一族の出で、京都・高尾山中の谷を堰き止めた池から北嵯峨に引く菖蒲谷隧道の工事責任者でした。その経験からか、著書に「河ぶしんの事」や「ほりふしんわりの事」という章があります。

和算家は明治用水にもかかわっています。幕末に都築弥厚《つづきやこう》が用水の原型を計画した際、現地を石川喜平という和算家が測量しました。越中には加賀・越中・能登三国の正確な地図を作った石黒信由がいました。そのように和算家が用水開削時に測量を担った例は多くあります。なお、都築は地元の有力者として、全国測量中の伊能忠敬を案内しています。測量と縁が深い男でした。

山から水を抜く

黄金の国のもう一方の立役者は排水技術でした。鉱山の水没―放棄を食い止めるには排水―再開発しかありません。鉱脈を追って坑道は地中により深く進みます。湧き出す水を、深さに抗っていったいどのように穴の外へ出せばいいものでしょうか。

重力と逆に水を動かすには別の動力が要ります。鉱山の近代化は蒸気機関や電力などその動力の増強・確保がもたらしたといえるほどです。それ以前は人海戦術しかありません。ですが、人手で一度に汲み上げる量や高さはたかが知れています。おまけに労働は過酷だし作業環境は最悪です。佐渡のように江戸や大坂からの無宿者をつぎ込んでも若くして死んでしまう。キリのない蟻地獄です。

鉱山絵巻には涙ぐましい努力が描き出されます。揚水具を用いて何段にも重ねて汲み上げます。用具は手桶や釣瓶のほか、寸方樋《すぽんとい》、水上輪《すいしょうりん》などがあります。寸方樋は細長い木箱の中に弁を付けた棒を入れて抜き差しる水鉄砲のような構造のもの。スッポン、スイコなどと呼ぶ地域もあります。水上輪は竜尾車とも呼ばれ、軸に付けたスクリューを円筒内で回転して水を揚げるものです。古代ギリシアの数学者、アルキメデスが考案したポンプとされています。これらはどれも、河川や水路から農地に水を揚げる農具でもあります。

重力で排出するには、水貫間切《まぎり》とか水貫間歩《まぶ》と呼ばれた坑道を掘ります。出口に向けて勾配をつけ、水が自然に手前に流れ出るよう出口から掘るのです。でもそれも次第に大規模になっていきます。佐渡で最大の排水坑道南沢疎水坑道は、元禄四（一六九一）年から五年弱をかけて掘られました。高さ八尺（二・四m）×幅六尺（一・八m）を標準に、将棋の駒のような五角形の断面で、長さは優に九百mを超します。さきの静野与右衛門がやった向切りはまさにここの工事でした。始点と終点の両端から掘進するとともに、中間にほぼ等間隔に掘り下げた二本の竪坑からも前後に掘りました。こうして本来の採掘坑道にもまして規模の大きな排水坑道網ができ上がります。空気も供給しなければなりません。坑道掘削の補助に使った縦・横方向の穴もありますが、農作物の殻と実を選別するのに使う唐箕《とうみ》も用いられました。

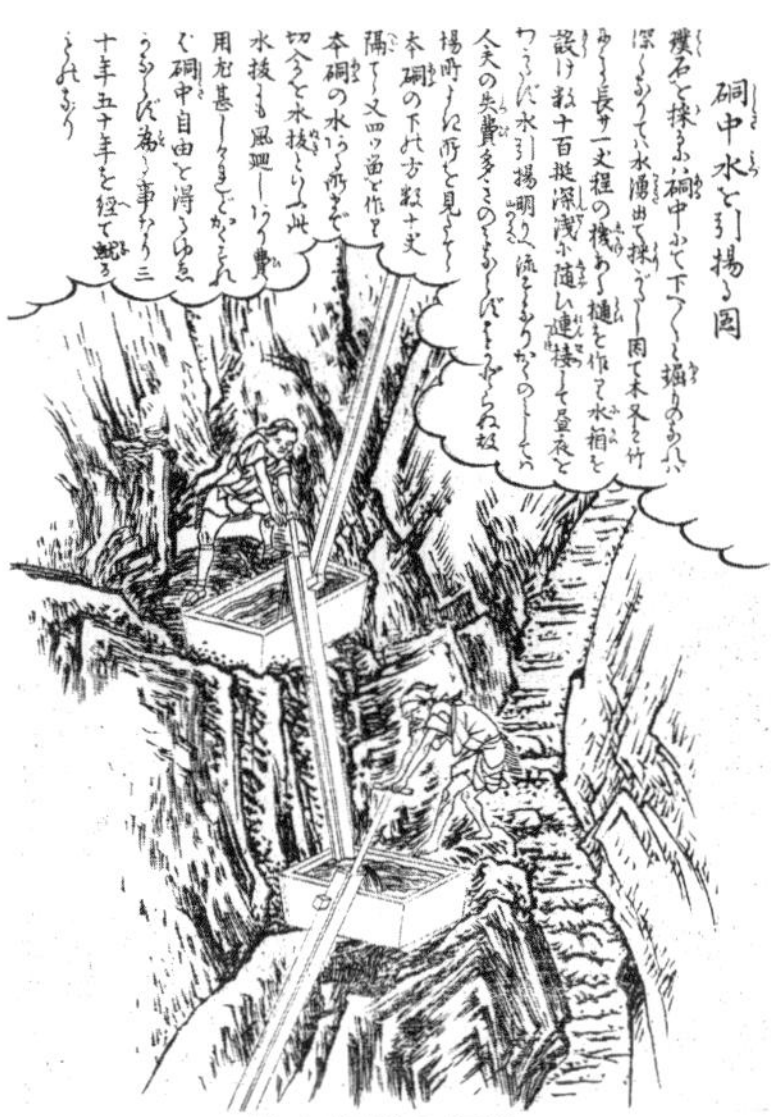

排水坑道の組織

別子銅山の様子を記した増田綱編・丹羽桃渓画『鼓銅図録』より「硐中水（しきみず）を引揚る図」。詞書に、坑道が深くなると、木桶を百数十段につないで昼夜分かたず地表へ引き上げるが、この方法は人夫賃がかさみ効率が悪い。費用はかさむが「自由を得る」ためには、本坑道の下に水抜坑を30年、50年かけても必ず造るべし、とある。

　排水坑道は、その名のとおり、地下水脈から水を汲み出す施設だが、見方を変えると用水源にもなる。いわゆる「横井戸」である。原田泰治の絵本『とうちゃんのトンネル』（一九八〇）にも描かれる。戦後の食糧難のために帰農したたいすけ一家の物語。父親が横井戸を掘った。雨だけが頼りの陸稲栽培から脱却するために。

（娘の）よめいりの あさに、せきはんを たべさせることが できなかった とうちゃんは、ひとりで 水をほりあて、むりとまで いわれた たかだいに 田んぼを こうして つくったのです。……とうちゃんの トンネルは たいすけに あるくことと、いきる ゆうきを あたえてくれました。

横井戸は、新潟県中越地震で大被害を受けた山古志村（現長岡市）などで棚田の水源として多く掘られた。地すべり地帯で、棚田は山を削って地すべりブロック土塊の荷重を軽くする。そこに横井戸で地下水位を下げる。同時に水を供給し、稲作をしながら地すべりを防止する。一石二鳥、三鳥の長年の知恵である。

「日本のカナート」

横井戸は、三重県中北部から岐阜県、さらには滋賀県にかけての一帯の地域では「マンボ」と呼ばれる。トンネルを表す方言に由来し、鉱山で坑道をいう「間歩」にも関係があるようだ。一九七〇年代中葉の調査では、三重県下だけで二百本以上あり、四百ha以上の水田を潤していたという。延長が長くなれば、地表には途中に抜かれた竪穴が点々と直線上に続く。その景観は、さながら西アジア～アフリカ地域でのカナート（カレーズ、フォガラとも）に見える。規模はずっと小振りだけれども。

マンボが掘られたのは、早くは寛永十三（一六三六）年の六反マンボ（三重県いなべ市）があるが、多くは江戸末期頃以降とされる。掘るのは鉱山とは違い、岩盤ではなく堅く締まった砂礫層である。『とうちゃんのトンネル』のように一人が座って掘れる縦横一m内外ほどの断面で掘る。途中に設けた竪穴は、空気抜きであるし土砂排出口にもなる。前後に掘り進むための補助孔（向切りだ）でもあった。成熟した鉱山技術が鉱山から出て拡散・普及したのだろう。実際、マンボの中心地、鈴鹿山地には治田《はった》鉱山があり、そこに携わっていた人物が掘ったマンボもある。

マンボは水を集める井戸だけではない。ため池をつなぐなど、単に水を運ぶ導水路としての機能を持つものもそう呼ばれる。愛知県知多半島では、愛知用水ができる前、集水のマンボもあったが、少ない農業用水を融通させるために池を連絡するマンボが発達していた。京都・乙訓《おとくに》地域でも同様のマンボがあった。福井・織田地域（現越前町）では「穴水」といい、大阪・岸和田地域では「タヌキ（またはキツネ）掘り」といった。

マンボのように典型的なタイプのほか、いろいろな形と機能、呼び方の違う横井戸がある。その隙間にいろんな事情が見え隠れする。たとえば奈良盆地西南部、葛城川の扇状地では、棚田の石垣を積む者を「くろつか」という。棚田の横井戸を掘る者もそう呼ぶ。ここでも〈石の達人〉としての「黒鍬」は、山の技術者と背中合わせではないか。

三重県いなべ市（旧大安町）の片樋マンボ

棚田では上の田で抜いた水を下の田で使います。それで、横井戸の形をしたものは、これが用水、あれが排水の施設と分けられません。というか、成り立ちから行けば、谷川を石組みで囲い、上に土を盛って棚田にするのです。これを「伏越《ふせこし》型マンボ」と呼ぶこともあります。三重・員弁《いなべ》地域でマンボの造り方が記録されています。①利水点より水源に向かって地面を掘り割る、②掘割が深くなれば両側に石を積んで伏蓋を被せ上に土を載せる、③落盤に危険がなくなれば横穴を掘る、というのです。この②段階、山が深くなって安定するまでの坑口付近の補強が「伏越」ですから、棚田の横井戸状の施設は皆仲間といえます。

棚田の用水・排水施設として特別の石組みが設けられている例は多くあります。滋賀盆地西部、比良山地の東麓で排水のための石積横穴をショウズヌキといいます。大阪能勢地域ではガマです。宮本常一の故郷、山口・周防大島では横穴または水道《スイドウ》といいます。彼は町史編纂を機に故郷の棚田にそれを見つけました。以来、旅先の「どこそこに二つあった」などと、まるで宝物を発見したかのように書き記します。彼のお宝は、長崎・平戸的山《あづち》大島に集中するのをはじめ、中国山中や仁淀川上流、薩摩半島などに散らばっていました。

おれが働いた岐阜・恵那の坂折棚田にも「暗渠」とか「清水口」という石積横穴がありました。上部に扁平石を架けて比較的平らな石積で支え、周囲を赤土で固めた、立派な古墳の石室のようなものから、自然石を積み重ねただけの粗末なもの（がら石暗渠）まで、さまざまな構造を持っています。

ついでながら、ショウズヌキの比良東麓は穴太と目と鼻の先です。穴太に代表される近江石工の技術が伝承されるのでしょうか。穴太や穴穂、安濃など「アノウ」と呼ぶ地名も、マンボ集中地域のあちこちにあります。さらについでに、「ガマ」は岐阜・西濃地域では湧水地点のこと、沖縄では湧水のある石灰岩系の自然洞窟を指します。地中の水をめぐる不思議な暗合といえます。

四　源泉を訪ねる：その三　百の姓を持つ者

百の技、百の生

〈石の達人〉としての黒鍬。三番目の源泉は、農家の副業ないし片手間仕事が次第に熟練化・専門化していく姿である。宮本常一は言う。石垣積みが盛んになる近世以前、専門の職としている者は少なかった。たいてい農業の傍ら自らの手でやったからだ、と。

石垣のなかには田畑のあぜや屋敷のまわりのものなどは素人の積んだものもすくなくないが、多くの場合職人をやとった。その職人もたいていは百姓で、いそがしいときは百姓をし、ひまになると村々を歩いて石垣を積んだ。そしていたるところに石垣積みの上手な村ができた。

（『宮本常一著作集二六 民衆の知恵を訪ねて』一九八一所収「石垣積みを追うて」）

新田や塩田築きたてのために石工を業にするものがたくさんできた。大ていは百姓のかたわらやっているのだが、つくるべき田畑があればそんなに家もあけられぬ。だから二男や三男で分家して家には妻が片手間に百姓するほど作っているような者が石工になった。／ところが、新田開作の仕事がそうたくさんあるものではない。そこでこの仲間は……波止場を築く仕事にしたがった。／またそれだけでも仕事には限りがある。そこで次第に山の中へ入り込んで段々畑の畦岸を石垣につきかえることをはじめた。

（前出「腕ききの石工たち」）

「百姓」とはもともと百の姓《かばね》を持つ者のことである。姓とは職業のこと、百の姓すなわち百の職であり、百の技、百の生を一身に帯びた。近世社会では稲作中心だったが、実際にはさまざまな作物が栽培された。貪欲なまでに売れるものを作り、原料を採取し加工する。自分で売る方が実入りがよければ行商して回る。いわゆる「農間渡世」や「余業」では、さまざまな稼ぎの道を見つけては生活の糧を得た。農村は「農業もおこなうムラ」、農家は「農業もおこなうイエ」だったとさえいわれる。技能を腕に覚えさせれば、モノづくりはもちろん石垣積みに出ることなど、造作もなかった。

高知県の西部には標高一千mを超える山岳地帯が連なる。司馬遼太郎が「龍馬脱藩の道」と呼んだことで知られる。その一角、四万十川の流れに面したあたりでも天に至る石垣の集落がある。平成八（一九九六）年時点で七十七歳の積み手が語る。

専門職ではないのか、そして仕事をどう覚えたか、との問いに対して、

代々農家です。ただ農家といってもさまざまで、その人の器用な、というか得意技を買われて他から仕事を頼まれる場合もある。わしは石垣が得意じゃが、父親は山仕事、いわゆる木こりじゃった。……叔父がこの仕事をやっていて「手んご（手伝い、手元の意）に来い」といわれていったのが最初じゃ。初めは見様見真似で、失敗を繰り返しながら腕を磨いたものじゃった。「あの石はこう突いて、この石はこう突くんだな」と見て覚えたわけで、別に本職の職人に付いて覚えたわけではないけんね。

（西川治夫インタビュー「聞き書き 石垣に込めた夢」龍居庭園研究所編『石積作法』二〇〇三所収）

農家であれば「上手下手は別にして大概の人は石を積めた」（同書、以下同じ）。自分の経営面積を増やすには山を掘り起こさなければならない。水田は完全な水平面だから、田んぼを造るとは傾斜面から水平面を創り出す作業である。掘り起こした土の中から石がゴロゴロ出てくる。それを三分から三分五厘の勾配（垂直距離一mにつき上部が水平距離で三〜三・五cm奥になる）で石垣に築いて新しくできた斜面を止める。裏込め石も拾い集め、しっかり施す。石垣には角のあるもの、下の方から大きな石を積み、順次小さい石を上に積んでいくと「独特な縞模様ができ、まことに見ごたえが」するという。

屋敷周りだけは丁張《ちょうはり》で直線的に造るが、地形に合ったカーブは「目見当」でこしらえる。内カーブでも外カーブでも、土地を見ればわかる。とはいえ、複雑なカーブが入り乱れていてかなり難しく、失敗の積み重ねで積めるようになっていった。

要は合い口（石と石との合わせ方）じゃよ。長石（細長い石）とみぞ石（短い石）を交互に使いよると強

い。ところが同じような石ばかりでは組み合わんから弱い。長短の石を交互に使えば石垣はこけんです。

これも誰かに教えてもらったものでなしに自分で研究したもんです。

農地の石垣は見栄えより強さを優先する。この地方で布積みを「はんしゃ」、谷積みを「もたせ」といい、後者の方が「品よく積み上がりよる」。が、偏ることなくどちらの方法をも駆使してとにかく強くなるよう積んだ。下畑氏がかかわった恵那の坂折棚田では、石垣全体のうち四分の三は乱雑な積み方になるか、面が不規則にしかならない。彼が積んだような谷積みでかつ面が直線もしくはきれいなカーブで通るものは、わずか二割を数えるだけしかない。農家の「石掛け」の見よう見まね段階での〝極意〟はそんなものだったが、それでも「穴太」とはまた違った趣が感じられないか。

棚田を造る

天に至る棚田の景観は一挙に成ったものではありません。成長していくのですが、そのありさまは、切れ切れの断片的な証言や記録で後追い体験するしかないのです。

棚田は未墾地を少しずつ切り拓いていくイメージが濃く、小さい田んぼの一枚一枚を積み重ねるイメージです。ところが、熊本県の白糸台地ではそうではなく、水田となるような土地はだいたいがすでに畑になっていたようです。水がなくても傾斜があっても畑は耕作できる。米に限らなければ糧が得られる。その恵みはあまりにも軽視されてきました。ただ、米が貨幣となり、誰もが米を食べたくなる社会になりました。とすれば、近くから、あるいは技術が進めば遠くからでも水を引いて、畑を水田に変えたい。そんな動きが強くなります。熊本藩では畑から水田への転換（開田）を近世初期には「畑成田《はたなりた》」、後期には「上畝開《うえうねびらき》」と呼びました。石造アーチ水路橋の通潤橋も上畝開のための施設です。橋を一部とする通潤用水は、谷を越えて延々と水源から水を運んできます。

この地方で「田開き」ともいう畑の開田にはこんな作業をします。表面の肥えた土を掘り起こして寄せておき、現れた底の土を締め固め、その上に表土を戻します。白糸台地では、締め固めは、よくあるようによそから粘質土を持ってくる必要はなく、丸太に取っ手を付けたバンジメという道具で打ち固めるだけでよかったようです。田開き作業には一反（約千㎡）当たり百九十人が必要との安政二（一八五五）年の見積書があります。この時代、そんなに広い畑はありませんから、普通見かけるのは一歩《ぶ》＝一坪（三・三㎡）くらいでしょうか。とすると、一反の十分の一の一畝《せ》のまた三分の一になるので百九十÷十÷三で六人強となります。月十日程度を田開きに費やしても一人ひと月で十分。家族だともう楽々です。

けれども、棚田の石垣、あの膨大な量の石はどこから出てくるのでしょう？　そう思うと、畑になっていた土地からの作業だけで出てくるとは信じがたいのです。やはり原初の山を掘り起こすイメージが勝るのは仕方ないことでしょう。作業人数ももっと多くなるはず。実際、熊野の山中、丸山千枚田ではもっと多いのです。貞享三（一六八六）年から元禄五（一六九二）年にかけての開発願い出があります。一反当たり三百人とされ、ほかに四百人というのもありました。白糸台地のざっと二倍です。造成工事のうち石垣積みの割合は四分の一くらいだったようです。それでも気の遠くなるような石の数、先人の苦労はほとんど伝説の域に達します。愛知県豊根村の聴き取りでは、ご先祖様が造ったというしかないようです。人里に近い標高の低い方から、山側の土を取って谷側に広げ、平らにしてイシカケ（石垣）を積んだといわれます。村人が寄り合ってユイ（共同作業）で造ったが、訳ありの流れ者が造ったという例もあります。さきに見たとおりです。

福岡県星野村（現八女市）では、おれたちと同様の専門家（ガキッキ〔垣築き〕という）に率いられ、下の段から築いていったといいます。掘って出てきた石を石垣に使います。大石にはクサビを打ち込んで割りました。真っ赤に焼いて水をかけて砕くカカリイシトリという方法も使われました。石は田になる場所に穴を掘って埋めることもありました。石垣を積んだ後は、二間（三・六m）ほどの割竹に水を入れて高さを揃えるミズバン（水盤）で水平に整えます。田面の底には赤土を運び入れて突き固め、堅い漏水防止層（盤《バン》）を造りました。

数字としてはこんな例もあります。岐阜県恵那市の坂折では、開田のことを「田を掘る」といいます。大正元（一九一二）年頃、本家筋の家が七畝の田を一年かけて掘りました。石垣は、おれたち専門家が音頭を取り、掘り出した石で積みました。五～八人が常に働き、一畝の田を掘るのに三十日くらいかかりました。彼方の記憶に基づく証言だから、数字に正確さを求める方が間違いだけれども、白糸台地のざっと十倍もの人手がかかった勘定になります。

こうして見よう見まねで、普通の百姓が石積みの技を身に着けていったのです。身に着けていかなければ食えないし、仲間外れにもなる。生きていくうえでの必須の技だったのでしょう。

獣に備える万里の長城

石積みは「田畑のあぜ」ないし棚田だけのものではありません。家屋敷の周りを囲む石垣があります。台風常襲地域、南西諸島や伊豆諸島、それに四国室戸岬周辺で石を積んだ防風垣がめぐらされています。洪水地域では「水屋」（「水塚《みづか》」という地方も）があります。浸からないように石垣を積み盛土上に建てました。強風にしても洪水にしても、手近な材料を使って身を守るのが百姓のセオリーです。そのおかげで郷土色（風土色というか）豊かな景観ができました。

海の中には石干見《いしひび》と呼ばれる石垣がありました。潮位の差が大きい海岸で、満潮には潜り干潮には干上がるように袋状に石を積みました。上げ潮に乗って入ってきた魚が下げ潮に出遅れて石積みの垣の中に閉じ込められるのを獲るのです。かつて九州の周防灘沿岸や有明海周辺、島原半島、五島列島、南西諸島などに数多くありました。また、東・東南アジア、南太平洋の島々、ヨーロッパにも同じ漁法が広がっています。

わが国で最も広範囲に見られるのは猪垣《ししがき》です。民俗学／地理学者の千葉徳爾《とくじ》が「われわれの先人が居住領域の維持確保につとめた遺跡として、大きくいえば中国の万里長城にくらべられる考古学的文化財」と評価しています。多くは近世のもの、獣害（イノシシもシカも）から作物を守るものです。木製の柵や土塁のほか、石積み構造のものが多数設けられました。「万里」かどうか確かめた者はおりません。それは棚田の石積みの総延長が数えられないのと同じです。猪垣は、イノシシの生息域でも特定の地域に限られましたが、空白域も多い。岐阜あたりを境に、東は土塁が多く、西側で石積みが広がっています。長崎の西彼杵《そのぎ》半島、大分・国東半島、香川・小豆島、東海三県などに特に多い。石材の手に入りやすさが決め手でしょう。百姓が自力か共同で積みました。

千葉の報告は額田町《ぬかた》（現愛知県岡崎市）の猪垣を扱ったものです。山がちでわずかな農地がしばしばイノシシに襲われ、餓死者が相次いでいました。寛政～享和の頃（一八〇〇前後）から積まれたようです。額田町は北部の乙川《おとがわ》流域と南部の男川《おとがわ》流域からなりますが、谷筋の地質が違っているのです。南部だけに猪垣が六十kmほども集中しているのです。男川流域は領家片麻岩帯《りょうけへんまがん》に属し、扁平に割れて扱いやすい石が採れるからです。その石を垂直か、城の石垣のように反りを入れて、高さ二m以上に積み上げます。垣の山手側に車道が付いています。大木の輪切りを車輪にした「ずんぎり車」で石を運びました。個人の所有地をぐるっと囲うものがあれば、かたや県文化財指定の万足平《まんぞくだいら》のように、集落全体を囲う長城並みの壮観を呈するものもあります。閉め切るのが本来の機能ですが、出入りの木戸や、わざと開口した落とし穴（猪穴）などの工夫もあります。

額田・万足平の猪垣を積んだのは、吉五郎と孫左衛門という人たちでした。孫左衛門は寺院の石垣も積む名手で、法名を「積叟賓漸信士《せきそうひんざんしんし》」といいます。求めに応じて段々石を積むという意味らしいです。セミプロなのか本物のプロなのか。職人となった百姓なのかもしれません。そういう者が村々を歩いて石垣を積みました。技術がこうして伝播し、自立も促されます。

近年はここでも獣害が増加しました。山林開発や茶畑の造成で猪垣が破壊された箇所もあります。修復できればいいのですが、技術を手にした者がいなくなってしまいました、金がかかるなどの理由で叶わず、やむなく農地側に近代的な防護柵を張ります。新旧二重の対比が見える、笑えない景観です。

万足平の猪垣

〝宝達〟する人々

黒鍬は移動する。尾張者、知多半島の黒鍬が大がかりだが、能登の宝達《ほうだつ》も動く百姓＝職人の拠点だった。天正年間中頃（一五八〇年代）くらいから宝達金山《かねやま》として栄えたこの村は、江戸期の早い時期にもう鉱脈が枯れ、それとともに加賀藩直轄の特別区から、一般の百姓ばかりが住むほかの村と同じ扱いの宝達村になった。村はクズと黒鍬で知られる。どちらも鉱山衰退から転業したものである。住み着いた掘り手たちは山を開墾し、自生していたクズを栽培したり、他所の新田開発などの普請を請け負うようになる。このため、この地方では「宝達」は開墾の代名詞になり、開墾用の頑丈な鍬をホウダツグワ、それを振るう者をホウダツモノ、開墾を含め普請のことをホウダツという。宝達者の足は長く、万延元（一八六〇）年には六十四人もがはるか松前函館に渡った。また、当然といえば当然だが、「穴水道」と呼ぶ横井戸を掘って農業用水源にする技術もあったようである。金が採れず普通の百姓の村になっても、遺伝子は引き継がれていた。

幕末近く、宝達者が巻き込まれた「河北潟事件」があった。嘉永二（一八四九）年、豪商銭屋五兵衛が企てた河北潟の干拓工事である。銭屋は藩の開発政策に乗り、息子を地主にすべく、二千九百石（面積にして二千三百町歩といわれる）もの大干拓に着手した。水際に杭を打込み、粗朶《そだ》を掻き付けて泥土を内部へ盛り込む造成工事は「波除新開《なみよけしんかい》」と呼ばれた。だが、順調には行かず費用がかさみ、近隣の漁民から妨害も受けた。同五（一八五二）年、大量の魚が死に、それを食べて中毒死も出たので、銭屋はじめ関係者が毒薬投入のかどで検挙された。

工事を請けていたのが「宝達者人足頭」の理兵衛だった。「詮議留」（尋問調書）に「私儀頭振之者にて、……黒鍬稼仕、年々人足数十人召連、方々へ罷越稼仕来候者に御座候処……」とある。「頭振《あたまふり》」は加賀藩で高を持てない農民＝水呑百姓のこと。農業で食っていけないから毎年各地で工事を請けて回った。この事件は、派閥の勢力争いに加えて、銭屋への「出る杭は打たれる」的制裁の色濃いでっち上げめいていた。泥土を固めるために石灰を投入したが毒ではない。地元の百姓を雇わないで宝達者を雇ったことも反感を買った。翌年の処罰決定を待たずに銭屋も理兵衛も獄死し、数十人が断罪された大事件となった。

宝達者が活躍した頃の加賀藩政下、庶民はどのように生活していたか。児童文学のかつおきんや（勝尾金弥）の作品群は一貫して問う。それも、身近に残る水利資産から出発する。どんな経緯でどういう人が手がけたのか。歴史の表舞台に出てこない、とくに技術者は人物像も技もほとんど隠されているのはなぜか。施設が完成して物珍しい間だけもてはやし、すぐに忘れてしまうような考え方はなぜあるのか。そう、その問いは技術者の想いでもある。

『井戸掘吉左衛門』（一九六九）があり、『辰巳用水をさぐる』（一九七一）では隧道掘りの技術を追い、宝達の者が加わったと推測している。『能登のお池づくり』（一九七三）では、七尾の漆沢ため池の遮水に刃金土を入れるという当時最新の工法を考案した村人群像を描く。『まぼろしの木橋』（一九七五）は、何層にも刎木を突き出す刎橋《はねばし》という形式で日本三大奇橋の一つになっていた旧愛本橋《あいもと》を扱う。そのスタイルは、教師の著者が子供たちと一緒に調べていくというものである。子供が関心を抱き疑問を一つひとつ解決していく作業が読む者に乗り移ってくる。文献を突き合わせ、現地を踏査し、識者に話を聞き、証人を探し、必要ならば再現して吟味される。歴史学者と同じ手順といえる。

百姓の〈石の達人〉の探索がたどり着いた場所。そこは宮本常一が誇らかに言い切ったのと同じ境地だった。

土木工事には多くの労力を必要とする。三人五人の石工仲間だけでは仕事はすすまないので、土方仕事は地元の人にも手伝ってもらう。そこで地元の人にも技術が普及していくのが田畑の石垣積みの特色であると教えられた。民衆の世界では技術は秘密ではなかった。……

このような世界は、特別な指導者があって出現したのではない。仲間の中のすぐれた技術を誰かがうけつぎ、単にうけつぐだけでなく応用し、仲間をふやして発展させていったことがよくわかる。一人一人は貧しく、そして無学に等しいように見えても、ある目的、ある夢を持って歩いていくと、それが思いもそめぬような蓄積になり、しかも、国民全体の財産になっていくものであるということを、日本全国にわたる石垣と、石垣を築いた人の足跡を見るとき、教えられるのである。

（前出「石垣と民衆」）

column

新田開発と開発請負人

幕府の代官見立新田や藩営新田、土豪開発新田と肩を並べ、村請新田、町人請負新田など「民」の多様な開発主体が花開いた。「官」の直営を残しながら、資金さえ調達すれば誰もが新田を開発できた。開発請負人といわれる者には、自ら手がける者から金だけ用意して傘下の職人にさせる者、農民の参加者を募って札入れさせる者と、さまざまな性格の者がいた。

東京都江東区の「砂町」という地名は、江戸初期に開発を請け負った砂村新左衛門の名にちなむ。彼は、越前国の三国（現福井県坂井市）や相模国の内川（現神奈川県横須賀市）、武蔵国の吉田（現同県横浜市）などに新田開発技術を提供して渡り歩いた。砂村新田は、明暦大火で焼けた霊巌寺を霊巌島（現東京都中央区）から現在の江東区白河の地へ移築した功により開発権を得たもので、原野と寄洲だった「宝六島」を息子らとともに開発した。

新田開発のプロセスは、まず開発申請者が場所・理由・出資者などを記した「請願書」を図面とともに「恐れ乍《なが》ら」と勘定所に願い出る。受けた役所は、現地踏査、利害関係調査、環境アセスメントを経て、「差障《さしさわり》なし」なら許可する。許可に当たっては、作り取り（年貢免除）の年限（鍬下年季）そのほかの許可条件を示した「証文」と「仕様帳」を申請者に交付し、申請者は「地代金」（敷金）を納める。「民」は、これこれの方法によって〇〇町歩で年貢が取れるようにすると申請し、「官」は、現代の官庁工事が図面や仕様を示すのとは違い、申請の方法で年貢を生み出せるかどうかを独自に確かめ、妥当と判断できれば許可する。ヴァリエイションに富んだ申請の中から精査、選定したのである。

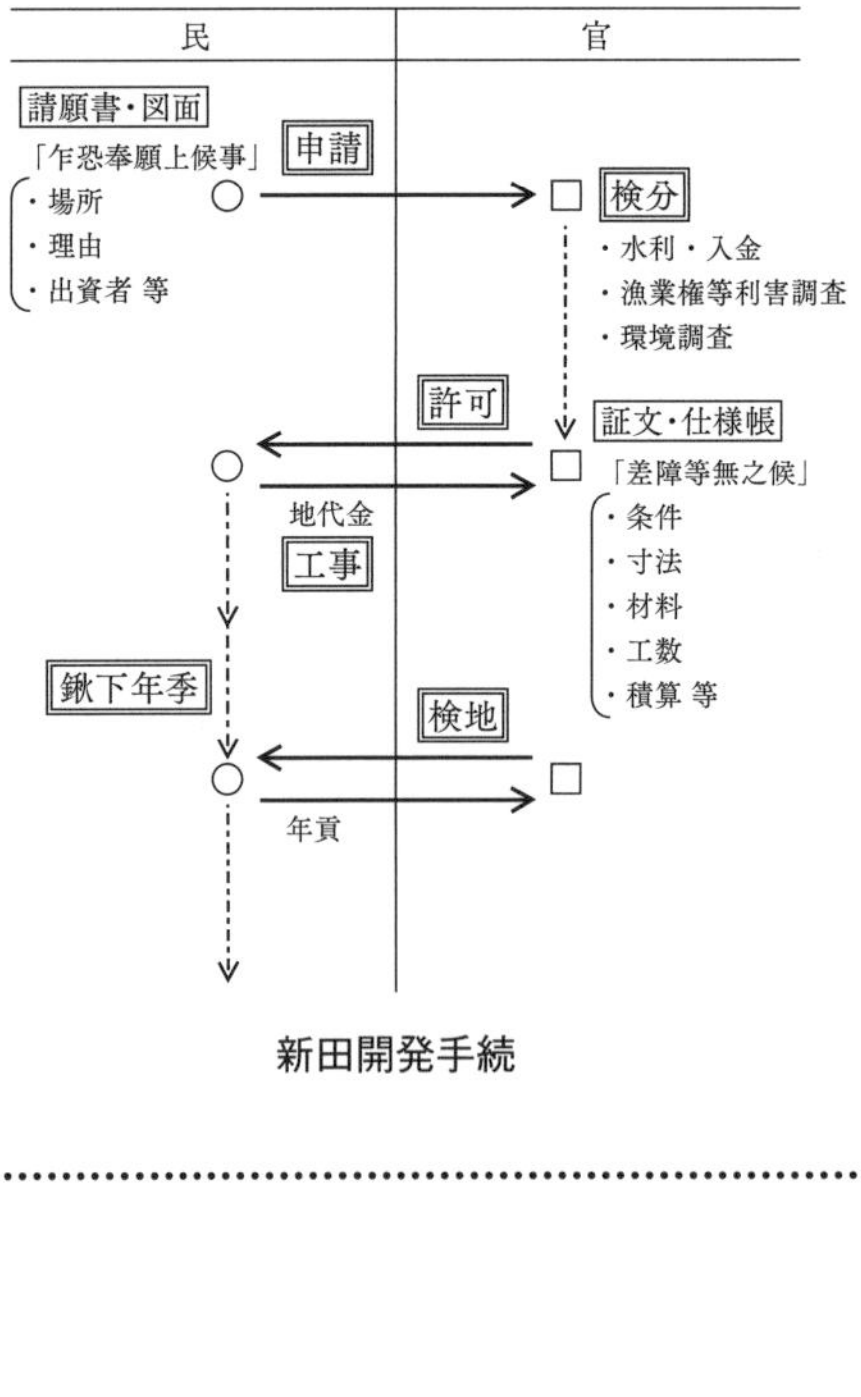

新田開発手続

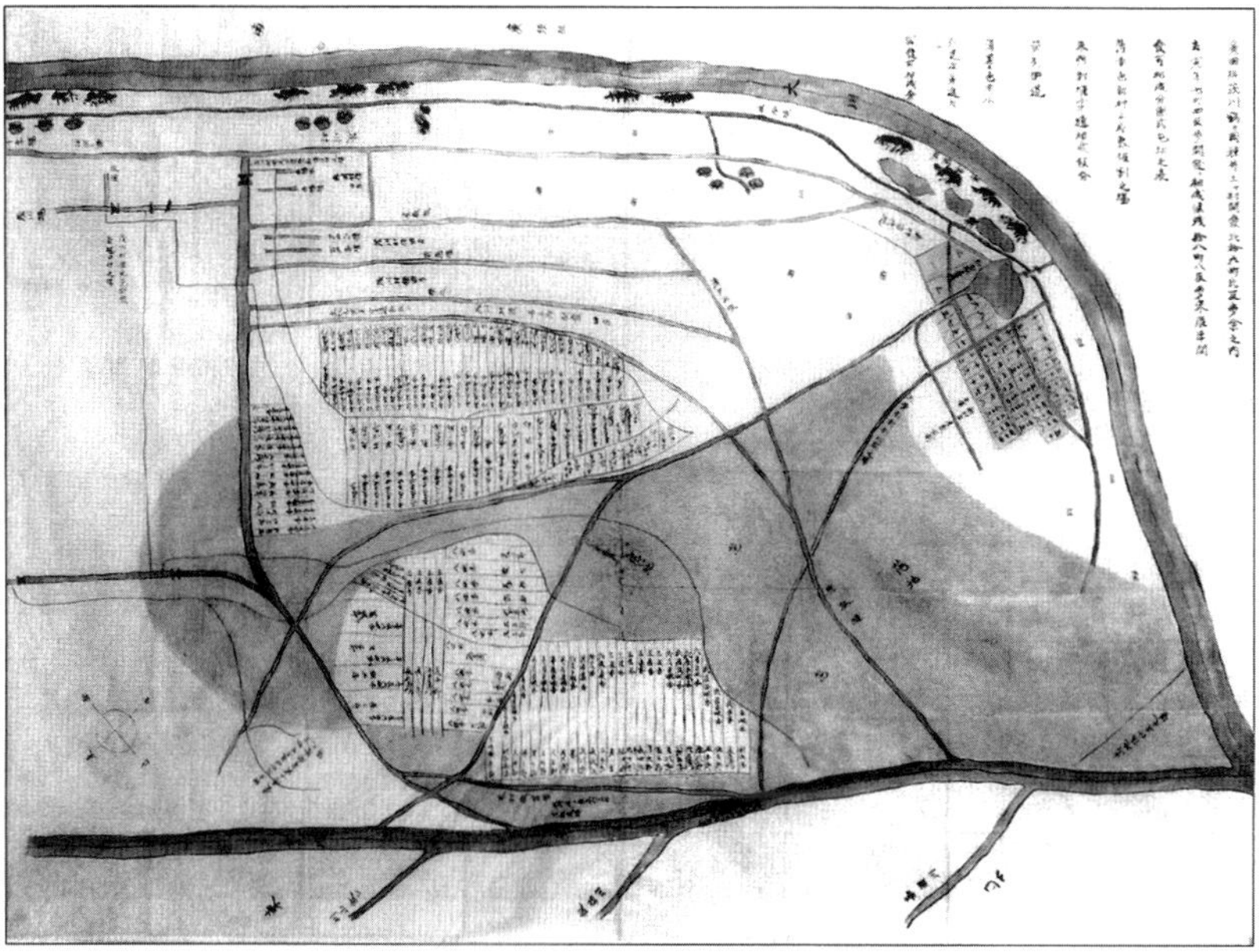

新田開発絵図
絵図は広田組・茂川・鶴ケ岡・種井三か村之内開発図（慶応３〔1867〕年、弘前藩）

第五話

西のオワリ――

「タビ」としての黒鍬　その一

一つの事件

明け方には頭上を覆っていた雲が去り、夏の陽光が水面を黄金色に輝かせていた。波や流れのない池の表面は、時折頬を撫でる微風に揺れて、巨大な魚の鱗のように千々のきらめきを見せる。風には水の匂いがかすかに含まれている。

それは青味がかった水面で不安定に揺らめいていた。見覚えのあるその色柄。着物だ。もう汗ばむほどに暑くなり始めてきたというのに、一瞬、全身を冷たいものが走った。

まさか……。

和泉国は岸和田藩領、久米田池。
堅牢地神《けんろうちしん》、黄牛《こうぎゅう》に現じて塊《つちくれ》を曳《ひ》き、日月星辰《じつげつせいしん》、白人に示して堤を固《かた》うす。大聖老人《たいせいろうじん》は鷲峰海会《じゅぶかいえ》の土を運びて、ここに築き、善哉童子《ぜんざいどうじ》は、清涼山堀《せいりょうざんぐつ》の壌《つち》を荷《にな》ふてこれに加ふ。
（秋里籬島撰・竹原信繁画『和泉名所図会』巻之三、一七九六）

東大寺の大仏造立にかかわられた行基《ぎょうき》さまゆかりの池です。神亀二（七二五）年の春から天平十（七三八）年の秋にかけて築かれました。池の維持管理のために建立された竜臥山《りょうがさん》久米田寺は院号を隆池院《りゅうちいん》といいます。ご真筆とされる寺の縁起には高らかに謳います。池の築造という行基さまのご偉徳に天も地も感応してこれを祐《たす》け、文殊菩薩さまも弟子を遣わしてご加護されたと。完成した池は現代でも大阪府最大の規模を誇り、満水面積四十五・六ha、貯水量百五十七万㎥、周囲延長二千六百五十mに及びます。

文政十一（一八二八）年五月二十五日の八つ時（新暦七月六日午後二時）すぎ、ここで水死体が引き上げられました。わたしたちの仲間、万助の変わり果てた姿でした。申し遅れました。尾張国は知多郡柿並村の市右衛門と申します。黒鍬の頭を務める百姓です。若い者を束ねてタビに出て稼いでいました。万助は預かっていた若衆の一人です。

異郷での溺死はなぜ起きたのか？　尾張知多郡の住人がなぜ和泉くんだりまでやって来て命を落とさなければならなかったのか？

この年の二月五日、わたしは万助、角蔵、亀吉、市五郎、藤五郎を伴って国元を発ちました。十二日に泉州へ着き、いくつかの現場をこなした後、五月二十一日に久米田池の普請を請け負いました。ここはお得意先の一つです。工事の間の寝泊まりは、この池の水番をしている大町村（現岸和田市）武右衛門殿の納屋を借り受けていました。

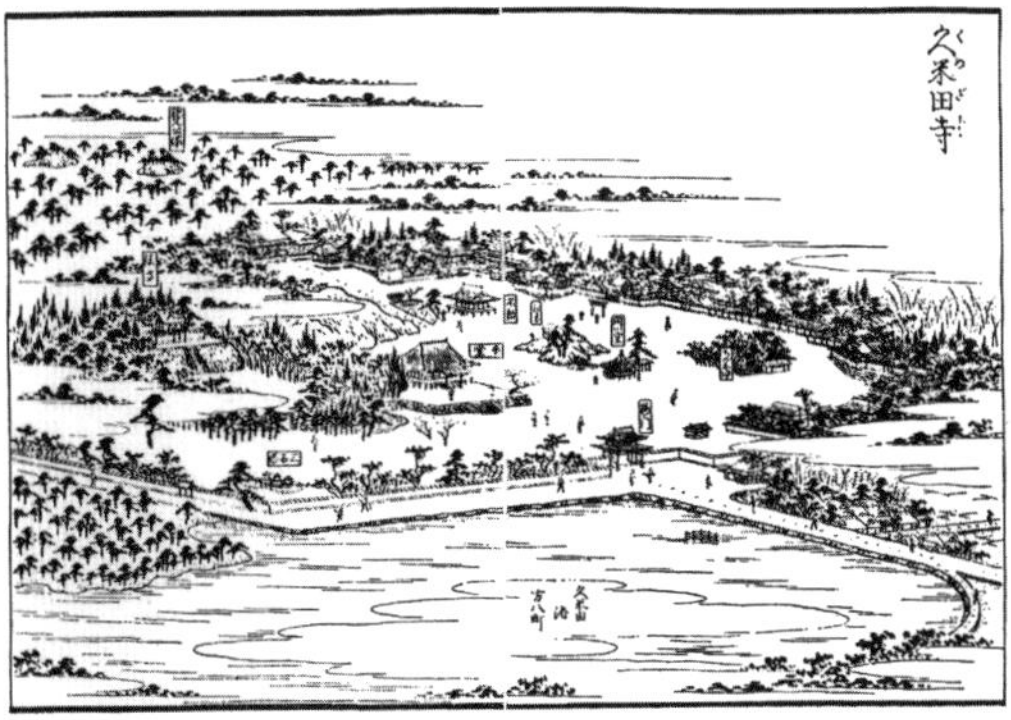

久米田池

池の背後に隆池院久米田寺。秋里籬島撰・竹原信繁画『和泉名所図会』巻之三より。

五月二十四日、わたしと万助、そして亀吉は堤の工事に出ました。最近の満水で池の中之樋より二町（約二百二十ｍ）ばかり東の堤体に穴が開いたので、それを補修するものです。ほかの三人は大津村（現泉大津市）の現場に出向いており、池にはおりませんでした。ひと所に拠点を置いて、複数の現場をかけ持ちで稼ぐのは普通のやり方です。

二十五日朝五つ時（現午前八時）頃、万助が遺体で発見されました。わたしは直ちに池守の大町村為右衛門殿と春木村（現岸和田市）へ池の受益者である池郷《いけごう》の集まりを申し入れ、お役所へ届け出ることにしました。他国者の変死は一大事ですから、現代にいう所轄ではなく本庁が出張って来るので大変です。水死者がこのあたりの者だったら岸和田預所止まりなのですが、堺の奉行所まで、池郷総代の大町村宅右衛門殿と春木村庄兵衛殿に連れられて届け出に行きました。発ったのは七つ時（現午前十時）頃でしょうか。翌二十六日の夕刻、鈴木兵右衛門様と小高三右衛門様が御検使として現地入りされ、わたしら三人の事情聴取がなされました。次の日、今度は黒鍬五人全員が、御検使が戻られるのに伴いまた堺で調べを受けました。池総代のお二人も一緒です。大町村に戻れたのは五月二十八日になりましたが、事件性のない単なる事故とされてこの一件は落着しました。

万助は、二十四日の作業で池の中に水桶が流れたというので、池の北の堤に取りに行き、そのまま戻らなかったのでした。誤って池に落ちたのでしょう。わたしは、遺体が発見されたときすぐさま報告に走りましたので、引き上げにも立ち会ってやれませんでした。残念です。

万助は二十六歳でした。柿並村の百姓惣治郎の倅です。ほかの者も同じような若衆で、わたしは親方として彼らを束ねていました。故郷の柿並村は現在の愛知県美浜町にあります。これからしばしば引き合いに出す史料に『尾張徇行記《おわりじゅんこうき》』（樋口好古編纂、一七九二～一八二二）という尾張国の地誌がありますが、柿並村について「黒鍬カセキニ七八十人ホトモ他方へ出」と記します。千人ほどの人口の村で年に七十～八十人も黒鍬稼ぎに出るというのに驚かれるかもしれませんね。でも、知多の村々ではそう珍しくはありません。

他所でも万助のような事故が起きていました。現在の知多郡武豊町に文書が残っています。文化六（一八〇九）年、長尾村からの黒鍬稼ぎ左兵が和泉国宇賀郡山陰村（現在地不明、大和国宇智郡（現五條市）か）の大池というため池で水死したとの報せがあり、村方に本人かどうか確認されたというのです。そのほか、落石に遭って足に重傷を負ったり、行方不明になって宗門帳から除籍されたりと、さんざんな目に遭っています。

オワリという者たち

わたしはほとんど毎年、久米田池で何らかの普請を請け負っています。当てなく仕事を探して流浪するのとは違い、「得意場《とくいば》」とか「檀那場《だんなば》」といわれる決まったお得意さまの一つが久米田池でした。腕を買っていただいてありがたいことです。記録のあるもので十年になります。いろんな仕事がありました。事件の次の年の支払い記録です。

十一月
一　弐百七拾匁　　尾張　市右衛門
右ハ向堤廿七間嵩置一尺場踏／壱間半服三間ニ付拾匁宛
一　四拾匁　　同人
右源太夫樋繕ヒ場踏壱間半／服土砂留迄尤樋堀埋共
一　四拾匁　　同人
右ハ請堤弐ヶ所繕ひ凡拾五間

（『久米田池支配割賦帳』文政十二〔一八二九〕年十二月）

「繕《つくろ》い」という一般的な呼び方の作業のほか、「嵩置《かさおき》」、「（樋）堀埋《ほりう(ず)め》」といったものが見られます。ほかの年には「腹付《はらづけ》」や「穴明《あなあき》」というのもありました。ため池にかかわるこれらの仕事こそ、口幅ったいながら、故郷で培われた〈土〉の達人たるゆえんの技術でした。でも、そこへ行く前に少し尾張者についてお話ししておきます。

この文書で、わたしの名前「市右衛門」に「尾張」という肩書（？）が被せられています。注釈かもしれません。どっちにしても、久米田池の一連の文書で、地の文でも必ずといっていいほど被せられています。もち

尾張黒鍬市右衛門の久米田池での仕事（文政年間）

日付	工事内容、人員等	金額
3(1820)年6月	取替	50匁4分
12月	一・二番樋前繕ひ堀埋24人	67匁2分
4(1821) 12月	堀埋	285匁
〃	行基渕床〆	98匁
〃	行基墓	130匁
〃	右同断入用	50匁4分
5(1822) 7月		30匁8分
12月		5匁6分
6(1823) 11月	一ノ戸木伏替、四工代	11匁2分
〃	三番樋ゟ中ノ樋近辺迄長100間堤根敷ゟ池中へ10間（池床掘り）	坪5分7厘
8(1825) 12月	開山堂跡地均し	15匁
〃	穴明	8匁4分
10(1827) 9月	向ヒ堤2ヶ所60間余腹付嵩置	600匁
11(1828) 1月	向堤普請	126匁
〃	三番樋四継八間之間堀埋72工代	201匁6分
12(1829) 3月	大井川筋筧迄之堤際土砂溜リ草樹へ込高キ処掘ル	70匁
11月	向堤27間(嵩置1尺、場踏1間半、服3間)	270匁
〃	源太夫樋繕ヒ場踏1間半、服土砂留迄、樋堀埋	40匁
〃	請堤弐ヶ所繕ヒ凡15間	40匁
13(1830) 6月	作料	134匁4分
11月	向堤切所跡堀埋、向堤穴2ヶ所、請堤穴2ヶ所	250匁
12月	向堤数十ヶ所穴明	80匁

＊疃道萌野「久米田池普請における黒鍬者について」所載史料より作成

ろん、尾張地方の者という意味もあるでしょう。ですが、「大工○○」や「石工××」などと同じように、「尾張」は職種を表してもいたのです。たとえば普請費用を「市場村尾張職代」とした文書がありました。市場村は今の泉南市域に含まれ、そこの「尾張職」となりますから、地元の者でも同様の工事をしていれば「尾張（職）」と呼ばれたといえましょう。久米田池でも、単に「尾張宛」とか「尾張五人分」と記された箇所があります。

民俗学者宮本常一は、昭和十（一九三五）年頃に今の河内長野市滝畑で、開墾工事に「クロクワシ」を雇った、その仲間をオワリと呼んだという聞き書きを採集している。和泉国日根郡嘉祥寺村（現大阪府田尻町）にその名もずばり「尾張池」という池もある。ほかにも、「尾張」の足跡は和泉や隣の河内、つまり大阪府南部から和歌山県北部にかけての地域のそこここに記されている。摂津の小西篤好が著した農書『農業余話』（一八二八）には「黒鍬と称《とな》へて尾州より挊《かせぎ》に来《きた》れる男」が出てきて、著者と仲間との煙草の肥料についての談話にいきなり口を挟んでくる（たまたま居合わせるのも妙だが）。

こうした事績を踏まえて、現代の『日本国語大辞典』（第二版 第三巻、二〇〇一）では、「おわり」の語釈が①石垣を積む人、石工、②土地を開墾するときなどに雇われる人夫の仲間、となっている。典拠は①が和歌山県、②がさきの宮本の採集報告である。このように、漢字だけでなく「オワリ」とか「オワレ」とかの記載も含めて、文書からも口承からも、その活動が浮かび上がる。

『老圃歴史』に見る尾張／黒鍬

年	場所・内容	施工者
宝暦 6(1756)	山田山東渕・普請	尾張黒鍬「尾張下村より来リ、此辺始メ」
明和 7(1770)	中池・浚掘	尾張黒鍬幸右衛門組
安永 7(1778)	大仙陵北池・浚	尾張
安永 9(1780)	大仙陵北池・浚	尾張
天明元(1781)	城ヶ池樋取替	尾張人足
	大仙陵池南掛り口付近・池浚	尾張
寛政元(1789)	大仙陵池・除普請	尾張多四郎
	長山池・樋伏替、池浚	尾張
寛政 6(1794)	大仙陵池・樋前水尾掘	尾張人足
	増ゝ池西堤・南堤・はかね入、土砂掘出、除溝普請	尾張人足
寛政 7(1795)	堺石堤内船入場・普請浚上土砂取除	尾張黒鍬
寛政10(1798)	大仙陵懸りの溝・底掘	尾張黒鍬
文化 6(1809)	屋敷東溝・浚	黒鍬
文化11(1814)	大仙池懸の溝・底掘	畦鍬藤助

＊森杉夫「老圃歴史（三）」所載史料より作成

中筋村（現堺市）の庄屋南孫太夫正会は『老《ろう》圃《ほ》歴史』という記録を残しています。家伝の古文書などを用いて、文禄から文化まで約百三十年間のできごとをまとめたものです。数多い普請に尾張ないし黒鍬がかかわっています。必ずしも同一人物とは限りませんが。

宝暦六（一七五六）年、もとは六坪だったため池（小規模のものを「渕」と呼びました）を代銀百十五匁で三十坪に拡張する普請がありました。「尾張下村より来リ、此辺始メ」で、活動の初手でした。これを皮切りに、尾張者は大仙陵（伝仁徳天皇陵）の周濠やそのほかの「池浚《いけさらえ》」、「除《よけ》（溝《みぞ》）普請」、「樋伏替《ふせかえ》」、「樋前《ひまえ》水尾《みお》掘《ほり》」、「はかね（刃金）入」などをこなしました。古墳の周囲の堀はため池と同じく農業用水に使います。

それぞれの作業は後廻しにしますが、池全体を点検し、必要ならば久米田池のように堤の補修も同時におこないました。さまざまな実績を積んで、寛政年間（一七八九〜一八〇一）の「船入場」や重要港湾である堺の湊の浚渫工事など、仕事の幅が広がっていきました。

「黒鍬」と「尾張」は土木業者としてほぼ同じ意味です。文化七（一八一〇）年に和泉国忠岡村（現大阪府忠岡町）で三の坪池を新築する際、普請は素人に難しいから黒鍬を呼びたいが、「黒鍬義八四五月之時分ならて八参不申故、参り次第」ということで、麦の収穫後に「尾張兵次郎并伝蔵、市右衛門・義助」が雇われました。「尾張黒鍬」と並べてあればよけいに、地元の者ではなくまさしく尾張からの出稼ぎ者を指しています。出稼ぎ者がこの地方に定住した例もありますが、そうとばかりはいえないでしょう。知多の黒鍬には専門業者として自立し、各地に手を広げる者もいました。たとえば新田の開発や経営、あるいは港の浚渫などで、三河の田原藩と堂々と交渉しています。

尾張者が活躍すれば現場でも技術の移転を促します。いや、畿内は先進地ですから、宝暦年間といわずそれ以前からも専門の土木請負業者がいました。有名な狭山池（大阪狭山市）では、大坂や堺の商人のほか、池尻村（同市、さきの岸和田市域の池尻村とは別）や狭山新宿（同市）など周辺の農村部の業者が普請を請けた記録が残っています。業種も、土木専門だったり材木商や鍛冶屋だったりと、細分化が進んでいました。

そうした地元の黒鍬の成長は、当然、尾張者との間に摩擦を引き起こします。安政六（一八五九）年、摂津国南大道村（現大阪市）の沢田家を中心として、他国からの出稼ぎ黒鍬に対抗する訴訟を起こすなど、地元の黒鍬が結集する動きもありました。

〈土〉の技——ため池

尾張の黒鍬の技とはどんなものか。土（そして石も）の技なら一応何でもこなしたが、とくにため池の普請と「畝《せ》まし」という区画整理が得意だった。まずはため池から。

知多地方では大きな川がなく、そのため平野も少なく、丘陵を開析して流れる小規模な河川がやはり小さな谷を作っているのが普通である。谷が小さければ出口、やや大きければ奥の方で、三方を丘陵に囲まれているのでその残る一辺を人工的に堤で締め切ると窪みができ、水を溜めて池にする。これがため池、現地では「雨池」と呼ばれた。知多半島は現代でこそ大動脈として愛知用水が全域を潤しているが、それが引かれる前の昭和三十（一九五五）年頃、用水を雨池に依存する農地は全体の八〇・四％に及んでいた。

堤は土で造る。ただ上に積むのではなく、しっかりと力を込めて締め固めていくのである。締め固めるのには「かけや」とか「タコ」と呼ばれる重しのための道具でどすんどすんと打ちつける（「突き固め」ともいう）。現代のため池やダム（フィルダム）では、水を通さない「遮水部《しゃすいぶ》」と堤の安定保持を役目とする「透水部《とうすいぶ》」を区分して土を使い分けている。遮水部は「はがね土」（「刃金」、または「鋼」）、透水部は「抱土《だきど》」ないし「さや土」という。これに対して近代以前のため池では、土の素材を区別しないで盛り立てる形のもの、現代の呼び方で「均一型」と呼ばれる形式の堤が大半であった。刃金には水を通しにくい粘土質中心の土を使って締め固めて盛り立てた。これが一番の要である。

堤を盛っていくとき、もともとの谷に流れている水をどうするかは大きな問題である。大きな川を堰き止める現代のダムでは流れをトンネルなどで切り替えて盛土場所は乾いた状態にする。ため池の場合、流れは小さいが、それでも濡れた状態での盛土は避けなければならない。このため、堤の真ん中を最後まで水みちとして残して両側から盛り立て、最後に一気に締め切った。丁寧さよりもスピードに重きを置かなければならないので、ここは堤の弱点となりやすい。

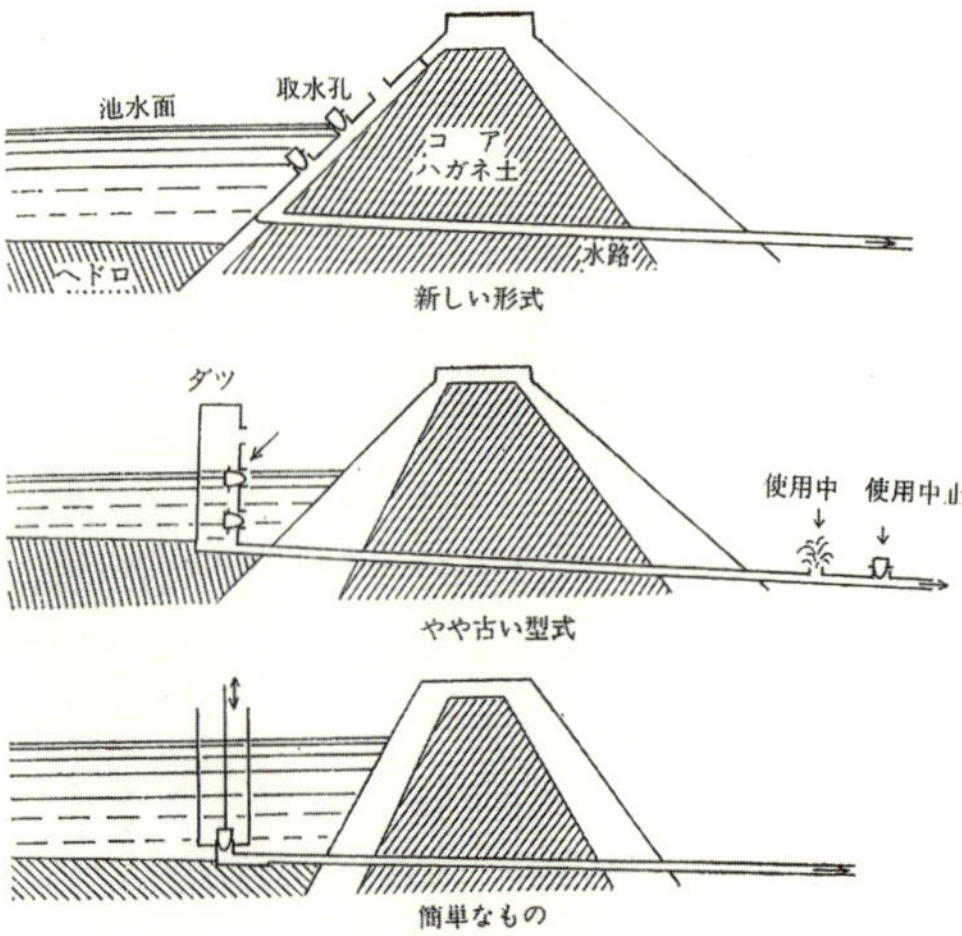

ため池の構造
武豊町誌編さん委員会編『武豊町誌 本文編』より。

堤の一部には、現在「洪水吐《こうずいばき》」（「余水吐《よすいばき》」、「除」や「除溝」とも）と呼ばれる洪水の流出口を設ける。降雨や洪水の際、堤を水が乗り越えて流れると土は崩れてしまう。そこで、ため池の水位が上がっても水が越さないように設けるのである。どれくらいの洪水になるかをあらかじめ見込むことが肝心だが、旧来のため池では往々にして規模が小さすぎた。それどころか、できるだけ多くの水を溜め込むようにこれを設けない池が多かった。それで少し大きい洪水が来たら、そこで吐けきれずに堤を越流して崩す。この悲劇は現代にまで尾を引いている。

堤に溜めた水は「ユル」という一連の装置から取る。池の内側に穴（孔）を開けた木製の樋管を設けた。多くはこれを堤の下部に通して（「底樋」という）下流へ導く。取水の樋管には、水位の上下に合わせて取水できるように何段か穴を開け、水を取らない穴は木栓をして塞いでおく。取水樋管には、堤の上流側の斜面に沿わせたもの（斜樋《しゃひ》）や垂直に立てたもの（「タツ」とか「ダツ」と呼ばれた）がある。これらは一本の丸太をくり抜くのではなく、板材を組み合わせた四角い断面のものだったから、噛み合せつまり漏水防止のための加工はもっぱら大工仕事の腕が冴えた。

こうして造ったため池は、造れば永久に完成時点の形をとどめて機能が損なわれないというものではない。長い期間が経てば堤の天端の沈下、斜面のはらみ出しや風波による浸食、ひび割れや陥没、漏水、樋管の腐りや破損などさまざまな変状を来す。市右衛門氏が手がけた久米田池は築造後一千年経っていたが、造られたのがいつの時代かわからず、伝説の森の中にある池がざらにあるので、大雨や地震などの天変地異は大きな災害を生じ、最悪の場合は池の決壊という事態に至る。

尾張黒鍬が雇われたのは、最悪の事態を招かないような手入れだった。

オワリの切れ技

久米田池文書に記された「堀埋」は、文字どおり土を掘って埋める作業である。「樋伏替」つまり樋管の改修とセットの場合とそうでない場合がある。

底樋の改修は、堤を掘り込んで樋管を取り出し、樋を修繕して元どおりに設置して堤に土を埋め戻す。このとき異質の材料の境界面が二種類現れる。一面は樋と堤、木材と土との接点である。土を丁寧に、また十分に締め固めなければならない。ただ同時に、締め固めの重しを突くことで樋管自体を傷付けてしまえば元も子もなくなってしまう。もう一面は、掘り割った旧い堤体と新しく埋めて盛る材料の間に生じる。すでに締め固まっている土とこれから締め固める土とでは、木材と土と同じくらい異質なのである。これらの境界面が水みちとならないように、なじみをよくして入念に施工する。こうした箇所には、現代のため池工事でも特に注意が払われる。

「穴明」も同様に、何らかの原因で堤に開いた穴を塞ぐ作業である。風雨や波で細かい土が流れて堤にスカスカになった箇所ができたり、モグラが掘ったりする。この場合、表面だけ陥没した穴ならそのまま塞ぐこともできるが、水が漏れていたりすると、穴を出口だけで塞ぐことはむずかしい。そこで「堀埋」と同じく漏水の通り道を含めて掘り込んで埋め戻すという大がかりな作業となる。底樋のときと同じく、締め固めが不十分だと浸透してきた水で堤が破壊されるので、ここも十分固めることが必要である。

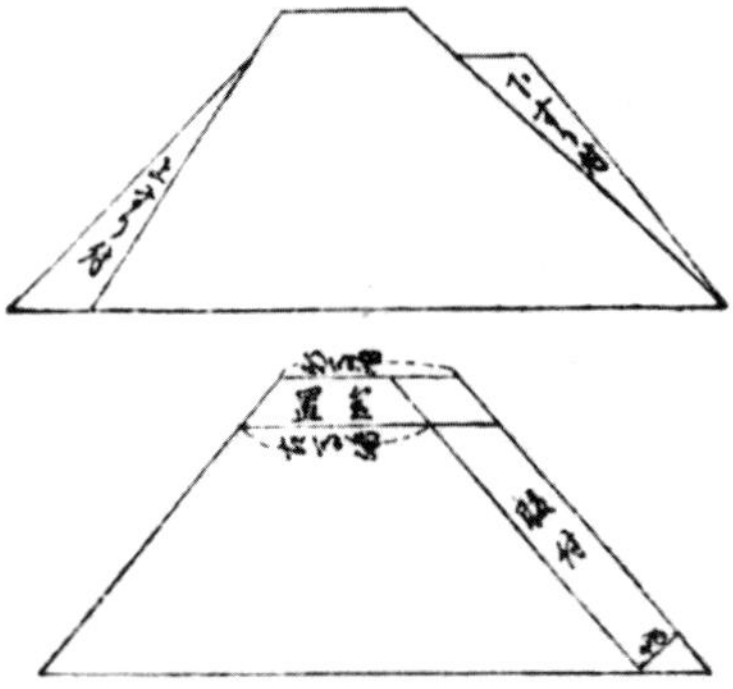

堤の嵩置と腹付
村田恒光編『算法地方指南』より。

「嵩置」（「笠置」とも）は堤の高さを盛り上げることで、「上置《うわおき》」や「嵩上げ」ともいう。堤が築造された当初の高さより自然に沈下したり崩壊や浸食などがあったりしたものをもとの高さに戻すのである。貯水量を今より増やすこともある。河川の堤防ならより大きな洪水を防ぐことになる。新しい盛土ともとの堤とのなじみはここでも重要である。

堤の法面に土を張付ける「腹付」は今でもよく使われる用語の一つである。長年の風波の浸食で抉れや凹みなどが生じたのをもとどおりに修復することである。さらには堤の体積を増やして補強するためにもおこなわれる。

「池浚」は池底に堆積した土砂を浚える工事である。時とともに、いや、場合によっては急速に、山からの水に含まれた土砂やヘドロが池底に溜まっていく。貯水量の確保に不可欠なため、たびたびおこなわれた。

繰り返すようだが、〈土〉の作業で最も注目されるのは、やはり『老圃歴史』に出てくる「はかね入」、刃金入れである。先ほど言ったように堤の盛土のうち遮水を目的とした部位、刃金には水を通さないよう土を丁寧に締め固める。使う土や施工には現代でも細心の注意が払われるが、この巧みさが達人の証となる。質でも量でも、遮水＝刃金に適当な土は手近に得られるとは限らない。ゆえに、「刃金を入れる」工法は、少ない土に注意を集中させて効率的に土を使う先進的な工法だったのである。

ちなみに、堤では風波による浸食は池側に生じ、それを修復するのに、旧堤の内（＝前、つまり池）側に適当な厚さで粘土質の土を腹付けする。これを「前刃金」という。築造時には「均一型」であった堤も、刃金を入れると、結果的に遮水部と透水部が区分された形となって、遮水の働きが増強されることになるのである。

こうした尾張黒鍬の達人の技が高く買われたことは『老圃歴史』に見られるとおりである。ほかにも、文化九（一八一二）年の狭山池で、長曽根村（現堺市）の大工棟梁が元請けになった大工事の下請けに尾張の名があり、尾張者への評価が感じられる。なお、狭山池では、この工事に先立ち、天明七（一七八七）年に清三郎と為右衛門という者が西樋で、翌年には清三郎と弥助が堤普請にと、尾張者が工事にかかわっていたことが知られている。最初はその四十年前、延享五（一七四八）年に池底の土砂の大規模な浚渫工事のために見積りに来たようであるが、このときは結局不調に終わり、工事そのものもおこなわれなかった。それ以降実績を積んでいたのであろう。

達人の極意

こうしたため池の技術、とくに土を扱う技術は、現代では土質工学という専門の科学／技術に基づいて組み立てられている。たとえば盛り立て前の土そのものに対する「材料試験」がある。土の粒度分布（土を構成する粒子の大きさの割合）や密度、含水比（どれだけの水分が含まれているか）、締固め特性、透水性の測定などがおこなわれる。それとともに、盛り立ての途中には現場で実際の盛土の密度と透水性が必ず測定、確認される。予め基準値を設定し、それに合わなければ締め固めを追加もする。

尾張者の技術には体系立った教科書などは当然ない。すべてがカンや経験に基づく。それでも尾張者は達人として技量を買われていたのである。彼らの故郷に近い地域で書かれた農書から極意が想像される。

三河国の『百姓伝記』では、水源としてのため池の重要さが強調されている。加えて、築造についても項目立てて特記される。最大の原則として、盛土材料にせよ基礎にせよ、観察が重要と指摘している。たとえば小石や清水の出る所は基礎をよく固めよ。とくに、昔の川筋には五～七尺（約一・五～二m）の地下に小石や砂利の層があって漏水や決壊の原因となるから「見斗《みはからい》肝要なり」と。

堤の盛土材料は、見た目や感触などで分類して評価する。現代工学の眼からも肯ける材料を選択している。曰く、「ねハ《(ば)》真土《まつち》（粘り気のある壌土）・へな土（粘土）を上とせよ」。真土でも小石混じりの「色々真土」はその次、そして「砂混じり」、「小石・小砂」と続く。「黒ぶく土」（黒ぼく土）や「ぼう砂」（しまりのない砂）を使えば「大堤のたもつ事なし」だが突き固めようによる、とする。また、「四季に水のたへる処ハ、堤に穴あく事多し」と、土の乾湿の繰り返しによって水みちができることも述べている。

ため池のように土で造る構造物は、できるだけ現地の土で造るのが基本である。そのことを「その処々の土に応せさるハ成就なりかたし」、現場の土を使わずにはできないとしている。だから、片手で一握り土をつかんだだけで、どのくらいしっかり締固めができて遮水の程度はどれほどになるか、達人ならわかる。現代のように材料や現場での密度・透水性の厳密な管理をしない。カンの世界である。それに、「雨池新堤ハ、二年も三年も、水もる事多し。年々修理を加へへし」と、事態の進行を見ながら手を加えていった。「新堤急にかたまり、居付事なく」と、新しく造った堤の脆さと時間経過によって落ち着いていくことも指摘されている。農書『農《のう》稼録《かろく》』（一八五九）でも、著者長尾重喬《しげたか》は、尾張の干拓新田での経験から、海岸の堤防について語る。ため池の堤も同じ。「三年目か五年目にハ、堤高さ水尺を量るべし。一旦平等に仕立たる堤も所によりてハ夥敷下る物也。……平生見馴たる堤の事なれバ、下りある所も心付ぬ物也。……人の体灸点折節変るが如し」（『暴風浪海《ぼうふうろうかい》潮備要談《ちょうそなえようだん》』、一八六〇）。経年変化の観察を人体のツボにたとえている。

洪水吐については、『百姓伝記』に「満水に水を残すやうに、かた土の処をはや口にこしらへ、水をこさせよ」と、堤の肩（あるいは土の堅い地山のことか）に排水口を設けよと述べている。

なお、地方《じかた》役人の参考書である地方書類にも川除を中心に堤防の築造についての記述があるが、ここでは省く。武士層ではなく、尾張の出稼ぎ農家がこんなに高い技術を携え、和泉や河内といった土木技術の先進地でも評価を得ていた事実に注目されたい。出稼ぎは、知多郡の多くの村から、どちらかといえば三々五々というに近い形でやっていた。専業に近い者とそれに従う者と、若干性格の違う者がいた。市右衛門氏はといえば、やはり農閑期が多く、主業としての農業から完全に足が抜けていなかった。工事が大きくなれば、彼が務めた頭の指揮の下で、地元の農民が人足として立ち働く形も採っていた。

〈土〉の技――畝まし

ため池と並ぶもう一つの得意技の「畝まし」とは、区画整理つまり小さな区画の棚田をまとめて大きな区画にすることである。「(セ) マチナオシ」や「(セ) マチダオシ」、地方によっては「田直し」、「畦抜き」、「畦倒し」などと呼ばれる。

知多半島には平地が少なく、水田は丘陵に切れ込んだ狭い谷に拓かれた谷地田となっている。傾斜のある所に水を張って稲を植える水平面を造り出すのだから、どうしても段差ができる。同じ広さを取ろうとしても、傾斜がきつくなればなるほど段差は大きくなる。あまり大きな段差は不便だし手もかかるので、段差を小刻みにしてちまちまと小さな区画が造られた。農家が耕作の合間に拓くのにも小さな区画は手頃だった。

しかし、農作業を効率よくするには大きな区画が有利である。区画を大きくするには、同じ標高の区画を横にまとめて(間の畦を取り去って〔抜いて〕)等高線方向に長くすることもできるが、それよりも普通は段差を均す方法がとられる。

段差のある二枚=二段の区画をまとめるにはこんな手順を踏む。①両方の田んぼの表層部にある肥えた土(耕土または作土という、「ウワツチ」や「ハナツチ」と呼ぶ地方も)を掘り起こして除けておき、②現れた底盤には段差があるので均して同じ高さ（の一枚の区画）にし、③除けておいた耕土をその上に敷き詰める。区画が狭いと何枚、何段にもなるが、どれだけあっても基本的な作業は同じである。

①や③の手順で、耕土は長い年月をかけて肥やした〝宝〟であるから大切に扱うことは当然だが、①〜③以外にも注意すべき作業がある。まず、区画の間に沢や水路があればそれを処理しなければならない。手順②の際、高さを揃えるのに、下の盤を基準にすれば上の盤の地山を削ることが、逆の場合は他所から土を持ってきて高めることが必要になる。掘削時に出てきた石や運び込んだ石で水の通路を覆い、きちんと区別して横穴（横井戸）を造るのである。

もう一点、土層の中に遮水性の高い層を造ることが重要である。水を漏らさず保つための層で、なるべく粘土質の土を、必要なら他所から運んできてでも入れて締め固める。この層を作る技術は「床締め」といい、尾張者の得意技といわれるため池の刃金入れと同じ原理の作業である。山がちの土地、たとえば岐阜県恵那市の坂折棚田では、底盤に石が多く土を多く入れないと「水がつかない」といわれた。広げた「シキ土」（底盤となる土）には水を潰け、こねて二、三日放置して固まるのを待った後、藁を一寸ほどの厚さに敷き詰めた。そこまで必要な場所は多くないにしても、底盤を造るにはそれほどの入念さが求められた。経験を積んだ者は、それぞれ場所の土に応じたやり方を持っていたことだろう。

区画が広くなると、できた新しい区画と上でも下でも隣り合う区画との段差が大きくなる。境界の法面を固めるために石垣を積むことも必要になる。棚田と石積みは縁が深い。

こうして知多の「尾張者」は、土を締め固める刃金入れの技を軸に、応用技術としての床締めを伴う水田造成・区画整理や石垣積みなどの技も身に着けて、他国へも出向くことができるようになっていった。

寒空に唄が流れる

わたしたち尾張者の足跡はまた、現代に唄い継がれてきました。

平成二（一九九〇）年十二月五日、テレビ大阪「大阪民謡百選」は、泉南市新家上村の「かけや節」を放映しました。同年十一月二十一日の収録になるものです。音頭取りと囃子方の二手に分かれてかけ合いをおこなうもので、「もとは尾張の池搗《つ》き職人がもたらした」（解説放送文）と伝えられています。放映されたのと別のテキストには、「尾張さんとは 名はよけれども／朝もはようから 鍬仕事よ」という箇所があります。

解説放送では、この唄はため池の堤の築造や修復時に掛矢《かけや》（大型の木槌）で粘土を叩き締める際に唄われるとしています。十五㎝ほど積んだ土も九㎝ほどになって（「ハガネが入って」）水圧に耐え、大雨にも崩れなくなるなどとも言っています。音頭取りと囃子方の二方は、数人ずつ向かい合って作業するので、そう分かれるのです。歌うのは、土の締固めがため池の生命線なので、力を合わせてしっかりと、という意味があるのでしょう。

この「かけや節」と同じジャンルの唄が、NHKが全国の民謡を採録した『日本民謡大観　近畿篇』（一九六六、以下『大観』とします）にあります。（　）は囃子（合いの手）です。

大阪府南河内郡河内村（現河南町）上河内

サー尾張黒鍬はイナ（ウンドッコイ）ア燕鳥だエ（ウンドシタ）春は出てきてイナ（ヨッ）土を持つヨー

（アーキュッキュと踏みこめ踏みこめ）

おわれ黒鍬と（コラショ）つんばくろの鳥は（コラショ）国を隔てて（コラショ）土を持つ（コラショ）

《返し》隔てて国を、国を隔てて（コラショ）土を持つ（コラショ）

おわれ黒鍬の肩の皮ほしや 貰うて雪駄《せきだ》の裏にする

大阪府泉北郡上神谷村《にわだに》（現堺市）鉢ケ峯

これらの「地搗歌《ちつき》」あるいは「掛矢唄」は、昭和二十四（一九四九）年にＮＨＫ大阪局によって採集されました。同じ節回しで「尾張黒鍬」の歌詞がまったく入ってないものもありますが、それも含めて「尾張節」や「おわれ唄」と呼ばれます。

『大観』の解説は、「尾張節」の源流は不明だが尾張からの出稼ぎに伴って持ち込まれたと推定しています。地元でそう伝わっていたのでしょうか。歌詞は、渡り鳥であるツバメに「国を隔てて」の出稼ぎをたとえ、ツバメの黒さが日焼けを、「土を持つ」と「雪駄の裏にする」ほど厚くなった「肩の皮」がもっこなどで土を運ぶ様子を表しています。

わたしたち尾張者の故郷でも各地に同様の唄が伝わっています。

十日一分や月三分では　やめておくれよ黒鍬さまを（知多）

しめて鳴るのは太鼓とつづみ　なんぼしめてもわしゃならぬ（武豊）

そろたそろたよ掛矢目がそろた　稲の出穂よりよくそろた（武豊・美浜）

紺のじゅばんにねじょ鉢巻は　これが黒鍬親方か（美浜）

ここははがねの水もちどころ　ここをしめなきゃ水もたぬ（美浜）

目でた目でたの若松様は　枝もさかえる葉もしげる（知多・武豊）

ついていきたやあの黒鍬に　尾張御城下がみとござる（知多）

姉もさいたが妹もさしよ　おなじ蛇の目のから傘を（知多・武豊）

おらが隣のメッタクタのあねさ　だれがしたやら子ができた（知多・武豊）

山のあけびは何見て割れた　下の松茸見て割れた（美浜）

歌詞にはさまざまな事情が反映しています。この種の唄はだいたいそうです。作業を描くものがある一方で、貧困の様子を唄ったものやそれを自嘲したもの、祝い唄、ナンセンスなもの、ロマンティック、さらにそれを通り越してエロティックなものなども。三重県西外城田村（現多気町）には、「アー宮古庄屋の嬶《かか》（コラショ）九《く》六《ろ》鍬に迷うてヨー／ア行かんならめかヨー アー尾張まで」というのがありました。若い男たちの出稼ぎに、そうした情事はつきものだったのです。

「目でた目でたの若松様」は山形県の「花笠音頭」と同じです。この音頭も、起源は大正年間の尾花沢郊外、「渡り土方」がため池の土の締固め作業で調子を合わせた「土《どん》突《つ》き唄」にあるといわれています。現在のように賑やかな伴奏を入れた民謡になるのは昭和の初め頃かららしいです。全国の「地搗歌」のうちこの歌詞を含むものは北陸・甲信・東海地方に多く、東北にはほとんどないようです。「渡り土方」の元唄が「尾張黒鍬」がもたらしたとの想像もできますが、確証はありません。

作業とリズムとの対応関係は歌詞だけでははっきりしませんが、作業のタイミングを合わせるとか、唄っていると疲れないとかの効用があるといわれています。どれも真実の一端なのでしょう。

ため池の締固め
愛知県武豊町、昭和19年（同町提供）

米朝噺「狸の化寺」

尾張者の上方での痕跡はため池に多いが、達人芸はおそらく同質の工事である河川や海岸の堤防にも冴え渡っていた。詳細は不明ながら、大坂湾沿岸で盛んだった新田開発に黒鍬が参画したとの文献もある。それで、横道に座興を一席。

桂米朝が演じる落語に、上方の古い噺を復活させた「狸の化寺」があった。噺のすべてを再現するのは分量からも臨場感からもできないので、彼の興味の原点となった紹介記事を。ネタバレを防ぐため、サゲ部分はひとまず飛ばす。

田舎の荒寺の空井戸から、夜な夜な化物が出るので村人が怖れて寄り付かぬ。土地で気の強い人間が集って退治様《よう》と云ふ事になり、井戸の周囲をドンドン燻《いぶ》し立てた処、一匹の大狸が飛び出して本堂に逃げ込んだので、隙《すか》さず本堂の戸を全部閉め切り、逃げ途を塞いで置いて、一同中へ這入って捜したが姿が見えぬ。フト見ると、並んで御座る仏の数が常より一体多い。さては狸奴《め》、仏に化けたに違ひないがどれが狸やら見当がつかぬ。一策を案じ仏へ順々に灸を据えて廻ったら、中の一体が「熱い」と云ふて逃げ出した。皆が棒切れを持って追ひ廻すと、天井へ駆け上って又姿を消した。今度は屹度《きっと》天井に画いた天女に化けたに違ひないと、棒切れでつついて見ると、数多い天女が一様にフワフワと舞ひ出した……

（『四集・上方落語ノート』一九九八所収「『狸の化寺』の解説」、原文は『上方はなし』一九三七所収「化物づくし」）

ここから興味を抱いた米朝は、三遊亭百生《ひゃくしょう》という噺家に教わり、さらに幕末のネタ帳に載っていた噺も参考に、消えかけていた噺を復活した。というより、「創作といってもいい」ほどに仕上げたのだった。

この噺、ネタ帳『風流昔話』（一八六一）では「狸と黒くわのけんくわ《（か）》」となっていた。米朝は上の記事に出てこない黒鍬を、頭の「火の玉の竜五郎《りょうごろう》」以下三十人として登場させる。彼らの仕事は、狸ならぬ「狐川」の堤防工事である。大雨で切れ、村人で応急措置をしたものの、傷口が広がって今度切れたら村が水没するので早く復旧せよというものだった。竜五郎は十日ほどの仕事と見立てる。

ここの黒鍬の出自が尾張かどうかは不明である。何しろ全編、会話も含めてすべてが米朝流の関西弁なので手がかりにはならない。化寺での宿泊のため、草刈りや井戸浚え、お堂の掃除、飯炊きなど、統制のとれた集団行動だったのは、こうした所作が旅慣れていたことを表している。「狐川」も明らかではない。京都府大山崎町から八幡市付近、桂・宇治・木津のいわゆる三川合流地帯ではないかとされる。このあたりには「狐の渡し」という渡し場があった。桂川の流末の変幻きわまりない氾濫の様子が狐にたとえられたともいわれる。さきの「地搗歌」の仲間として、『大観』には大阪府三島郡三箇牧村（現高槻市）西面の「千本搗き」と「土羽《どは》踏唄」がある。いずれも淀川の堤防工事での唄だが、類似しているわけではなく。結局は場所も何も闇の中である。

ではここらで一席の結末を（一部中略）。

竜（引用者注：竜五郎）「そーれ、ど狸じゃ。逃がすなあ」

みんなてんでにえものを持ってますさかい、それでこう突きつける。逃げ回ってる狸、大黒柱のような柱が、こう両側に、大きな太い柱が立っとりますな。それへスルスルスルスルッと駆け上がったきり見えんようになってしもた。……

こう欄間がありまして、それに天人の彫物がしてございます。まあ二間に三人というぐらいところどころにこの、天人がこう羽衣を身にまといましてな。……そン中で一人の天人がこう横目使てる奴がある。竜「あの天人、おかしいんとちゃうか、おい。あいつだけ横目使て、あれ、あれや。みんな集まって、集まって来い。あの天人を突き出せぇー」

六尺棒やとか、こん棒や、長いやつでズッーゥと突き出しますと、突かれた天人だけでなく、ぐるりに彫りつけてある天人が一斉に、それへさしてズーッと抜けて出た。（下座、ドロドロ、「楽」）

一同の頭の上で十数人の天人が、ゆらりゆらりと天人の舞を舞い始めました。……さすがの火の玉の竜五郎も、どれが狸の天人かわからん。呆然と見ておりますうちに、泳ぐように流れてる、その天人の一人が、何やらぶつぶつぶつぶつ言うてますので、何を言うてんのんかいなあと聞いてみると、こう泳ぎながら、

狸「ああ、キンがすれる、キンがすれる」

（CD『特選 米朝落語全集三八』一九九三）

海の達人

わたしたちの故郷の知多では、製塩業が一時衰退したものの江戸中期に勢いを盛り返していました。そこで培った技術を持って、〈土の達人〉は播州赤穂（現兵庫県赤穂市）や備州牛窓（現岡山県瀬戸内市）といった瀬戸内地方で塩浜（塩田）の築造に携わりました。

文化六（一八〇九）年、乙川村（現半田市）の者に普請をめぐるトラブルがありました。赤穂の堤防工事を請け負った直八と利吉という者らが、村方役人や大坂の尾張藩邸へ訴えたのです。工事が予定どおり進まないので代金をもらえず、遠路滞在に入用もかさみ国元へも帰れないで難渋していると。すったもんだの末、工事完成後、「請負銀」と「合力銀」をもらって帰村しています。これに先立つ寛政四（一七九二）年には、柿並村の近くの北奥田村（現美浜町）から金蔵という親方が牛窓紺浦沖の塩浜に出て、組の者十五人が約一年間働いていました。そこで丹蔵という者が病気で亡くなっています。働き盛りの三十五歳でした。わたしの所の万助と同じく気の毒な事件です。

赤穂で近世に発展した「入浜塩田」は画期的でした。昭和三十（一九五五）年頃まで約三百年間、製塩方式

の主流をなしていました。入浜の開発は、瀬戸内を中心として、用水に恵まれた所は水田に、恵まれなければ塩田にというように、農地の新田開発と同じ路線の上で進みました。

入浜では、防潮堤の内側に堤防に沿う潮廻し（大溝）を巡らせ、一〜二mの干満差の中間水位に造成した塩田地盤を浜溝（小溝）によって短冊型に区画しました。堤防を通した樋管（伏樋《ふせひ》）から、満潮時には海水を大溝から浜溝へと導入し、干潮時には雨水や悪水を排出しました。浜溝に入った海水は塩田地盤内に浸透し、毛管現象によって塩田の表面に撒いた砂（撒砂《さんさ》）に達します。砂は海水濃縮の媒体となります。引浜作業や日光、風で乾燥させて塩の結晶を付着（鹹砂《かんさ》）させます。これを「沼井《ぬい》」に投入し、さらに海水で洗って得られる鹹水を釜で煮詰めて塩とするのです。

入浜塩田の肝は堤防と伏樋の技術です。塩田の周囲に大規模な防潮堤を巡らすことにより、干満に関係なく一連の作業ができるようになりました。これでぐんと生産性が高まったのです。

塩田の築造は、見立↓願出↓許可↓工事↓経営という過程を踏みます。農地の干拓と同じです。讃岐の久米栄左衛門は、文政十二（一八二九）年に塩田と畑地を合わせて二百三十町余に及ぶ干拓を成し遂げました。自らも測量した彼は、干拓に先立つ数年間、潮の状況を観測しました。塩田か農地か（水田か畑かも）の決め手は、塩分上昇の強弱でした。築堤する位置は、近世初期は干潮時の汀線が限界でしたが、後期には大潮時の海面下まで前進しました。砂地盤の場合、径二十㎝・長さ二〜四mほど

入浜塩田の構造

左：廣山尭道『日本製塩技術史の研究』より。
下：福井県立若狭歴史民俗資料館編『塩』所収の図録をもとに作図。

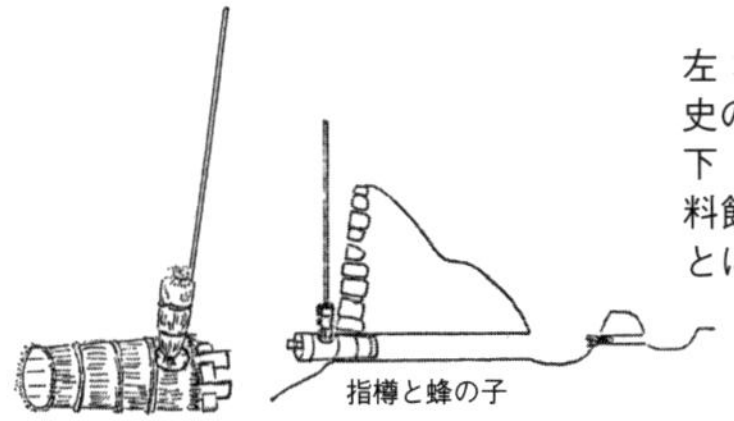

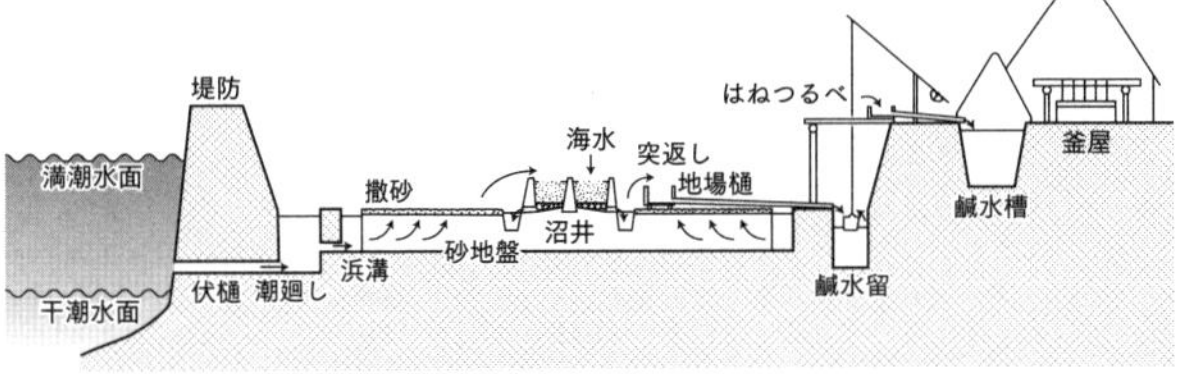

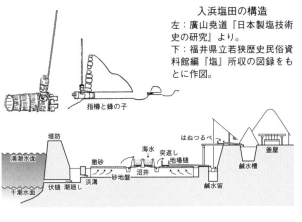

の松丸太を打込むか台木を埋め、その上に高さ約二尺（約六十㎝）の捨石を置きます。泥土地盤では二尺ほどの厚さで砂を敷いてすべりを防ぎました。堤防はため池と同じ構造で、刃金は必須でした。海面側に張る石垣は、裏栗石の後部で堤の土圧と外海の水圧が均衡するとされ、厚さ四尺が理想でした。堤防の勾配は三〜五分（一：〇・三〜〇・五）、野面石積みに挟み石を打ち込んで抵抗物を作り、波のはい上がりを砕きます。

伏樋はため池より少々複雑でした。堤防下に潮廻しの底面と同じ高さで樋管を伏樋として入れます。これはため池と同じでしたが、樋門の海水導入部の構造に工夫が凝らされました。指樽《さしだる》と蜂の子といわれた構造は赤穂に特徴的なものです。導入には蜂の子を抜き、排出には指樽を抜きました。

遠浅の海を堤防で締め切って干し上げて使う。この人工的な装置の築造に、ため池で培った達人の腕が冴えました。

　この池は当国第一にして、池頭《ちとう》潤《ひろ》く、風生じては細浪《さいろう》漲《みなぎ》り、花落ちては筏《いかだ》を流し、紅鱗藻《こうりんも》を逐ふて春水に遊ぶ。白鷺《はくろ》は魚を窺《うかが》ふて池辺を臨み、岸の楊柳《ようりゅう》、荷葉《かよう》を払ふて涼しく、秋の月は二千里の影を涵《ひた》して皎々《きょうきょう》たり。

狭山池。久米田池と同じく行基菩薩が手がけられた隣国の大池の描写です（秋里籬島『河内名所図会』一八〇一）。寺の縁起は久米田池を「宝池《ほうち》」と称していますが、狭山池を頌えたこの麗句もまた、久米田池に対する至言でもあったといえましょう。

水難は不幸だった。だが、万助よ。お前もまた、宝池の聖なる守護者となったのか。築造時に現れ、行基さまの偉業を加護した者らと並び、これからも池を守っていってくれ。

column

クラスターをなす〝ものづくり〟

知多半島。古代以来産業《ものづくり》センターであり続けてきた。半島全体がさまざまな業種で現代にいう〝産業クラスター〟をなす。数々のヒット商品も送り出してきた。

古代は「延喜式」にもエントリーする製塩基地だった。平安末期から戦国期には中世最大の窯業地帯となった。だが古窯の栄華は近世前期までに翳っていく。新興産地の進出や木製容器との競争に押され、甕や壺など固定大型容器の産地に特化して差別化を図るものの、半島全域に展開していた窯は現在の一市域ほどに収縮してしまう。

ピンチを切り拓くため、稲作が強引に振興された。幅の狭い半島の丘陵に大きな河川はなく、谷間という谷間が閉め切られ、ため池（雨池）となった。その数千を超す。浅い谷の不安定な水源しかないのに、増産を求める藩は遠浅の沿岸部を新田に拓いていく。雨池と新田、開発のいたちごっこは、干魃の不安をさらに増す。

開発ラッシュで生み出した水も、焼け石にはお手上げである。人々は藩の後押しもあってさまざまな稼業に走った。新作物を栽培し、農産物を加工し、売り出しにかかる。努力は近世後期に実を結び、酒・酢の醸造や木綿織物が全国ブランドとなる。地の利を最大限に生かして江戸と西国を結ぶ廻船にも介入し、大坂を脅かすほどにのし上がる。

幕末近くになって産業化が一斉に開花し、近代を迎えた状況変化に機敏に対応できる素地となった。鉄道網の敷設で廻船は役割を終えるが、都市建設に伴う土管の需要に古くからの窯業が息を吹き返したり、木綿の織機が動力式になり、機械が自動車につながるなど、〝ものづくり〟精神は現代までたくましい。

このクラスターでは、里の農産物とその加工品を中心に各業種が互いに川上・川下となって里と山と海を結びつけた。廻船を支える船大工が木樋を作り、鍛冶が打つ鍬で掘った土と合わせて雨池が造られ、田畑に水をもたらす。田畑の産物は加工されて廻船で全国市場に上る。綿布は帆にもなる。

〈土の達人〉黒鍬はここに生まれた。この地で農産物を作り加工にも携わった農民が、雨池造りをはじめとして〈土〉の扱いに腕を鍛えた。それが人でもあり道具でもある「黒鍬」なのである。腕は里ばかりでなく、山にも海にも振るわれた。故郷を離れての外貨稼ぎの手段として、藩が公認さえしていたエンジニアの人材派遣業だった。

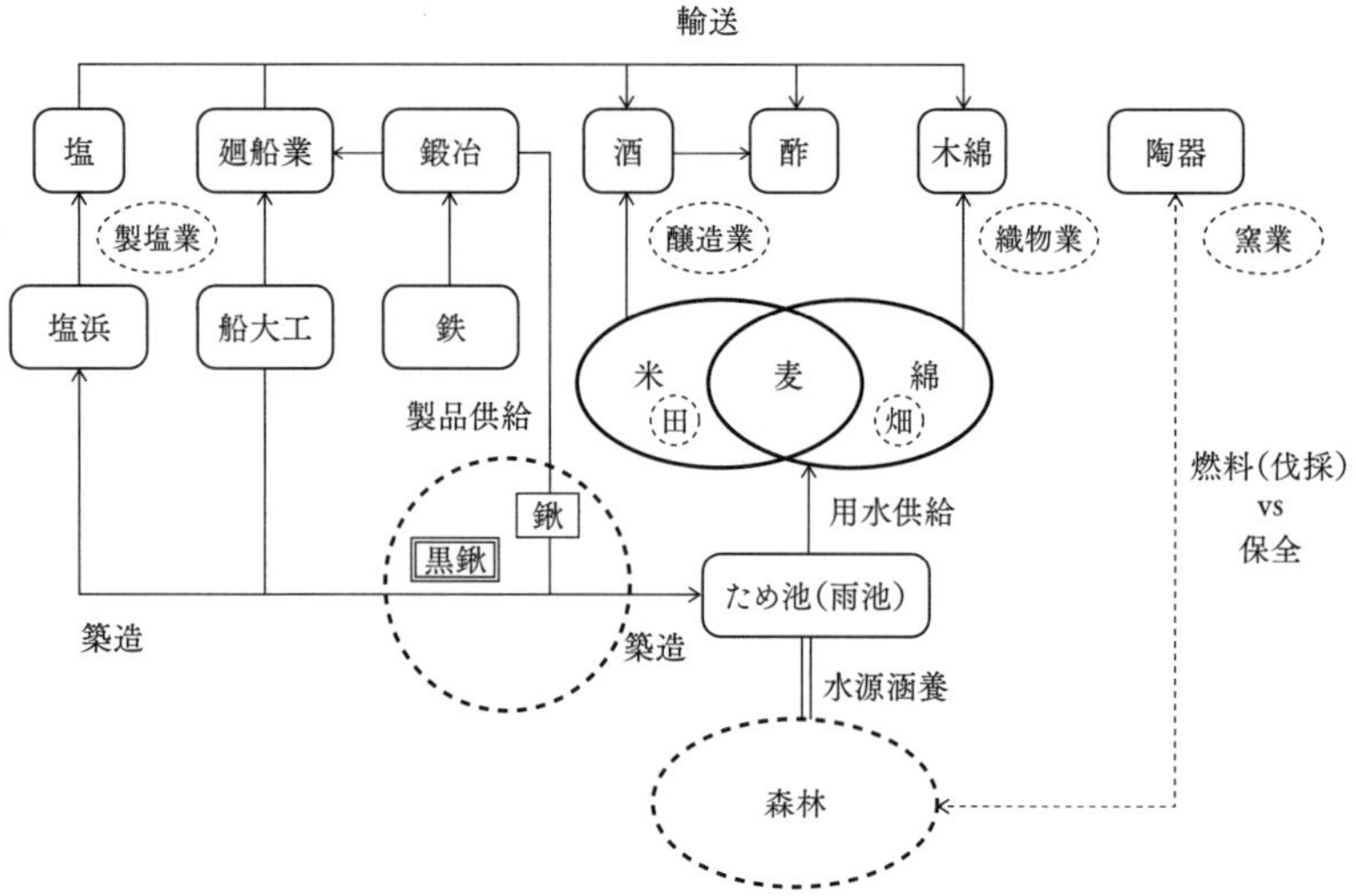

黒鍬をめぐる近世知多の産業クラスター

なお、水に対する不安は、戦後最初の総合開発、愛知用水の開通まで消えなかった。現在は、半島の背骨を貫く動脈の愛知用水が百キロも遠方の安定した水源と結び、飲み水も農業・工業用水も確保されている。

第六話

サトとタビ

——「タビ」としての黒鍬　その二

里を歩く

尾張国知多郡野間庄柿並村は、わたし、市右衛門の故郷です。名古屋から南へ十三里、舟路で十二里。南北に伸びる知多半島が東南へ屈曲するその西側の角あたりになります。現在は美浜町となり、旧村域の中央に名古屋鉄道知多新線の野間駅があります。天保十二（一八四一）ないし十五（一八四四）年に作成された村絵図を歩いてみます。

村の中央を長堀川（現杉谷川）が東西に貫いています。水源は谷間にある杉谷池です。南北の道が交差し、石橋が架かっています。橋の上に立って東の方を見やれば、丘陵がちの半島南部には珍しく、ややまとまった平地があります。東から南にかけては丘陵が抱え込んでいます。そこは藩御用の材木を採る藩有の「御林《おはやし》山」か、民有ですが肥料・燃料などを採るのに課税される「定納《じょうのう》山」になっています。

西南に目を転じましょう。近くに巨大な大御堂寺《おおみどうじ》。源義朝の「御廟所」があります。その向こうには、絵図に「郷」とある集落の家並みが広がります。わたしたちの家もそこにありました。

目に見える印が付いているわけではありませんが、田畑には寺領と本村（尾張藩蔵入地）が入り交じります。同じ頃に尾張藩士樋口好古が編んだ『尾張徇行記』（以下『徇行記』とします）によれば、戸数七十一軒、二百九十人の寺領に田畑十九町六反二十二歩（高二百五十石八升六合）、牛馬八匹が属します。本村は戸数百六十九軒、人口八百二十八人で、牛馬二十九匹を擁し、田畑五十九町七反六畝四歩、石高九百十五石七斗六升七合です。

西北は砂丘がちの浜地でした。新田（村全体で田畑一町九反一畝十一歩、高十二石一斗九升二合）に見取《みとり》畑が混じっています。切り拓いても収穫が不安定なため、面積は測るけれども年貢の査定（高付け）をしない畑です。同じような見取畑は山あいにも点在しています。

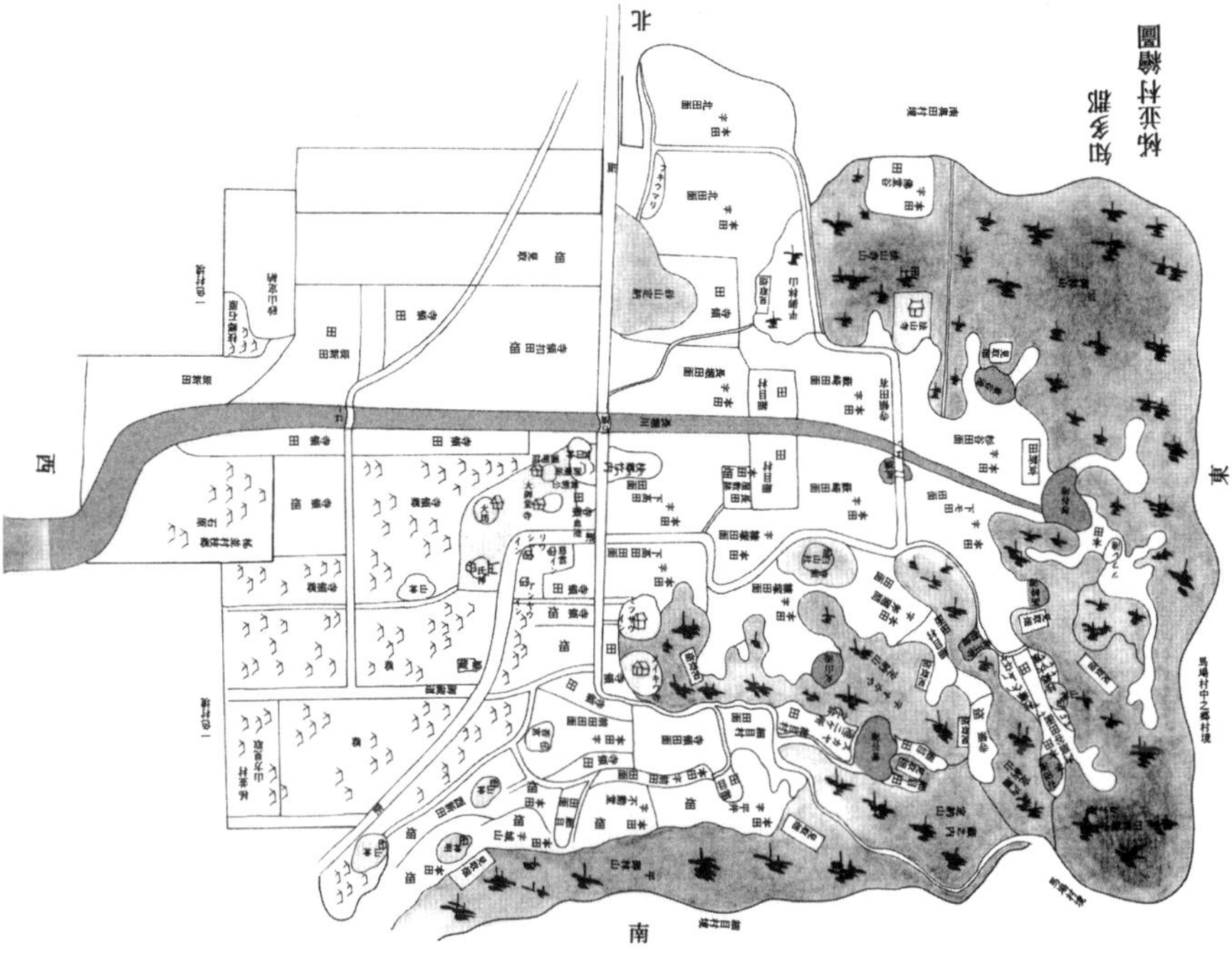

柿並村絵図
柿並村絵図トレース図。『美浜町誌　資料編２』より。

再び目を東へ。川沿いから丘陵に切り込んだ谷地にかけて水田が広がります。『徇行記』は「田面ハ東ノ方へ長クワタリ平衍ノ地ナリ」としています。谷間のため池（雨池）が水源です。絵図に「本田 字○○《地名》田面」とある平場の水田は「マッチ《真土》」（壌土）からなると『徇行記』は言い、土は一見肥えていそうなのですが、同時にこうも記しています。

此村ハ……小百姓ハ《ば》カリニテ農業ヲ専ラ生産トス、元来薄地ナル村落ユエ農事ハカリニテハ営ミナリカ《が》タク、黒鍬カセキニ七八十人ホト《ど》モ他方へ出佃力《でんりき》不足セリ、又運遭《ママ》（漕）ヲ以テ生産トスル者アリ、米三百五十石積回船一艘五十石積波不知《いさば》船一艘アリ、是ハ播州赤穂ノ塩ヲ運漕ス、酒ハ江戸へ専ラ積送レリ

「元来薄地」、つまりもともと土地が痩せていて農業だけでは生活が立ち行かず、黒鍬稼ぎに出るというのです。当然「佃力」つまり

農作業の労力が不足します。絵図に「細目村田面」とあるのは、柿並村の南に続く細目村からの出小作で補っていたことを示します。

村々の様子

	寛文年間		延享年間		明治初期	
	知多郡	尾張全体	知多郡	尾張全体	知多郡	尾張全体
村　数（村）	140	921	－	－	147	1,068
戸　数（戸）	13,015	68,870	－	－	－	－
1村当たり戸数（戸）	97.1	75.3	－	－	－	－
石　高（石）	91,362	721,660	95,455	742,880	100,135	764,692
新田高率（%）	4.3	10.9	－	－	13.2	17.4
1村当たり石高（石）	653	784	－	－	681	716
人　口（人）	77,229	390,683	103,597	490,491	123,890	731,974
1人当たり石高（斗）	11.8	18.5	9.2	15.1	8.1	10.4
水田率（%）	67.2	59.6	－	－	－	－
人口増加率（%）	－	－	34.1	25.6	29.8	49.2

＊梶川勇作『尾張藩領の村落と給人』より作成

里人の岐路

丘陵にへばり付いたわずかな農地と人家の密集。知多の村々に共通した景観です。藩が編纂した『寛文村々覚書』（一六七二、以下『寛文覚書』とします）によると、知多郡には百四十の村がありました。平均規模は一村当たり九十七戸、五百五十二人、石高六百五十三石で、水田がやや多い。けれども、尾張国の平均値と比べると、戸数と人口は三割方多く、石高は逆に三割少ない。それで一人当たりの石高は一石二斗と、国平均の一石九斗に大きく差を開けられています。江戸期を通してこの差は縮まっていきましたが、けっして追いつけはしませんでした。

柿並村はといえば、寛文期には一人当たり石高が二石を超え、郡平均の倍近くありました。半島南部では稀有なまとまった平地のおかげでしょう。ですが、この恵まれた数字も『徇行記』の頃、百五十年後には半減してしまいました。石高は変わらないのに人口だけが倍増したからです。『徇行記』にある新田は、すでに寛文九（一六六九）年と十一（一六七一）年に「縄入」つまり検地があったと『寛文覚書』に記載されています。百五十年間に新田は拓かれず、ついでながら水源の雨池の数は減っているくらい

柿並村の様子

	寛文年間	文政年間
戸　数（戸）	83	240
石　高（石）	1,178.1	1,178.1
人　口（人）	569	1,118
1人当たり石高（斗）	20.7	10.5

＊寛文年間は『寛文村々覚書』、文政年間は『尾張徇行記』

です（六↓五）。ちなみに『寛文覚書』の前の時代、『正保郷帳』（一六四六）では、柿並村の石高は六百八十七石余りでした。開発は藩政初期に集中して終わったということです。

人口が増え続ければ、いくら集約的に使ったとしても、農地を拡大しない限り、農業に吸収できる労働力はいずれ限界に達します。容量を広げようとしても、柿並村の山や浜のように、所有の壁や水源の制約で活動の場の確保はむずかしい。農地に対して人が余る状態となっていくのです。

でも、ちょっと待って下さい。柿並村には人が余っているのではなく、『徇行記』の評価では「佃力不足セリ」というのではなかったでしょうか。これはいったい？

要は食べていくことでした。『徇行記』が記したように農事だけで生活できない（「営ミナリカタク」）なら、生計手段をほかに求めざるをえません。そこで歴史的用語にいう「農間余業」（農間稼、農間渡世とも）となるわけです。幸い知多には、農業以外の各産業がたわわに実を付けていました。「里民絞木綿ヲ仕出シ旅客へ販キ生産トス」（有松村・現名古屋市）、「小百姓共ハ酒屋ノ手間取ニ雇ハレ生産ノ助ケトス」（有脇村・現半田市）、「甕ヲ焼産業トスル者九十戸ホトアリ」（北条村・現常滑《とこなめ》市）など、『徇行記』にもさまざまでした。村の中だけとは限りません。柿並村は、周辺の一色村・小野浦村などとともに「野間の塩船」で知られる回船の一拠点でした。そのほか、「日居耕僕ニモ六十人ホト他村へ出」（半月村・現大府《おおぶ》市）、「瓦師一戸アリ…五畿内其外近江辺ヘカセキニユク」（矢口村・現阿久比《あぐい》町）、「大工三十人ハカリ…諸方へ雇ハレアルケリ」（古布村・現美浜町）、「鍛工三戸アリ三州へ細工ニユク」（馬場村・現南知多町）などと、業種は幅広く、活動する地域も近場から国を越境してまで相当広かったのでした。

黒鍬もそのような「生産」の一手段でした。でも黒鍬には、ほかの業種とは違う際立った特徴がありました。稼ぎに出る人数と村の数が桁違いに多かったのです。『徇行記』の百三か村の記事のうち、黒鍬を出すという村は四十八ありました。「他方へ出」とだけのものもありますが、柿並村の七十〜八十人のように大まかな人数が記されています。それを足し合わせると千三百七十人という夥しい数に上ります。『徇行記』にはニュアンスの違う記事が混じっています。たとえば坂部村（現阿久比町）。「春冬農隙ニ黒鍬又酒屋ノ踏碓ニ傭ハレ生産ノ助トナセリ」と、農閑期の「余業」ということを明確に示すものがあります。これに対し『徇行記』中最多の百人を出す北奥田村では、「高ニ准シテハ佃力不足ナルニ、黒鍬カセキニ出ル者百人ホトモアリ、実ニ農業ノ妨ケニナレリ」でした。

さきの疑問の答えはこういうことでしょうか。農業部門の過剰労働力を、主として農閑期の出稼ぎや奉公に向かわせた。そのうちにこの「背に腹は代えられない」仕事が本格化し、季節を問わずに稼げるようになっていく。そちらの実入りがしっかりすれば、〈農事主業・黒鍬副業〉が逆転し、〈黒鍬主業・農事副業〉が選択される。結果、大量に黒鍬に携わる者が現れ、農地にかかる労力までが流れ出てしまい、穴埋めに他村からの出小作を受け入れることになると。『徇行記』の編者樋口は藩のお役人ですから、「農事主業」は価値観として当然のことだったのでしょう。「実ニ農業ノ妨ケニナレリ」には、お役人のため息が聞こえてきます。ですが、いくら嘆いたところでこちらは藩の御政道に則っていました。知多郡の出稼ぎは藩も公認していたのです。

なお、現存の『徇行記』には現東海市から知多市にかけての地域の分が欠けています。そこにはこれまで出てこなかった独特の余業があります。大野（現常滑市）を拠点とした鍛冶と、三河と肩を並べた万歳《まんざい》です。鍛冶はさきの馬場村にもありました。これらは独自の性格を持っているので、また別のお話となるでしょう。

農家の経営戦略

ここまで黒鍬の出稼ぎについてはネガティブな言葉遣いをしてきた。人口の増加や一人当たり石高（一人当たりの耕作面積＝人を養える資源の量）の小ささからやむをえず発生したとか、「背に腹は代えられない」生計手段だったとか、〈農事主業・黒鍬副業〉だとか。けれども現実は？　別の側面を見てみよう。

「慶安御触書《けいあんのおふれがき》」という幕府の法令がある。年貢を搾り取るために農民の生活態度にまで踏み込んだ規制として後の世に名高い。もっとも近年では、教科書から消えつつあるようである。原本が見当たらないこともあって、各藩で出された数々の百姓心得の全体がそうみなされたにすぎないという。それはともかく、こんな条文があった。

朝おきを致し、朝草を刈、昼は田畑耕作にかゝり、晩にハ縄をない、たわらをあみ、何にてもそれぞれの仕事無油断可仕事

少ハ商心も有之而、身上持上ヶ候様に可仕候、其子細ハ、年貢之為に雑穀を売候事も、又ハ買候にも商心なく候得ハ、人にぬかるゝものに候事

（法制史学会編『徳川禁令考』前集 第五、一九五九）

一方で自給自足をと言いながら、他方では「商心《あきないごころ》」を持てとは？　「商心」なんて、露骨に稼ぎを得よと勧めているのではないか。どうせよというのか。

現実的には、夫婦と子供か、せいぜい親子三代くらいの家族（「小農」と呼ばれる）がいて、狭い農地しか持っていない。そんな制約の下で、農事だけで生計が成り立たなければ、家族の労働力を活用していかに収入を最大にするか。この問題の答えが上の条文に書かれたような経営や生活となるというわけだろうか。互いに相反するように見えるのは、「相応の稼ぎ」を前提として公認しているからなのである。

答えはさまざまな形をとって現れる。性格によって①自家用を超える分を売る「余稼《よかせ》ぎ」、②商人や職人と

江戸期百姓の「稼ぎ」

余稼ぎ	薪・炭・ムシロ・草履・織物などのわずかな余りを売りに出す。「自分づかい」の稼ぎに最も密着し「相応の稼ぎ」の中心部分。「わずかな余り」を生み出すために工夫がなされ、生活の中に習慣化。江戸中後期の農家の大半が係わっていた。
余業	行商、小間物屋・居酒屋などの店商い、鍛冶・大工・桶屋などの技術的な仕事、馬を使う駄賃稼ぎなど商工的な稼ぎ。農民が商人・職人としての側面を持つこと。主たる「渡世」になる場合あり。農村に百姓として居住し「農間」「作間」に営業。桶屋が豆腐や酒を売るような兼営も多い。
余作	コウゾ・ハゼ・紅花・ウルシ・木綿・桑・ミカン・樹木などの徳用作物を栽培し、そのままあるいは紙・蝋・糸・布などに加工して売る。海苔取り、養蜂、雛人形作りなども入る。特産地を形成することあり。
手間取り	日雇稼ぎとか奉公稼ぎなどと呼ばれ、幼少の男女を口べらしのために放出するのとは異なり、農繁期を避け、給金の高低により職種を選び、家計の足しや年貢に充てる。居宅から自村・近村へ出る作奉公人、遠隔地への出稼ぎもあり、今日の「賃取り兼業」の前身ともいえる。

＊深谷克己・川鍋定男『江戸時代の諸稼ぎ』より作成

しての側面の「余業」、③特産作物の栽培や加工などの「余作」、④働き先を選んで賃金を得る「手間取り」などと分類される。

知多地域では、『徇行記』にあったような各種の産業に加わった。参加といっても、原料生産もあれば自家加工・販売も、加工への労力提供もある。また、自分の身一つの労力提供にしても、黒鍬のように高度な技能を身に付けるものあり、単純な住み込み奉公人もありとバラエティに富んでいた。どういう道を選ぶかは、人数や年齢、性別といったそれぞれの家族の事情次第となる。稼ぎの期間も、日単位から一生のうち何十年というのまで、相当の幅があった。

とすれば、生計の中心は必ずしも農事である必要はないのではないか、との見方ができよう。もちろん年貢を納めるのは「公儀御用」、百姓の義務だから逃れられない。稼ぎ仕事の「業」に「副」や「余」の文字が被せられ、さらには「農間」などといわれたりするのもその意識のなせるわざか。

ともかく、「公儀御用」を最低限として、あとの労力をどのように投資するかは家族個人の判断、なかでも家長の判断によるところ大であった。現代経済学ふうに表現すれば経営戦略、より正確には家族労働力の配分戦略といえる。その結果、一個の経営すなわち一軒の農家で、さきの四種の稼ぎ方をどれも兼ねていたり、若いときは④に出て年老いてからは③に落ち着いたりといった〝人生いろいろ〟となる。

そうしてみると、黒鍬のような故郷を離れた出稼ぎの見方も変わってくる。幕藩体制が確立する前、戦国期の足軽は口減らしのための出稼ぎだったともいわれるが、そんなものではもちろんない。農閑期に泣く泣く異境へ出ていくという暗いイメージで塗り潰すのは、ある種の偏見ではないか。

タビとは何か

暗いイメージ。そう、「出稼ぎ」という言葉にはどこまでもつきまとっている。暗い連想ばかりでなく、家計の中心を占めずあくまで補助でしかないとか、一時的な移動で故郷へ帰ることが前提だとか、内容が狭い特殊なものに押し込められがちである。黒鍬には流浪し続ける者や仕事先へ移住してしまう者もいた。そういう行動もまた、「出稼ぎ」では一連なりにとらえられずにこぼれ落ちてしまう。松尾芭蕉の『奥の細道』ばりの「舟の上に生涯をうかべ、馬の口とらへて老をむかふる物《ママ》は、日々旅にして旅を栖《すみか》とす」も仲間かもしれないのに。

全国に一時期農を離れて他業種へ赴く形はさまざまあった。離島では、半農半漁を主として、若いときに島外で稼ぎ中高年になって戻る。神戸・灘の酒造りを担った杜氏が丹波の出稼ぎ農民であることは有名である。同じ冬の間、福島・会津の農民は、「会津茅手」と呼ばれる茅葺き屋根職人として関東一円で働いてきた。彼らの職人技と「農家の余業」という語感の間には、あまりにも差がありすぎないだろうか。

それで、最近の民俗学では「タビ」という言い方がされるようになってきた。期間や帰還は問題とせず、ただ故郷を離れての仕事を指し、前向きに評価される。タビという生業《なりわい》は、農業に限界のある地域につくり上げられた、土地を必要としない生産の形だと。生活に必要な食料は確保しながらも、農業だけに頼らず、それと巧みに組み合わされた最も安定した収入源だというのである。

市右衛門氏ら知多の黒鍬は、地域外でおこなわれる特殊な生業ではなく、地域の生活を支える重要な生業になっていた。郡の半分を超す広い範囲から千人以上も出ていたのである。そして、人によっては、家計の補助ではなく中心、家計そのものになっていた可能性さえある。ついでに、回船業や名古屋への奉公など他の形もあった。

人口の増加が黒鍬稼ぎを促した、という言い方を先にしたが、逆の見方もできる。黒鍬で得た収入が生活水準を上昇させ、人口の増加を支えたのだと。少なくとも、増加を支えた柱のうちの一本だったことは間違いない。瀬戸内海の島々でも、斜面にへばり付いた村々から、日傭稼、船稼をはじめ、鯨組、杜氏、大工、石工などといった職種のタビに出て、近世の人口成長が実現していた。

タビは夢を見る場。きわめて濃密な故郷の村の人間関係から離れ、「個人の確立」ならずとも、共同体に埋没するのとは違う場に出ることができた。「尾張節」が歌うようなロマンスがあれば、もちろん夢はもっと広がる。

タビは一人前の男を育て上げる人生修行の場でもあった。半田市有脇の黒鍬の組織は、①得意先を持ち工事の請負・監督・労賃の分配をする「親方《カシラ》」、②経験を積み仕事が巧みで人望の厚い「小頭《コガシラ》」、③たたき上げたヒラの人足「下手間《ゲテマ》」、④経験の浅い少年層の「若イ者《メシタキ》」から構成されていた。こういう厳しい上下関係の下で半年以上も共同生活を送れば、技術の修練だけでなく人生の経験もみっちり伝承される。汗にまみれたせっかくの給金を浮世の夢に、遊興に使い果たさず持ち帰ることを、親方は監視していた。もっとも、知多黒鍬は礼儀正しいと評判だったらしいが。

これを要するに、農村の盛衰という語の真の意味は、住民の幸福の総量の増減でなければならぬ。出て行く者あるがために各人の幸福の増すことを認めても、なおいかなる事情を忍んでも人を生まれた土地に釘附《くぎづ》けにしようとすることは、不可能でもあれば不当でもある。

（柳田國男『日本農民史』、一九二六、ちくま文庫版全集 第二十九巻）

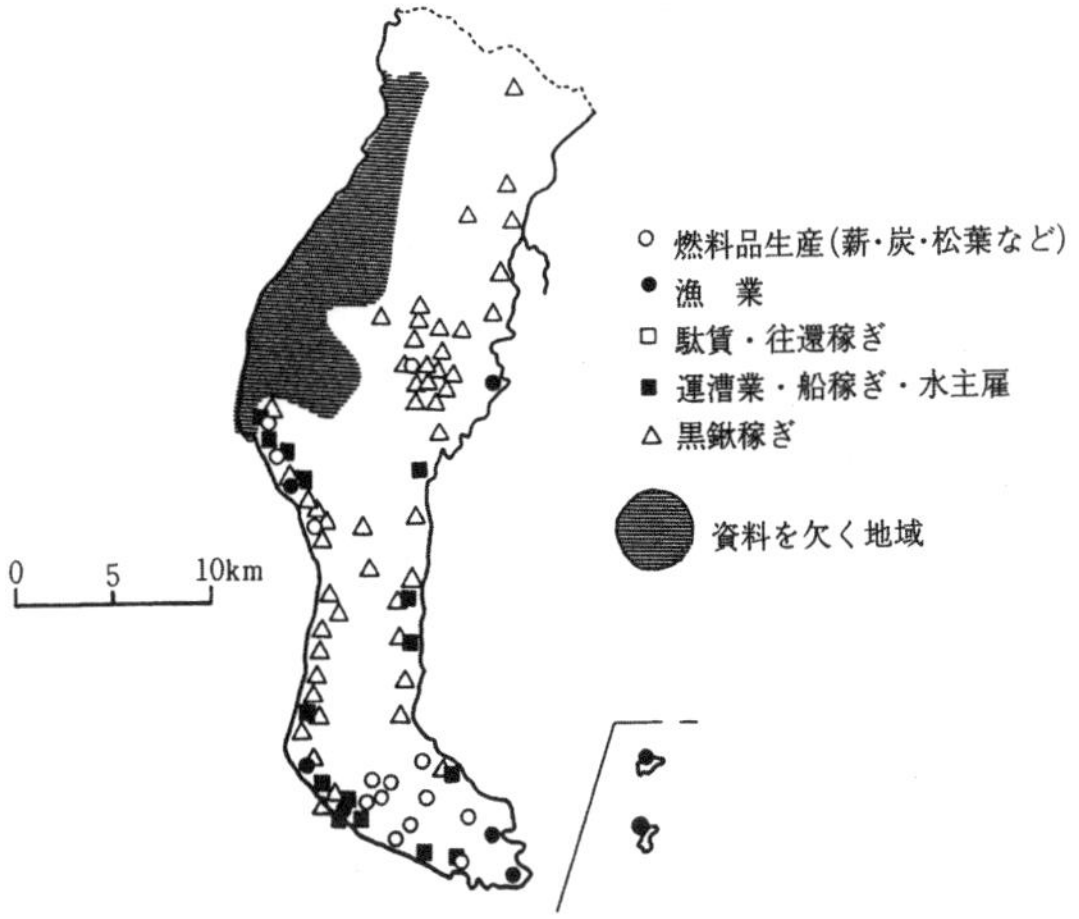

知多地域の農間余業
『尾張徇行記』に見る分布。岩崎公弥『近世東海綿作地域の研究』より。

黒鍬の広がり

『徇行記』で黒鍬を出す村は、現在の半田市から阿久比町にかけての阿久比谷の一帯と、半島南西部の海岸沿い（西浦南部）に集中していました。別の史料、寛政期（一七八九〜一八〇一）の編とされる『知多郡之記』にあっては、『徇行記』に記載のない村にも「黒鍬人足」を挙げ、その数九十七か村に及んでいました。知多郡のなんと七割の村から出ていたとするのです。

『徇行記』の西浦南部では、各村から黒鍬が数十人ずつ出ています。柿並村では八十人、居住人口千百十八人に対して七％強、全戸数の三分の一から出ていました。人数の多い所では南奥田村で人口比で一二％、戸数比で五三％、北奥田村でそれぞれ九％と四四％、大谷村で九％と四二％となります。実に二軒に一軒が黒鍬を出しているのです。

黒鍬出稼ぎの有無もしくは多少は、農業の生産力たとえば一人当たり石高の大小や人口増加率で決まるでしょう。柿並村は寛文期に一人当たり石高が郡内でも高い方だったのに、後に人口が増えてその値が半減しました。寛文期に柿並村より高かった村々でも、同様に人口が増え、黒鍬を出しています。

半島南部では、労働力は回船業（運漕業・船稼ぎ・水主《かこ》雇）にも流れました。ただ、『徇行記』で黒鍬を出している四十八か村で船を持つのは十三、そのうち柿並村を含む七か村では三艘以下しか持っていませんでした。このことは、回船業を自営するよりも規模の大きな回船業への出稼ぎが黒鍬と張り合う選択肢であることを物語っています。

『徇行記』には、黒鍬の稼ぎ先は山城（常滑村・現常滑市）、近江（常滑村、樽水村・現常滑市）、河内（大谷村・現常滑市）と記しています。多くは「他方」や「他邦」としか書いていません。けれども、そのほかに三河、伊勢、伊賀、美濃、信濃など、名古屋の周縁部の地域をはじめ、大和、和泉、摂津といった畿内、その周辺の播磨、丹波などをカバーしていました。さきに見たとおり、ため池や塩田の巧者として「オワリ者」の名は上方で鳴り響いていたのです。さらに遠方、武蔵や安芸、伯耆などにも出たといわれています。

乙川村の記録では、天保七～十四（一八三六～四三）年の八年間で延べ百九十人が十三か国へ出ていました。年々の人数は十五人から三十七人とばらついています。ある程度決まったメンバーで実人数は五十人、一人が平均四回（年）出た勘定になります。長尾村（現武豊町）の寛政十一（一七九九）年から安政六（一八五九）年の記録でも、年によって十四人から九十八人と差があります。工事や母村の事情なのでしょうか。わたしのお得意先が久米田池だったように、何度も出る者は毎年ほぼ決まった所へ行きます。乙川村でも二か国以上に行った者はおりません。頭（親方）が近隣の農家の二、三男などを連れて行くのです。乙川村では夫婦でも行きました。

期間は正月前後が多く、わたしも農閑期になってから出ました。ですが、万助の事件は五月でした。別の年には六月や七月、さらには九月にも普請をやっていました。農繁期に食い込むのは、もはや半分専業化していたからです。小鈴谷村（現常滑市）には、二月上旬に村を出て暮れに戻り、正月を村で過ごしてまた二月に出るというサイクルを記した文書があります。その間、人別改めがあるからか、七月に帰村して八月にまた出ています。

そうなれば『徇行記』が記すように、大谷村の「年中……出テ」も大げさではなくなります。天保十三（一八四二）年、乙川村で甚助の宗門改帳からの除籍が申請されました。彼は二十五歳で武蔵国入間郡難畑（現埼玉県富士見市）に出たまま、十五年間行方不明でした。同じ年、同村では二〜十五年前に出たきりの出稼ぎ人の除籍が六件相次いでいます。長尾村でも何例もあります。もはや〈黒鍬主業・農事副業〉の域を超えて〈黒鍬専業〉となっています。

〝はばた〟という同類

ここで少し横道に。

江戸後期の関東地方について、現代の史書は決まって「農村荒廃」と書く。潰《つぶれ》百姓が増え、無宿人や浪人になって離農・離村し、人口や年貢が半減するほどの地域も珍しくはない。飢饉や一揆も多発した。二宮尊徳や大原幽学などの実践的思想家がこの惨状に立ち向かった。尊徳が各地でおこなった「二宮仕法《しほう》」では「荒地《あれち》起返《おこしかえし》」、耕作人が離れて放棄された農地（手余《てあまり》荒地）の再生が重要な手段だった。しかし、残存人口（居付《いつき》百姓）は自前の経営が精一杯、とても荒地の再生までは手が回らない。そこで雇われたのが「はばた」だった。

はばた。『日本国語大辞典』には「巾太」として「土、石などの運搬人夫」、そして「土方」や「人足」を指す北関東の方言とある。歴史文献では、田畑を捨てた逃亡農民の意味らしい「破畑」と表される。出稼ぎもいたが、〈農事主業・黒鍬副業〉の「農間稼ぎ破畑」、〈黒鍬専業〉の「定破畑《じょうはばた》」というのもいた。

出稼ぎの破畑は越後や加賀の出身者が多く、越後では「他国稼」や「旅稼」、多数が出た先から「上州稼」や「関東稼」とも呼ばれていた。とくに信濃川下流地域は、近世には出稼ぎの核心地域だった。同時期に桑名藩（飛地領だった）が幕府に出した書面に言う。「両縁川付村々 平年水腐仕 出水之節は田畑人家押流 百姓共産業を失ひ妻子離散之者不少 是等之事に依り 次第に他国稼専に相成」、洪水が多発し一家離散する者が多く、他国稼ぎに出なければならないと。

賃稼ぎをしながら流浪する破畑は、仕事先に腰を据えることもある。手余荒地を耕作した功を認めて高持百姓に取り立てる入百姓《いりひゃくしょう》（移民）政策が受け皿となった。尊徳がかかわった桜町領（現栃木県芳賀郡二宮町）の入百姓寸平は越後の名主の弟で、破畑渡世が流行した頃に国元を出て破畑になり、入百姓に取り立てられたものの、兄の死去により生国に戻った。同じく越後から来た善太郎は、入百姓になっても再び出奔し、後に陸奥の相馬藩領の入百姓になっている。入百姓となった者には、故国から係累が頼って出てきた。単身や仲間で来る者もいるし、百姓取り立てを前提に家族ごと移住する者もいる。空き家や居付百姓の家に借家し、農事の日雇いなども交えて生活した。

尾張と事情がずいぶん違う。尾張では、一家で離村して他国に移住するようなことはなかった。出っぱなしで行方知れずの者や上方に定住した尾張者もさほど多くはなかった。

破畑はどんな仕事をしたのか？　尊徳の手になる日光神領（現栃木県日光市）の「荒地起返」では、居付百姓が自力で困難な場所に役所に雇われた破畑が請われて動員された。別の仕法地からのボランティアの労力もいたが、この場合、各地を渡り歩いて経験を積んだ者が重宝された。経験豊富な者は、人を集めて現場を回す

「世話人」になった。市右衛門氏のような、尾張でいう「親方」も同じである。

「荒地起返」には用排水や堤防、道路、橋などの普請も必要である。かなり高度な技術を持つ者もいる点は黒鍬と似ている。桜町領など芳賀郡の仕法に越後や加賀出身の破畑が動員されたのには、信濃川などの洪水と闘った〈土の達人〉だったからだと想像する。越後では大工や木挽きに特化した村もあり、こちらは〈木の達人〉と呼ぶ方が的を射ている。尊徳の故郷、相模国足柄上郡栢山《かやま》村（現小田原市）の出身者もいる。「小田原在水損地」の者で、野州百姓の農間稼ぎ破畑では手に負えない役回りを果たした。尊徳自身が普請の巧者だったように、酒匂川との闘いで技を磨いたのだろう。

破畑は尊徳ばかりが用いたわけではない。文政五（一八二二）年、同じ芳賀郡の東水沼村（現芳賀町）の名主岡田家がため池と排水路の普請をおこなった。その際も越後から破畑が招かれている。二宮仕法地と目と鼻の先である。畿内での尾張者と同様、「関東稼」の越後破畑も定評を得ていたのであろうか。

尾張黒鍬の近代

ここでわたしよりずっと後輩たちの足跡をたどってみましょう。

一本のビデオ、題名は『有脇の黒鍬』。半田市の有脇公民館が昭和五十九（一九八四）年に制作したものです。写っているのは近代の黒鍬像といえます。存命の黒鍬経験者から聞き書きし、昭和初め頃の姿を再現したものです。なお、『徇行記』では有脇村に黒鍬の記事はありませんでした。

有脇の黒鍬仕事の現場は今の岡崎市と豊田市の山間部でした。ビデオには「岡崎市安戸町」と「東加茂郡下山村」の人が「考証」として入っています。そのあたりから有脇村へかつて移住してきたといわれる縁で、仕事先が集中していたのです。

その地の地主や山林所有者が「施主」として有脇黒鍬を呼びました。縁故や評判をたどって、おそらく江戸期からずっと。連絡の手段は手紙のやりとりだったのでしょうが、現物は残っていません。

連絡を受けると、わたしたち親方《カシラ》は工事の規模に応じて人を集めます。村内の親しい者や縁故者を中核に普通は五人前後、他村へ声をかけて数十人規模になることもありました。最盛期の大正時代、ある親方の「組」には百人もいたといいます。青壮年の古参者に小学校を出たての若イ者《メシタキ》が混じります。炊事担当から始めて一人前まで、厳しいしつけを受けて育つのです。

仕事の時期は秋の収穫後春の田打ちまで。施主の家の囲炉裏がある部屋で寝起きし、米やおかずの素材の現物支給を受け、午前五時の起床後と十時、午後二時と晩と、食事は四回でした。賃金は春の彼岸までは四日で一円、その後は三日で一円というのが一人の相場で、経験や技量で差が付きました。「若イ者」でも三か月で二十円ほどになったといいます。

仕事は、開墾、区画整理（畝まし）、災害復旧、宅地造成、石垣・小屋普請などがありました。ため池工事で紹介された「刃金入れ」もあります。ビデオでは、昭和八（一九三三）年二月の現場と当時の施主の屋敷を黒鍬経験者やその子孫が訪ねます。山あいの谷地田の脇の竹藪を指して、ここが「ナダレ」（土砂崩れでしょうか）の跡だと指摘するシーンがあります。

水平面を割り出す「水盛り」も実演されています。こういう手順です。①区画：工事する場所の四隅に棒を立てて縄を張る、②四方転び：約二尺角の浅い池を掘って四隅にやや外側に傾けて棒を立て、重りの付いた木綿糸で水面から垂直距離を等しく計って水平を決め横糸を渡す、③トンボ：四方転びで割り出した二本の水平横糸の見通し線上にトンボ（先を割った竹に一寸二分ほどの薄板か厚紙を挟んだもの）を合わせて水平を確保する。

知多市（当時は町）でも昭和四十一（一九六六）年に明治生まれの黒鍬生存者から聞書がまとめられました。「畝まし」と「床締め」が得意技というのは有脇と同じです。道路工事が多いようですが、明治半ば頃の足跡が西に東に、多種多様に残っています。

①尾張・美濃を結ぶ内津峠の道路工事（一八八二）
②渥美郡田原街道工事（一八九〇）
③伊豆国天城峠道路工事（一八九三）
④甲斐国河口湖干拓工事に伴う稲作試験（一九〇〇）
⑤知多町八幡小学校敷地工事（一九〇一）
⑥知多町八幡七曲池・中池工事（一九〇二）
⑦郡道亀崎街道工事（一九〇四）
⑧信州大平街道工事（一九〇五）

⑤では、砂と岩とのブロック状の地盤を約十m切り下げました。陸軍工兵隊が爆薬を使っても完遂できない工事だったといいます。⑧は、長野県の飯田から大平峠を経て妻籠へ抜ける街道の工事でした。完成の前年、妻籠側の木曽谷に大山津波（土石流、現地の表現では「蛇抜《じゃぬ》け」）が発生し、村から連れて行った十八人（諸資料によって二十人とも二十二人ともいわれます）の若者が絶命した凄惨な記憶を伴っています。

有脇でもそうでしたが、彼らも石垣を積みました。源流は、貞享二（一六八五）年に造営された知多市の八幡神社の基壇らしいです。さらに遡れば、嘉吉年間（一四四一～四三）築造の寺本城（堀之内城）の石垣も、はるかな祖先の手によるものだといいます。

明治から昭和にかけて頭として活躍した人のエピソードも残っています。大正五（一九一六）年頃、県道工事で県職員の測量に誤差があることを見抜き、自分が間違えていたら責任を持って再改修をするが県が間違っていれば十円を出せと争いました。結果は彼が正しく、その賞金で県の技師も交えて完工式をしました。戦後、七十歳を越えた身でため池の堤防の補修工事の指揮を執り、愛知用水の愛知池工事を耳にしては、現場を視察に行ったそうです。新旧そして東西の黒鍬がクロスした瞬間でした。

もう一つのタビ

黒鍬と並んで知多にはもう一つのタビがあった。昭和十四（一九三九）年の童話作品に描かれている。

旧の正月が近くなると、竹藪の多いこの小さな村で、毎晩鼓の音と胡弓のすすりなくやうな声が聞えた。百姓の中で鼓と胡弓のうまい者が稽古をするのであつた。

そしていよいよ旧正月がやつて来ると、その人達は二人づつ組になり、一人は鼓を、も一人は胡弓を持つて旅に出ていつた。上手な人達は東京や大阪までいつて一月も帰らなかつた。また信州の寒い山国へ出かけるものもあつた。あまり上手でない人や、遠くへいけない人は村からあまり遠くない町へいつた。それでも三里はあつた。

町の門毎に立つて胡弓弾きがひく胡弓にあはせ、鼓を持つた太夫さんがぽんぽんと鼓を掌のひらで打ちながら、声はりあげて歌ふのである。それは何を謡つているのやら、わけのわからないやうな歌で、おしまひに「や、お芽出たう」といつて謡ひおさめた。すると大抵の家では一銭銅貨をさし出してくれた。それをうけとるのは胡弓弾きの役目だつたので、胡弓弾きがお銭を頂いてゐるあいだだけ胡弓の声はとぎれるのであつた。たまには二銭の大きい銅貨をくれる家もあつた。そんなときにはいつもより長く歌を謡ふのである。

（新美南吉「最後の胡弓弾き」）

主人公の木之助のタビは万歳と呼ばれている。この万歳は平安期以来の千秋《せんず》万歳と呼ばれる芸事で、太夫と才蔵のコンビが新春に祝言を述べた。古式の装束を着け、道化の才蔵がたたく鼓に合わせて日の丸の扇子を持った太夫が祝言を述べて舞い、言葉の言い立てや滑稽なかけ合いをした。尾張では正応年中（一二八八〜九八）に長母寺《ちょうぼじ》（現名古屋市）を開山した無住《むじゅう》国師が創始し、室町期に長母寺領の知多半島に伝わったといわれる。三河万歳と並ぶ「尾張知多万歳」として、関西・中部・関東を回った。

万歳にはフリーに回る門付《かどづけ》万歳と得意先の決まった壇那場万歳があった。フリーとはいえ初めての土地ではなく、ある程度決まった道筋を流して回るので、長年同じ地域を続けて回るうちに、門付が壇那場になることも多かった。さきの物語では、木之助は十二歳から三十余年、毎年決まった町へ出かけ、とあるきっかけから味噌屋の大店を壇那場として胡弓を弾くようになる。

門付はストリートミュージシャンの先駆け、何の縁もない家の軒で芸を売り祝儀を乞う。人を呼ぶため正統の万歳より余興に力を入れた。壇那場万歳は村人や子供に出迎えられ、「万歳さん、万歳さん」と親しく応待され、その権利は高額で取引された。これに対して門付は辛いものだったようである。収入も大違いで、追い払われたり犬に吠えられたり、「乞食万歳」と卑しめられるように扱われた。

それでも出るのは何をおいても稼ぎのためだった。明治五（一八七二）年、堀之内村（現知多市）の早川政之助という人が当時の額田県に旅行の願い状を出している。

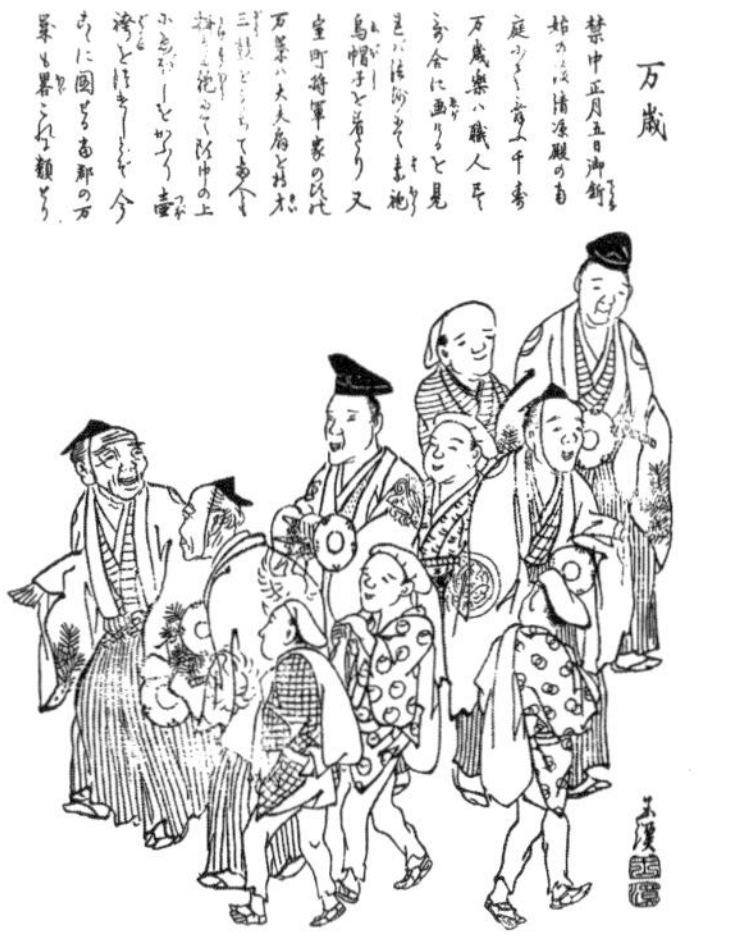

万　歳
岡田啓・野口道直撰・小田切春江画『尾張名所図会』前編巻之六より。

そこには「……元来困窮之私共、農間之稼ヲ以、渡世方助勢仕候ニ付……」とあった。同じ文面には、当郡の農民は十二月から翌年三月まで東京をはじめ、伊豆・遠江・信濃・紀伊・伊勢・当国を巡回すると言う。横須賀町（現東海市）の記録では、明治十三～二十八（一八八〇～九五）年の間に出る者が年によって三人から百二十八人までとなり、飢饉や洪水の年には急増して百人前後になっていた。

そのように臨時にも出たが、ある程度固定した者たちは、先輩格が太夫、後輩が才蔵となって、世代交代を経て続けていた。慣れれば、出かける一週間ほど前から息を合わせるくらいの練習ですんだ。太夫が引退すると、それまでの才蔵が太夫となって新しい才蔵と組む。師匠格の人が何人もいて、新人にセリフと所作を教えた。

壇那場万歳は、毎年正月の決まった日の決まった時刻に得意先を訪問する。木之助のように、繰り返し迎えるうちに、座敷に招き上げるのが慣例になって壇那場となるらしい。厳粛な作法で相手の宗派に応じて演技し、迎える側は神棚や仏壇を清めて待ち、演技に合わせて唱った。

正規の万歳の後は余興に移る。それぞれの土地の名産を織り込んだ演し物「入込《いりこみ》」や、歌舞伎の段物等を演じてみせる「三曲万歳」、数人が舞台で派手に演じる「御殿万歳」などがあった。それらは明治維新後に発展し、楽器も鼓だけでなく三味線と胡弓が使われるようになって、人数も増えていった。農民のタビに加え、本業として遊芸稼人の鑑札を受け、各地を巡業する一座も出てくる。この流れの中から、現代の漫才の芽が吹いたことは言うまでもない。

木之助の話に戻ると、時が移って近所は誰も万歳に出なくなっても、檀那場である味噌屋の主人のために弾きに行く。病気などで二年続けて出られなかった間に、主人は亡くなっていた。知らずに出かけた木之助は、請われて仏壇に向かって弾いた。その演奏の後、聴き手の最後の一人を失った彼は、胡弓を古物屋に売ってしまうのである。

ところで、中世から近世にかけての技術者は、呪《まじな》いあるいは芸能と技術の境界を漂っていた。文禄三（一五九四）年、陰陽師百数十人が豊臣秀吉によって突然畿内を追われ、尾張に送られた。荒地開墾のためだという。尾張の万歳は無住国師が起源との説がもっぱらだが、このときの陰陽師たちの末裔が黒鍬になり万歳になったという想像ができるかもしれない。いずれにしてもミステリーの闇の中であるけれども。


少なくとも人口増加率の多少が、絶対に村の幸福の尺度とするに足らぬことは、一戸平均の耕地面積その他いろいろの労働状況の、村によって甚だしく区々たることを知る者ならば、必ずこれを認めることと思う。……しかるに世にはいつまでもこの過去の繁栄の結果を慶賀し、人が出て行くことを悲しまんとする感情がある。出て行くという場合には、むろん出やすい者、すなわちよく働きかつ丈夫で、身も心も軽い者が先に出る。そうしてその後影はかなり眼に着くのである。しかしその事実がひとり本人のためと言わず、残った村のためにも悲しいことか否かは、飜《ひるがえ》って現在の内輪の状況、住民総数の多少、ことにそれと天然の条件との、釣合を見た上でないと断言し得ない。単にその数字のみを表にして、離村をすなわち村衰微と解することは誤りであり、また多くは心から共同体の幸福を希《ねが》わんとせぬ者の所業である。

（柳田國男『都市と農村』、一九二九、ちくま文庫版全集 第二十九巻）

column

大地の鎮め

文禄三（一五九四）年、豊臣秀吉は、畿内を中心に狩り集めた陰陽師百数十人を強制的に尾張国に送り込み、普請に従事させた。尾張では大地震や木曽川の大洪水が相次ぎ、農地が荒廃していた。得体の知れない漂泊者を一掃し、農地も復興する一石二鳥の策ではないか。

土地は神が司り、土地と人間が一体となってはじめて〝生きた〟姿になるという観念が強くあった。普請は自然を人間の都合のいい形に変える手段で神の怒りに触れるゆえに、開発＝普請に先立って怒りを鎮める儀式が陰陽師によって執りおこなわれた。

①『甲陽軍鑑』：武田信玄は、安倍晴明の流れを汲む「判の兵庫」という博士《はかせ》に百貫の所領を与え、長沼城（現長野県長野市）普請の無事を祈祷させた。

②三河：蒲郡市（愛知県）金平町戸金に伝わる神楽役者は「博士」と呼ばれた。元祖の渡辺勘太夫という法印が「水保ち宜しからざる」池（勘太夫の名で「かんだが池」という）の修築をおこなったので戸金には租税負担がなかった（民俗学者早川孝太郎による）。

③遠江：印内村（現静岡県掛川市）の庄屋が百年前の先例をもとに伝馬役免除を求めた証文に、村の由緒を「修験共開発仕候」と書く。

どれもが「普請に携わる『〇〇』」の形をとる。かかわったのは、呼び名こそ違え、陰陽師の同類だった。大地を鎮めもすれば、秀吉がさせたように普請もおこない、さらには神に捧げる芸事もこなした。漂泊する「道の者」でもある。

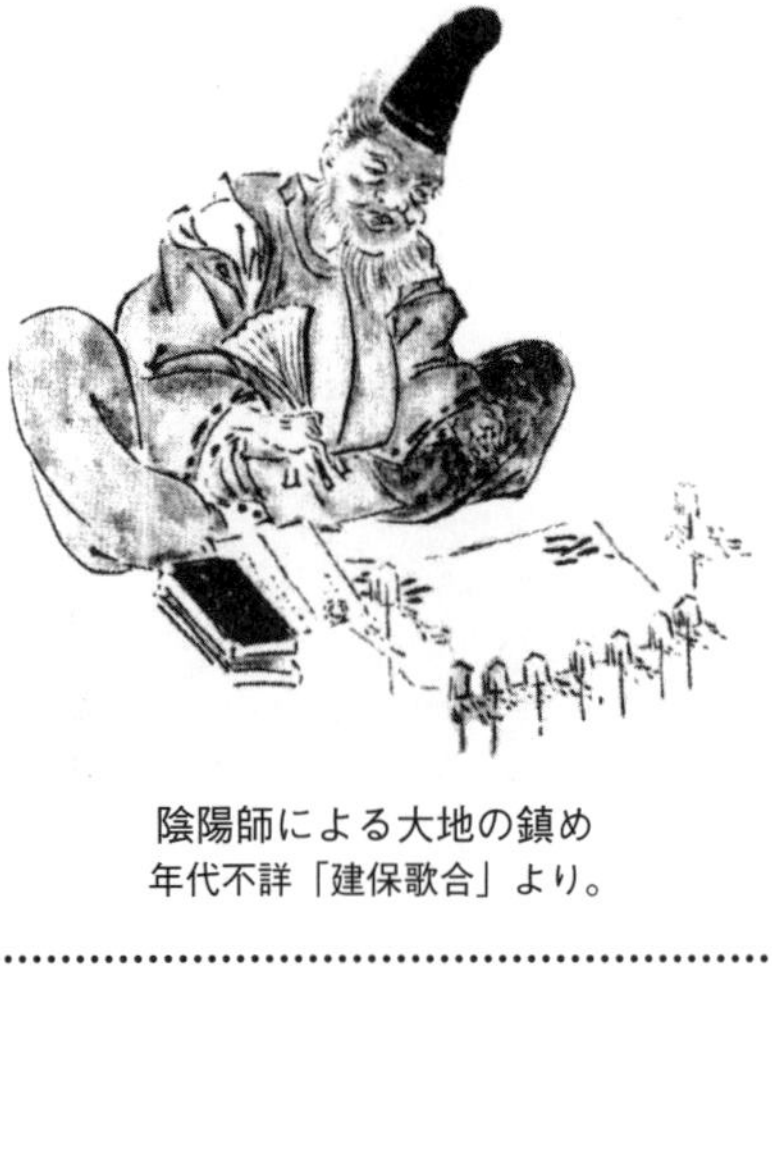

陰陽師による大地の鎮め
年代不詳「建保歌合」より。

「熱き心」の夢

こちらを向く若い男の写真。昭和十七（一九四二）年、安城高等女学校の教師だった新美南吉である。抱えた本のタイトルが読める。「弥厚翁」と。

この年、持病の肺結核が小康を得て、主要な作品が次々と生まれた。前年の好評だった伝記の続編を依頼されていた。都築弥厚は不毛の碧海《へきかい》台地に明治用水を計画した人物で、「日本デンマーク」として先進的農業を展開した安城の発展の礎を築いたとして選ばれた。

取材ノート「古安城覚書」（一九四二）。用水開削前の荒涼とした風景は「この辺一面よし原」、「戦場であつた時代のあとは荒地、狐や狸の話が多い」。「嫁をやるなら安城にやるな／年から年中野良仕事。（百年位前）安城地獄」。通水後も開墾は辛苦の連続だった。開墾用の鍬は「クロクワ」、農地の高低を均す作業もそう呼ばれた。現在、地ビール「黒鍬麦酒」として開墾の「熱き心」を託される。

「狐の通るみち（草のねたところ）をさぐりさぐり、それを辿つてヤコウは大体測量した。／狐は高みをとほる、湿気のない。だから用水はいま高いところばかりを通つてゐる。」と、「ごんぎつね」（一九三二）の作者は着目した。乾いた尾根は狐が好み、幹線水路が通る。

伝記の構想では、弥厚は当初、自分の収益が目的だったのが、そのうち「利欲の念」を失い、仕事が彼に乗り移って「一つの生きもののやうに生長」していく。事業途上の臨終シーンでは「明治用水に水の来る頃のたのしさ」の光景を思い浮かべる。「私は死ぬ。けれど私の仕事は死なない。……五十年の先になるかも知れないが、私の仕事は必ず生きかへつて来る」（日記、一九四一・一二・六）。

南吉の最後の力を振り絞った弥厚伝は、病が完成を許さなかった。翌年、彼は二十九歳七か月の短い生涯《タビ》を終えたのである。

『弥厚翁』を手にした新美南吉
戸田紋平撮影（昭和17〔1942〕3月頃か）

第七話

彼と鍬とは唯一体

――「モノ」としての黒鍬

鍬の時代

わしは尾張国西之口村（現愛知県常滑市）の伊右衛門。国中はもちろん隣国の三河にまで手を広げて仕事に精を出していました。生業《なりわい》の中身は追い追いにたどるとして、商売道具の一つ、鍬から話を始めます。

鍬はごくありふれた農具の一つで、古くからありました。わが国最古の稲作遺跡といわれる佐賀県唐津市の菜畑《なばたけ》遺跡からも木製の鍬が出土しています。どこの農家にだって一挺くらいは常備されているでしょう。

いや、「ありふれた」などといえば罰が当たりそうです。農学者によると、鍬という農具の日本史上に果した意義はそんな軽い扱いではすまされません。

鍬は本来中耕《ちゅうこう》、つまり固くなった畝《うね》の間の土を砕いて、除草したり通気性や透水性を高めたりする農具です。世界中で農地を耕す最もポピュラーな農具は牛馬に牽《ひ》かせる犂《すき》なのに、わが国の江戸時代には鍬を主として使う農業が世界に例を見ないほどに発展しました。なぜか。奉公人を多数使う中世の名主《みょうしゅ》がおこなう犂の農業より、鍬だけで耕す家族経営（小農）の方が有利だったからです。せいぜい数cmしか耕せない犂に対し、鍬は土をもっと深く丁寧に耕すことができ、そこへ肥料を多く施して、生産力を大いに高めました。（もっとも、近年は、犂の比重がそこまで低くなく、小農層まで共同作業の農具として浸透していったとされるようになっていますが……）

鍬は、全国各地で工夫が凝らされました。早い時期に書かれた三河の農書『百姓伝記』は、国々里々に昔から使いつけた鍬の形や大きさがあると言います。相手にする土（砂質や黒ボク、石の多さなど）や作業（耕起や中耕、普請など）の種類などに応じて、鍬の形や材質、手入れの仕方などが違うと詳しく記しています。

文政五（一八二二）年の大蔵永常『農具便利論』（以下、『便利論』と略す）は農具のカタログで、鍬を「種植第一の要具」とします。地域の差が大きく、「諸国とも其所により形も変《かわ》れり」、「国々にて三里を隔《へだて》ずして違

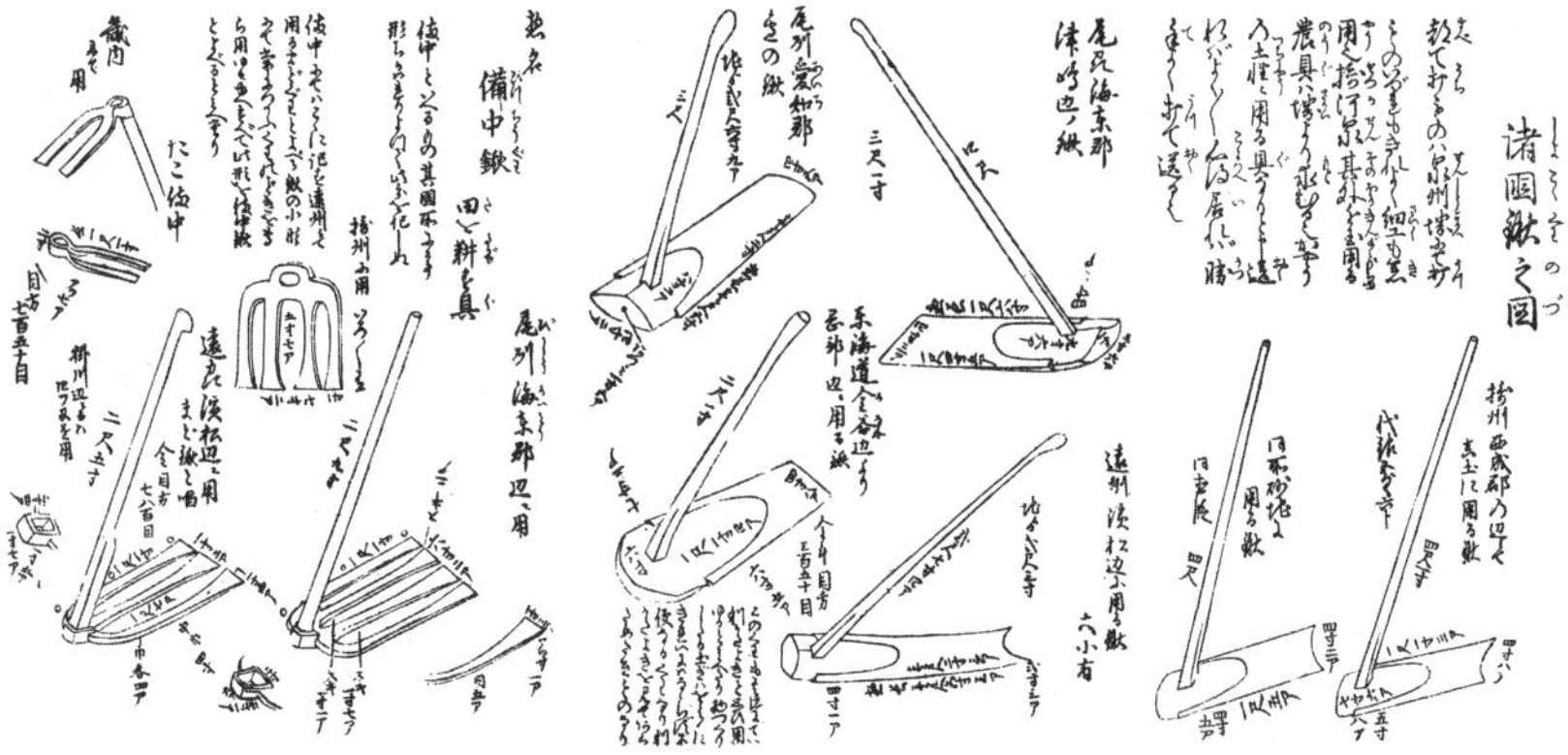

『農具便利論』の「諸国鍬之図」

ふものなり」と言っています。「諸国鍬之図」には二十六地方、二十九種類。主要な寸法が記され、「造りて用い給へかし」と、新しい技術を普及するというこの本の一つの意図が明らかです。図から現物が作れると同時に、値段表や注文先（大坂の扇屋重兵衛）も載せています。

刃が又になった「備中鍬」や小石をすくう「耜先鍬《すきさきくわ》」、除草用の「草削《くさけずり》」・「万能《まんのう》」などもあります。このように細かく機能を分化させ、形も多様化させていくのが技術の工夫でした。もちろん、鍬の発達だけが農業生産を高めたわけではありません。肥料にせよ作物の品種や栽培の組合せ（多毛作、輪作）にせよ、同様の工夫が各地の事情に即して（「土地相応」といいます）細かく凝らされました。

昭和四十七（一九七二）年に鍬の全国調査があった（大日本農会農具研究会による、以下、「農会調査」という）。鍬は①柄を除く全体が鉄製の「金鍬《かなぐわ》」と、②木製の台（風呂）に柄を取り付け、鉄の刃をはめ込む「風呂鍬」に大別され、サンプル三百五十点が細かく五十五に分類されている。これを十三にまとめた中分類で多い順に挙げると、備中鍬、平鍬、唐鍬（以上は金鍬）、風呂鍬、金風呂鍬の五種で総数の八割弱を占める。金風呂鍬は風呂が鉄製のものである。

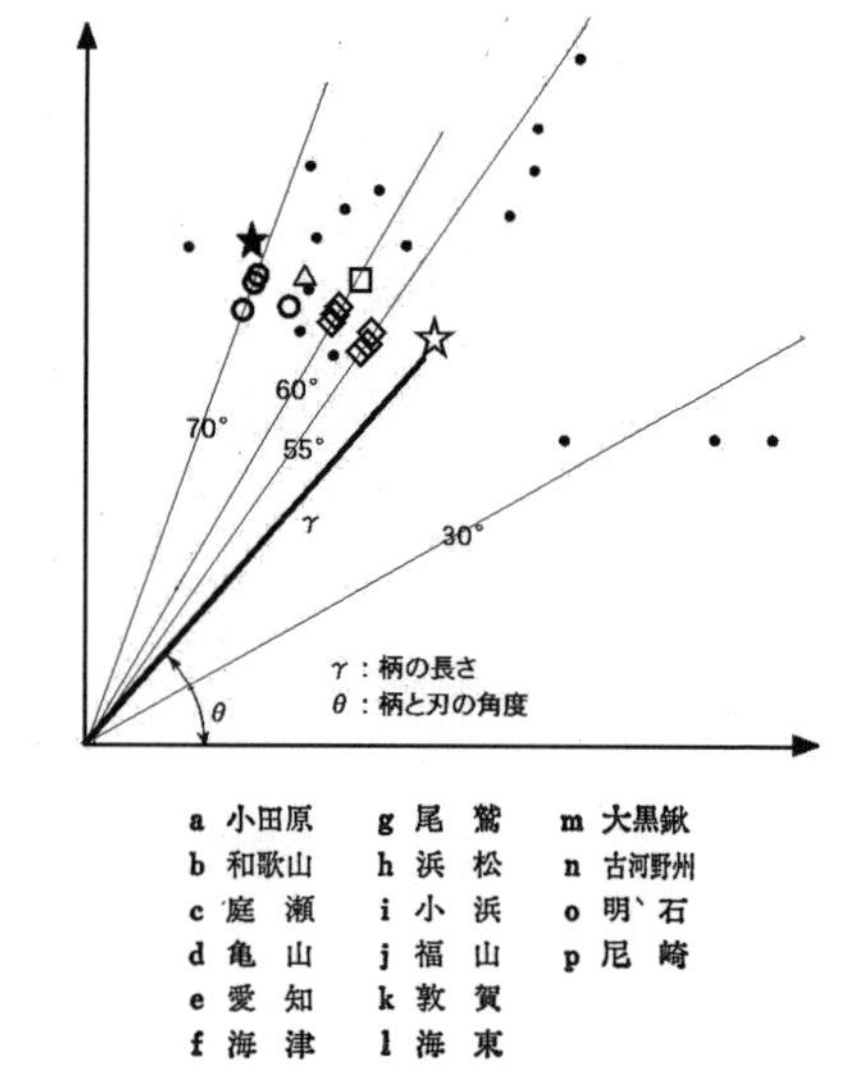

70°
60°
55°
30°
γ
θ
γ：柄の長さ
θ：柄と刃の角度
a 小田原
b 和歌山
c 庭 瀬
d 亀 山
e 愛 知
f 海 津
g 尾 鷲
h 浜 松
i 小 浜
j 福 山
k 敦 賀
l 海 東
m 大黒鍬
n 古河野州
o 明 石
p 尼 崎

各種鍬の刃と柄の角度

黒丸：『便利論』中の諸国の鍬、☆：同大黒鍬、★：同小黒鍬、◇：埼玉県大井町、△：同所沢市、○：東京都練馬区。□：大阪府河内長野市池ぶしん鍬。（飯沼二郎・堀尾尚志『農具』原図に加筆）

『便利論』の頃に多かった木製の風呂鍬は、調査時には熟練工が消え、古いものが大事に使われていたという。

ところで、鍬を扱う基本動作には「打つ」と「引く」がある。「打つ」は、鍬先を振り上げた勢いで土に打ち込み、柄を持ち上げて土を起こす動作。「引く」は、地面と平行に土を持ち上げるというか寄せる動作で、畦立てなどに使われる。それらに適する造りから「打鍬《うちぐわ》」、「引鍬《ひきぐわ》」、中間的な「打引鍬《うちひきぐわ》」に三区分される。打鍬は打込み能力をよくするために刃が厚く重く頑丈な造りになり、柄は比較的短い。かたや引鍬は軽量で、立ち姿勢で使うので柄が長い。打引鍬は中腰作業となり、柄は打鍬と引鍬の中間に位置する。

打鍬・引鍬・打引鍬の性能は刃と柄の角度で異なる。角度は、おおよそのところ、六十度前後なら打鍬、三十度前後が引鍬、その間が打引鍬となる。柄の長さはバラついている。

『土』——貧しい小作の立派な鍬

明治四十三（一九一〇）年六月十三日、鍬の小説が始まりました。東京朝日新聞連載の『土』です。作者は歌人で散文も書いた長塚節《たかし》。夏目漱石が自らの『門』の後にと推したのです。新聞には向かないとの不評にめげず十一月まで百五十一回続き、作者唯一の長編として完結しました。長塚家は茨城県岡田郡国生村《こっしょう》（現常総市）の地主で、出入りしていた極貧の小作人一家を小説のモデルとしています。背景には鬼怒川西岸台地にあるこの村を色濃く映し出します。

主人公勘次は、家族「三人の口を糊《のり》するために日傭に出」（引用は新潮文庫版より、以下同じ）なければなりません。川の堤防工事や地主の農事万端。それと並んで、炭や薪にする「林を改良する為に雑木林を一旦開墾して畑にする」仕事がありました。

彼は小さな身体である。然し彼は重量ある唐鍬《とうぐわ》を振り翳《かざ》して一鍬毎にぶつりと土をとっては後へそっと投げつつ進む。……彼と唐鍬とは唯一体である。唐鍬の広い刃先が木の根に切り込む時には、彼の身体も一つにぐさりとその根を切って透るかと思うようである。土を切り起こすことの上手なのは彼の天性である。

この「唐鍬」、さまざまな場面に登場します。彼の姉が保証人になってくれと訪ねてくる場面。「どうすんでえこんな大え《えけ》の、引っ立てるばかしでも大変《てえへん》なようじゃねえけ」と、姉は賞めているつもりらしいのですが、当の勘次はお世辞には乗ってきません。金で買える鍬よりも、「どれ程樫《かし》の柄を攫《つか》んでも決して肉刺《まめ》を生」じない手の方が上等だと、掌を差し出すのです。

鍬はかなり大きいものです。重さは一貫目（約四kg）ほどだと勘次は言います。トラブルもありました。

或日彼は木の株へ唐鍬を強く打ち込んでぐっとこじ扛《あ》げようとした時鍛《きた》えのいい刃と白橿《しらかし》の柄とは強かったのでどうもなかったが、鉄の楔《くさび》で柄の先を締めたその唐鍬の四角な穴の処が俄に緩《ゆる》んだ。その処はひつといわれている。ひつに大きな罅《ひび》が入《い》ったのである。柄ががやてがたがたに動いた。

これを修理した鍛冶屋も「俺らも近頃になってこの位《くれ》えな唐鍬滅多打ったこたあねえよ」と賞めています。

勘次の道具は、どうやら貧農の小男には似つかわしくない立派なものだったようです。どんな鍬か？　具体的な姿となると謎めいてきます。鉄製の鍬、幅広でとにかくでかい。重さもある。

さきの農会調査で「唐鍬」に分類されるのは形や呼び名がさまざまである。ただ、『土』のよりもかなり小さい。刃長が二十cm台前半、刃幅が十数cm程度で、それより大きいものは畔塗り用になる。開墾用のものは、長さは伸びても幅はずっと狭くなって数cmと、次第に鶴嘴《ツルハシ》に近づく。重さもせいぜい二kg台前半で、勘次の「一貫目」には遠い。

『百姓伝記』でも小さい。記述される唐鍬は、勘次の鍬と同じ「ひつ」を持つ金鍬だが刃長は三十cm内外である。全体が薄い耕作用とは別に、普請用のものは、「広きにハ徳すくなし」として刃先を十cmほどに狭くし、「湯《ゆ》金《がね》」（後に触れる）を厚くする。耕作用と普請用を区別するのは、機能を純化して便利にするだけでなく、普段農作業に使う鍬を夫役の工事などで壊したら後々大変だぞとの注意かもしれない。

『土』の大型の鍬はどこにあるか。舞台となる茨城県南部で探ってみよう。まず『龍ヶ崎市史 民俗編』（一九九三）。「畑の鍬」とか「ウナイグワ」という金鍬がある。刃長四十～五十cm、刃幅十二cmほど、重さ二、三kgと大きい。だが、刃長十五～二十五cm、刃幅十cm内外、〇・七～二kgと小ぶりの「トウグワ」もあって、こちらが開墾用だ。前者は耕起に用いる。農会調査では鹿島郡大野村（現鹿嶋市）に唐鍬がある。この調査では、ひつを頭に下膨れの、西洋ナシの形をした刃の金鍬を「坊主鍬」または「開墾鍬」と分類し、大野村の開墾用の坊主鍬を「唐鍬」と呼んでいる。刃長三十五cm、刃幅十九cm、柄長八十三cmと大きく、重さの記載はないが同類から三kgほどと推測される。

所によってまちまちだ。幅広で大きく重い『土』の「唐鍬」は、これらのどれかではないかと思われる。

黒い大きな鍬の仲間たち

石地・かた真土をほりおこし、また地をふかくほるに徳あり。うねせま作毛の耕作するに能もの也。専新田畑・新切りに用る。また普請道具に用る事多し。木の根・石をほりをこすに其徳備れり。

『百姓伝記』の唐鍬。勘次がやっていた開墾や普請にはこれが最適というわけである。だが、『便利論』のカタログではもっとお奨めの品がある。それが「黒鍬」である。

「大黒鍬」と「小黒鍬」がある。どちらも風呂鍬で、「大」は刃長一尺二寸八分（約三十九cm）、刃幅八寸（約二十四cm）、目方が六百目（約二・三kg）。「小」は刃長一尺一寸（約三十三cm）、刃幅五寸五分（約十七cm）、目方は同じ。値段は「大」が十五、六匁、「小」が十匁で、ほかの鍬が五～八匁なのに格段に高い（一両＝六十匁を現代の金額で約二十万円として、「大」五万円、「小」三・三万円ほど）。

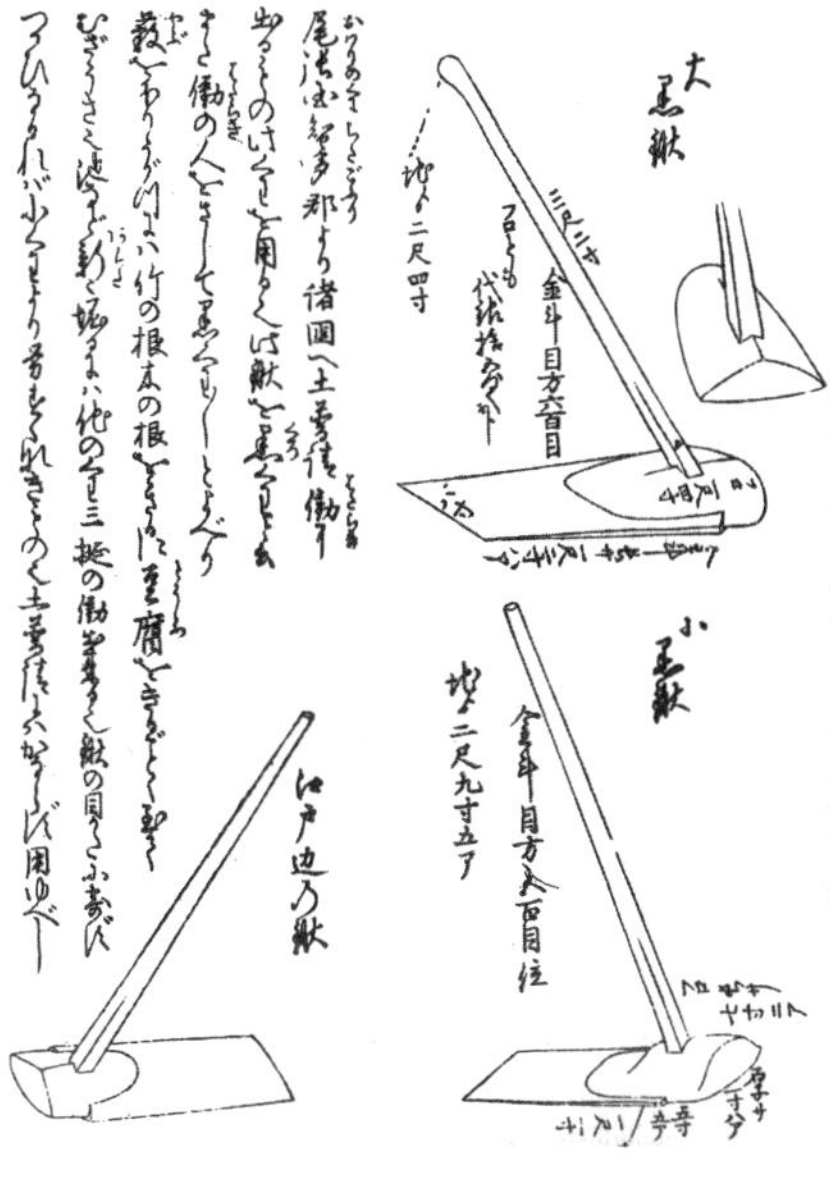

『農具便利論』の黒鍬（大・小）

尾張国《おわりのくに》知多郡《ちたのこおり》より諸国へ土普請働《はたらき》に出る者、此くわを用る也。此鍬を黒くわと云。また、働の人をさして黒くわくとよべり。藪《やぶ》をほりうがつにハ、竹の根木の根をきるに豆腐《とうふ》をきるごとく、至てむざうさ也。池など新《あらた》ニ（ママ）堀るにハ他のくわ三挺の働出来る也。鍬の目かたに寄ず、つかひなるれバ小くわより労すくなきもの也。土普請にハかならず用ゆべし。

（大蔵永常『農具便利論』、一八二二、日本農書全集第十五巻による）

藪を掘り起こすのに、竹や木の根も豆腐を切るようにいともたやすい。池などを造るときには、普通の鍬に比べて三倍の能力を持つ。使い慣れさえすれば、鍬の目方が重い割には小さな鍬よりも労力が少なくてすむ。土普請にはぜひとも使うべきものだ。「放浪の農学者」大蔵永常の幅広い見聞からイチ推しだった。その効能書きは、頑固な木の根も豆腐を切るようにとか、他の鍬三挺分の働きとか、最上級である。「至てむざうさ《無造作》也」などと、特段力を込めなくてもサクッと切れる、そういう感じがよく出ている。

開墾用の鍬として、黒鍬は尾張地方だけに限られるものではない。「くろくわ」という言葉は、関東から近畿にかけての本州中央部に分布していた。「モノ」としての黒鍬も言葉と重なるように分布する。ただし、表記の仕方や呼び方がやや違う。各地に仲間がいる（太字は名称、出典となる参考文献各書に記載時点の情報）。

○群馬県

・採集地不明：『農具解説　群馬県』（一八八一）に**九六鍬**（クロクハ）を記載

○埼玉県

①川越市：水塚（洪水を防ぐ屋敷の盛土）の築造に**クロクワ**を使用

②さきたま資料館（現埼玉県立さきたま史跡の博物館、行田市）：**クロ鍬**を所蔵

③『所沢の民具』（所沢市）：柳瀬民俗資料館に**クロ**（ツ）クワを所蔵と記載

④騎西町（現加須市）：農会調査に**くろ鍬**があるが、畔塗り用とされる（同様の**くろ鍬**は鶴ヶ島市にあり（『鶴ヶ島民具図誌』、一九七九）、『埼玉県民俗地図』（一九七八）にも記載）

⑤大井町立郷土資料館（現大井郷土資料館、ふじみ野市）：**クロクワ**と刃先を所蔵

⑥三芳町立歴史民俗資料館：ホームページに**黒鍬**を掲載（原著は町の広報紙）

⑦川島町廣徳寺：土工用の**黒鍬**を所蔵・展示

⑧秩父地域：小林茂氏がクロクワを所蔵

○東京都

・練馬区郷土資料室（現石神井公園ふるさと文化館）：『練馬の民具目録』に畔《くろ》鍬と刃先を記載（所蔵も？）

○愛知県

①半田市立博物館：黒鍬を所蔵

②知多市歴史民俗博物館：黒鍬を所蔵・展示

③安城市：『安城市史』（一九七一）に開墾鍬、『新編安城市史九 資料編 民俗』（二〇〇三）にシバキリグワ（柴伐鍬）を記載。後者にはクロクワ備中と呼ぶ三本刃の備中鍬も記載。

④知多地域の各市町：タビとしての黒鍬が出た市町村の史誌や参考文献の多くが、黒鍬稼ぎの記事に鍬の写真を掲載

○滋賀県

・浅井町（現長浜市）：『農道具書上帳写』（一八七二）に九六鍬を記載

○大阪府

①東成郡（現大阪市）：『摂津国各郡農具略図』（一八七～八一頃）に黒鍬を記載

②西成郡（現大阪市）：同上書に尾張鍬を記載

③豊島《てしま》郡（現豊中市・池田市・箕面市・吹田市）：同上書に

黒　鍬

刃長 39.2cm、刃幅 17.3cm、柄の長さ 93cm。知多市歴史民俗博物館所蔵

尾張鍬を記載
④滝畑民俗資料館（現滝畑ふるさと文化財の森センター、河内長野市）：尾張鍬を所蔵
⑤河内長野市：農会調査に池ぶしん鍬
⑥熊取町郷土資料館（現？）：尾張鍬（刃の大きい尾張鍬、小さいハニワ鍬）を展示
○兵庫県
・採集地不明：『兵庫県農具図解』（一八八九）にくろくわを記載
○和歌山県
・かつらぎ町：農会調査に尾張鍬があるが、記載が「江戸鍬」と混同
○愛媛県
・採集地不明：『愛媛県農具図譜』（一八八〇）に黒鍬 方言フログハを記載
○鹿児島県
・採集地不明：『成形図説』（一八〇四）に黒鍬を記載

「クロクワ」と呼ばれる鍬は大方が開墾用とされる。関西の尾張鍬は、タビする黒鍬＝尾張者《オワリ》だった名残だろう。これらは刃長が四十cm内外、目方も四kg級がざらにあるほど大きいし重い。形式は風呂鍬がほとんどだ。大阪の池ぶしん鍬も興味深い。農会調査によれば、「池修理土工用でかつて全国的に使われたが、今は少なくなった」。刃長四十八cm、刃幅十六cmの風呂鍬で、知多の黒鍬に匹敵する。重さの記載はないが、同型式の和歌山の尾張鍬（もしくは江戸鍬）が刃長四十二cm、刃幅十六cmで三・一kgするので同じくらいか。『土』の「一貫目」に近くなる。

開墾用の鍬は「クロクワ」だとは限らない。幅の狭い唐鍬も開墾用だし、農会調査には坊主鍬や開墾鍬もあ

る。ただし、愛知県安城市の開墾鍬は、掲載写真から風呂鍬形式で、紛れもなく知多の黒鍬の仲間である。刃長四十四㎝、刃幅十五～二十㎝、厚さ八㎜、重さ四㎏の立派なボディを持つ。

薩摩藩編纂の『成形図説』は特異である。根株を除き荒地を切り拓くのに使うと解説にある。ただ、「大鍬」の項目で「山鍬」の下に並び、雑な図が「東国鍬」や「出羽鍬」に並ぶだけなので、薩摩で使われたのは「黒鍬」でなく「山鍬」だったかもしれない。

黒鍬は、打鍬、引鍬、打引鍬の中で打鍬になる。『土』の勘次も「懸命に唐鍬を打った」とされる。木の根に切り込む「ぐさり」、土を取る「ぶつり」は、「打つ」動作をうまく表している。刃と柄の角度からいえば、黒鍬の仲間たちは五十五～七十度、しかも主体は六十度以上であり、見事に打鍬の部類に入る。ただし、『便利論』の「小黒鍬」は七十度ほどもあってまさしく打鍬の特徴を持つが、「大黒鍬」は約四十八度と打引鍬っぽい角度になっている。土を引く性能を備える必要があったのか。

簡単に「打つ」といっても、黒鍬は大きくて刃や風呂が分厚く全体が重い。それを打つ労力はどれほどのものか。だが、扱いに慣れると重さが慣性力となって土に深く打ち込めて、普通の鍬より能率がはるかに高くなるといわれる。勘次のように、身体と鍬とがただ一体になって作用することが必要である。その技をこなせる腕は当然誇りとなる。

モノと人とのクロスオーヴァー

『便利論』の黒鍬の解説は興味深い。尾張国知多郡から諸国へ土普請に働きに出る者がこの鍬を使う、その働き手も黒鍬と呼ぶ、という。モノとヒトとが同じ名を持っているというのである。

名前というのは不思議なものだ。そもそもてんで勝手に付けられる。ああいう形をした道具を「クワ」と呼ばなければならない必然性はないはずである。いや、鍬は「ク・ハ」で、「ハ」は「歯」とか「刃」を表すという。「ク」は諸説あって、「入る」という意味や、「クユ（崩）」や「掻く」、「クハフ（加）」の語根〝k〟であるといわれる。合わせて土に入る歯や刃、掻く刃、崩す刃などを表しているのだとか。クロ（畔）をハル（張る）意味だと解釈する説もある。

かたや「クロ」は、まずは黒いという意味で、金属の銅を「赤」というように鉄を比喩的に表すようになったのは、鉄が庶民に普及してからでしかないはずである。だから、オール木製の多様な形で遺跡から出土する鍬よりは時代がずっと下がるだろう。

けれども、『便利論』に各種の同じような形の風呂鍬がずらっと並ぶのに、なぜ特別な一種類だけが「黒鍬」と呼ばれなければならなかったか。その特別な事情はわからない。自身も若い頃土工だった作家の長谷川伸の作品にこういうくだりがある。「農作用乃至園芸用の物ではなく、九寸に六寸の鍬（九六鍬という）から出た土工用の鍬」（「飛びっちょ」、一九二八）、その並はずれた大きさが由来だとするのである。本当か？

ただ、人を同じ名で呼ぶ理由はない。同じ名でモノとヒトが結びつけられるのは、「ヒトがそのモノを持っている」とか「ヒトがそのモノを使う」という行為を介するからである。諸国で普請しに働きに出た知多の者が黒い大きな鍬を使っていた。その姿は『土』の勘次のように、「彼と唐鍬とは唯一体である」。目覚ましい働きがあった……と注目され、あれはなんだ、クロクワだ、ということで、その働きや業績も引っくるめて呼び名となったのだろう。ここにモノとヒト、そしてその後にタビも交叉する。

ついでながら、クロクワの仲間の「ハバタ」も同じ。モノとヒトが同じ名で呼ばれる。『日本国語大辞典』では「巾太」の文字を充て、①「（端端の意か）」と注記して崖、岸辺、②土、石などの運搬人夫とある。方言としては土方、人足（茨城県、栃木県河内郡）とあるほかに、埼玉県北葛飾郡で木の切り株を起こす幅の広い鍬のことをさすという。歴史文献では、多くは越後や加賀から「上州稼」や「関東稼」といわれたように他国へ稼ぎに出た労働者をいう。田畑を捨てたという意味の「破畑」とも表される。二宮尊徳の村の立て直し（仕法）で荒廃地の開墾に携わり、現地に移住もした。

ヒトと同じ名を持つモノとしてのハバタはこんな所にある。

○埼玉県

①岩槻市（現さいたま市）

・『岩槻市史』（一九八四）に「畑をきりひらく時のクワ」として**ハバタ**

・『民俗調査報告書 二』（一九八二）に**ハバタ**（前項の基礎資料か）

・『摘田稲作の民俗学的研究』（小川直之著、一九九五）に岩槻市内での調査による「開墾用の鍬」として**ハバタ**

②和光市：ホームページ「歴史の玉手箱」（デジタルミュージアム）に土地の開墾用として**ハバタ**（**ハバタ鍬**）を掲載

○東京都

・板橋区立郷土資料館：**ハバタ鍬**を所蔵・展示。企画展「農業の誕生・民俗の発見」図録（一九九二）に写真を掲載。ほかの農具も含めて「多くは和光市吹上観音や東松山市上岡観音の縁日で売買された」と記載。

『岩槻市史』のものは刃長三十七・五cm、刃幅十六cm、和光市では刃長三十四・五cm、刃幅十四・五cmと、ほかの鍬よりも大きい。大きさからして黒鍬の仲間だ。小川直之は、「巾太」という表記のとおり、この名は幅の広い鍬に由来したものだとする（直接のご教示による）。

性格の違う存在が同じ名で呼ばれるという現象は、逆にいえば、その名が表す存在が複数の性格を持っていることを表す。兵士であり役人であり、石垣積み、出稼ぎ人でもあった黒鍬という名を持つ存在は、そうした複数の性格、力、知恵、能力を持っている。根っこの所にいたのは「百姓」。何でもできたし、自分でやらなければ生活が成り立たなかった。

黒鍬を支える技術――村の鍛冶屋

文部省の尋常小学唱歌に「村の鍛冶屋」（作詞作曲不詳、一九一二）がありました。三番の歌詞には各種の農具が織り込まれています。

刀は打たねど、大鎌《おおがま》・小鎌《こがま》、
馬鍬《まぐわ》に作鍬《さくぐわ》、鋤《すき》よ鉈《なた》よ、
平和の打ち物　休まず打ちて、
日毎《ひごと》に戦う、懶惰《らんだ》の敵と。

（伊藤謙一郎編曲・佐藤雅子編集『尋常小学唱歌二　高学年用』、一九九九による）

さまざまな農具を打つ鍛冶は「農鍛冶」あるいは「野鍛冶」といわれます。何を隠そう、わしもそれで生計を立てていました。刀鍛冶、刃物鍛冶、船鍛冶など扱う物が違えば、呼び名だけでなく技術も違ってきます。もっと細かく鍬鍛冶、鎌鍛冶、釘鍛冶とまで、製品により分類されることもあります。

黒鍬が多数出た近世知多では、「大野」という地名は農鍛冶にとって特別の意味がありました。現在の常滑市で知多市との境界あたり、矢田川河口の通称「大野谷」に農鍛冶が集まって住み、「大野鍛冶」と呼ばれていました。わしもその一人です。寛政十（一七九八）年、藩内の二百六十五人の農鍛冶のうち百二十九人が知多郡に集中していました。四年後の調査でも、知多郡の農鍛冶百三十五人のうち、大野谷の大野・小倉・西之口の三か村に約四分の三が集まり、とくに大野村には半数弱がいました。大野谷は尾張藩の核心地域でした。

大野は、知多半島を東西に横断する街道の西端にあります。廻船業も盛んで、町場として賑わっていました。近代に入ると、「世界最古の海水浴場」と称して人を集め、半島で初めて電灯が点りました。新美南吉の作品「おぢいさんのランプ」（一九四二）の主人公は、大野の町でランプというものに初めて触れました。その明るさは竜宮城のようだったと言っています。

大野鍛冶は、そんな〝町〟の鍛冶屋ではありません。大野には船鍛冶も多くいました。彼らは耕す土地を持たず、『土』にいた鍛冶のように店で客を待つ「居鍛冶《いかじ》」専業でした。でも、わしら農鍛冶は、農地を持ち自分でも農を営んだうえ、谷から他所へ出る「出鍛冶《でかじ》」、つまり「タビ」としての営業をおこなっていました。

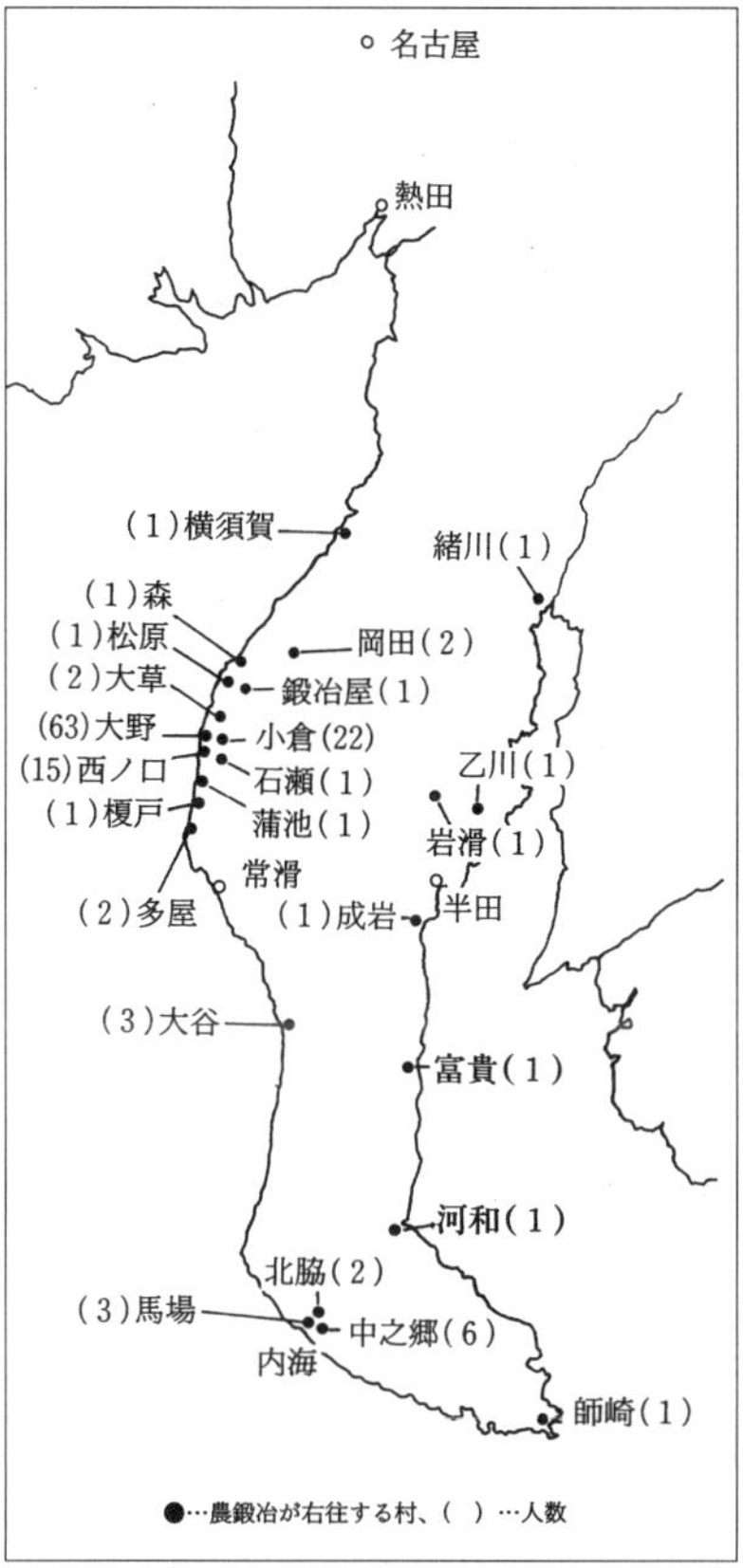

知多の農鍛冶の分布
享和２（1802）年の村名と人数で、原資料は「鍛冶職人別名前覚」。篠宮雄二「尾州知多郡大野鍛冶について」より。

大野鍛冶は、近江国辻村（現滋賀県栗東市）から出て大野に流れ着き、その後徳川家康の駿府城普請に加わったという由緒を持ちます。信憑性はともかく、この功績により、他所の鍛冶には許されないタビの稼ぎを藩から認められていました。出向く先は三河・遠江・美濃・信濃でした。

　仕事のやり方は、「得意場」と「入会細工場」という二種類のテリトリーでそれぞれ違いました。得意場というのは、特定の村に行くと、作業場を建ててその周囲一里半（約六㎞）四方から独占的に注文を取りに回ることができる権利のこと。対して入会細工場では、一つの村に権利を持つ者が何人もいて、作業場を建てても持込客をじっと待たねばなりません。農具ばかりでなく、頼まれれば金物はたいてい扱いました。

　幕末の慶応四（一八六八）年、わしの得意場は尾張の春日井郡五・愛知郡一、三河の八名郡一・宝飯郡一・碧海郡一の九か村でした。入会細工場の権利も、尾張春日井郡十一・愛知郡一、三河宝飯郡二十六・碧海郡一の三十九か村に持っていました。こんなには手広くなくとも、仲間の手の内も似たり寄ったり、得意場なり入会細工場を複数持っていました。

　タビに出るのは、多くは春の彼岸から田植えまでの春鍛冶と、秋の彼岸から稲刈りまでの秋鍛冶でした。年二回で五、六か月、その合間に自分の農作業をしました。農を修め別の農村で歌の文句のような「平和の打ち物」を打ちます。わしらはまさしく〝村の鍛冶屋〟だったのです。なお、明治以降、自由に営業ができるようになると、稼ぎ先に移住してそこの〝村の鍛冶屋〟になった大野鍛冶も多くいました。

　現在、大野鍛冶の作品は、愛知県東海市にある愛知製鋼（株）の「鍛造技術の館」で見ることができます。鍬や船釘、鍛冶の道具などの実物のほか、昭和初期の鍛冶を再現したジオラマもあります。

タビの仕事

　農鍛冶は、仕事の主体となる「横座《ヨコザ》」と、向かい合って大槌を打つ「向槌《ムコウヅチ》」がペアで働きました。タビには、独自のテリトリーを持つわしのような親方が若い者を引き連れて出ました。横座は修行期間中の年季奉公人や年季が明けて技能を習得した「職人」が務め、熟練度の低い向槌専門の者が付く。道中の一行は黒鍬とよく似ています。職人には親方の「弟子」もいれば、臨時雇用・フリーの「手間取」もいました。向槌は修行を積まない農家でもよく、飯炊きなど身辺雑事をこなし、注文や製品配送で得意場の家々を回りました。わしは仲間の中では商売を手広くやっていた方で、得意場も入会細工場も相当分散していて、親方であるわし一人では間に合いません。そこで、分身として弟子が何人かいたので、得意場と入会細工場をいくつかの単位にまとめて、彼らに任せることにしています。

わしら親方は、藩に役銀を納めて役札を交付され、同業組合「仲間」を作りました。得意場の所有や売買は、仲間をかかわらせずにはできません。新規参入の規制や価格協定も、ほかの職種と同じく仲間の役目です。船鍛冶とは縄張りを侵さない規定を結びました。けれども、そんな涙ぐましい努力にもかかわらず、ヤミ仕事「陰細工《かげざいく》」がまかり通るようになります。ヤミ仕事はフリー職人、手間取たちの仕業です。彼らは、弟子のように将来親方の跡目を継げるわけではないから、勝手に村を回って注文を取ります。入会細工場では、権利を持つ親方も仕事は農家からの持込みを待ちます。農具が壊れて不便を感じる農家は表稼業とかヤミとか関係なく、家に来てくれる便利な方を選ぶでしょう。ニーズは取ったもん勝ちということです。

ニーズに応える仕事とはどん

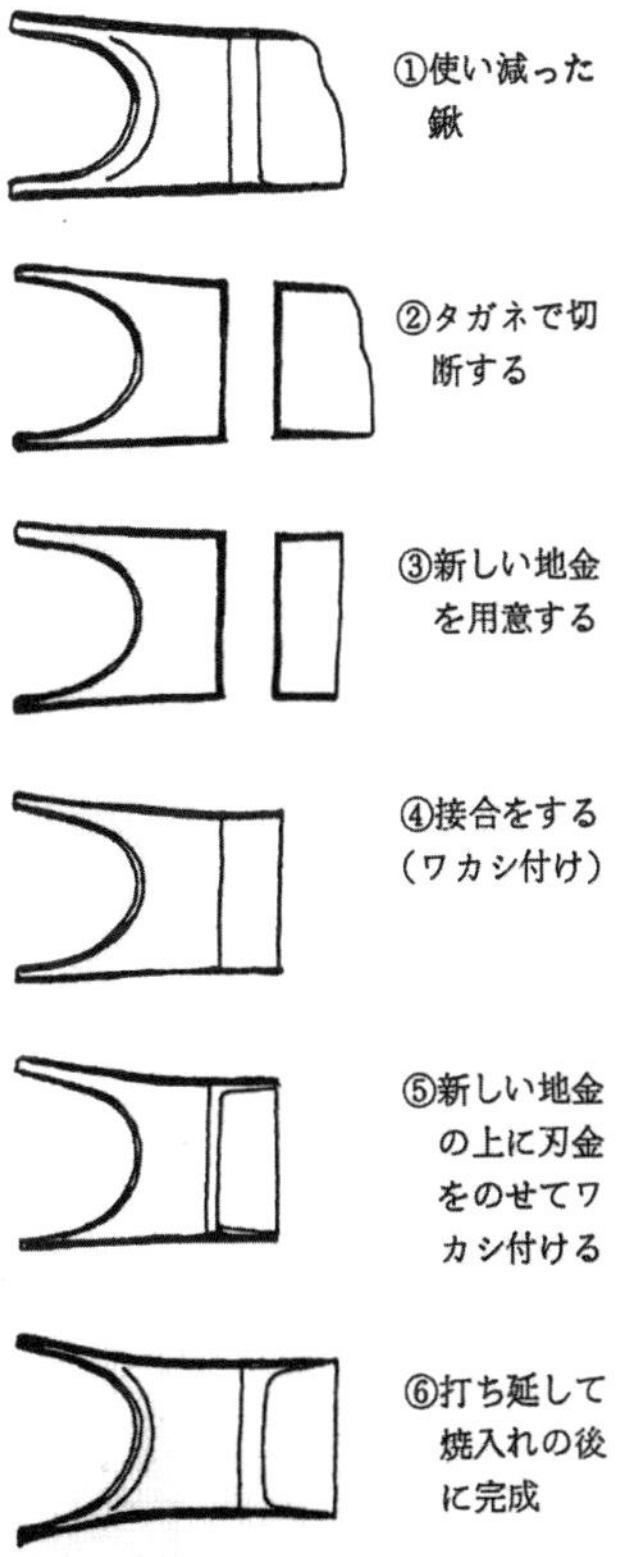
①使い減った鍬
②タガネで切断する
③新しい地金を用意する
④接合をする（ワカシ付け）
⑤新しい地金の上に刃金をのせてワカシ付ける
⑥打ち延して焼入れの後に完成

鍬の先がけ
刃金付けの場合。朝岡康二『鍛冶の民俗技術』より。

なものか。『百姓伝記』に、重要な鍬と鎌は「手つまのきゝたる農かぢ《鍛冶》にうたせ、またさいをかけさすへし」とあります。まずは腕利きに任せよ。「さいをかける」とは「先がけ」（サイガケ・サキガケ）、鍬の摩耗した刃先を切断し、その部分を継ぎ足した上に新しい鋼板を鍛接《ワカシツケ》する補修方法です。刃が減れば何度でも繰り返すことができるのです。

新しい刃先に使う鉄は今でいうリサイクルです。古い鉄鍋や釜の底を細かく割って地金の上に並べ、溶かして刃金としました。鍋釜だけでなく鎌や庖丁の屑、鉄銭なども使います。そんな古鉄を鍛えて作った鍬の方が新鉄製よりも上質といわれました。長年火に曝されて炭素が抜け粘り強くなるのを生かしたのです。『百姓伝記』にも、「鍬のゆかねハなべかまをいる鉄なり。地かねハ常の鉄なり。ゆかねにハ古きなべかまの損せるを置たるかよし」とあります。先がけで刃金部分を「湯金」、土台を「地金」といいます。さきに、唐鍬は湯金を厚くせよと言っていました。

先がけの手法は鍬先の形と関係が深いのです。中世までの絵巻物などに描かれた鍬は先が丸くU字形かV字形をしていました。兜の前立てにある「鍬形」という形がU字形なのはそのせいです。丸先の鍬が角先に変わったのは戦国期以降、城や陣地の構築など普請を伴う戦術や新田開発で鍬による土工が重要になったからです。膨大な土を扱うには刃の面積が広い方がいい反面、幅の広い角先では先の尖った丸先より土に当たる面積が広くなって切り込む圧力が小さくなる。だから切れ味が格段によくなければならない。この矛盾を解決したのが刃金を溶着する先がけの手法でした。

先がけの手法は山陰地方以外全国で使われ、大野では「湯先《ユザキ》」と呼んでいました。大野からの出稼ぎ先の駿河の山間では、湯先を「黒鍬」と呼ぶ鍛冶屋もいたらしいです。なぜかはわからぬまま同じ名前が融通されています。大野鍛冶が黒鍬と深い関係を持つということがその名に表れています。

余談になりますが、誤って鍬で足を傷つけたとき、「大野のヒルに足を食いつかれた」と言われました。大野鍛冶が打った鍬の切れ味を表しています。『便利論』にあった最上級の賛辞にもぴったりです。わしらが打つ黒鍬は、それほど優れた道具でタビ先の土を切ってきたのです。

流通と鋳物師

鍬の素材はもちろん鉄である。その生産は、戦国から江戸期にかけて大きく飛躍した。水流により大量の砂鉄を採る鉄穴流しと、特定の場所に固定した大型のたたら（永代たたら）による技術革命の成果である。それでも江戸期には、先がけのような古鉄の再生が流通面でもかなりの比重を占めた。

鍬より摩耗の激しい鎌は、刃が減るに従って稲・麦刈用から草刈用に下ろす（それは西日本で、東日本は逆になるらしい）。刃が減れば研いで使い続け、摩耗しきると鍛冶屋が回収した。鍬の下地に使うのである。だから出鍛冶は流通の手段でもあった。

古鉄再生が表舞台を下りるのは、江戸も後期に差しかかってからのこと。中国地方の鉄が全国流通に乗って広がったからである。その時期は新たな鍛冶屋が増えた時期とも重なる。彼らは流通の増えた新鉄を利用して増殖した。近代以降、近代製鉄により新鉄が鉄の流通の全域を占めるようになったのはいうまでもない。

鍛冶と並ぶもう一種の〈鉄の達人〉がいる。鋳物師（鋳物職人）。陰陽師や木地師と同類、神秘的な影をまとう中世以来の遍歴職人である。江戸期には下級とはいえ公家の真継家に支配され、朝廷に連なるという誇りを持つ。近代以降の鋳造業にも寄与した。柳田國男によると、鋳物師も鍛冶も「金屋」と呼ばれ、鋳物師は鋤や鍬などの打物類も取り扱っていた。刀や鋤・鍬のように叩いて作る打物と、鍋や釜など鉄を溶かして作る鋳物とは厳密には技術が違う。だが、鉄の特質を生かして使うとなると、鍬の先がけのように技術が混じり合う。

時代を遡るほど未分化なのは当然である。製鉄でさえ鋳物師が担っていた。

鋳物師は諸国を廻り、彼らのめぐりに伴い、鋤や鍬が流通した。少なくとも戦国期前夜には流通の主流を占めていた。江戸の正保二（一六四五）年時点でも、鋳物師の拠点として名高い播磨国野里《のざと》（現兵庫県姫路市）産の野里鍬が大坂周辺で最優秀と評価されていたことを津藩の文書が記す。

鍛冶は鋳物師に従属する者とされていた。そのせいもあってか、大野鍛冶の由緒は、始祖を近江辻村の出身と伝えていた。辻村は名高い鋳物師の里、そこを先祖としてつながりを持ちたかったのだろう。始祖を高貴な者としたい心情は木地師にも通じる。彼らは皇族（惟喬《これたか》親王）を技術の祖とするのである。

知多周辺にも鋳物師の拠点があった。まずは足元、大野谷の久米（現常滑市）に。そして尾張最大の勢力、山田庄の鋳物師は、現在の名古屋市東部から東春日井郡あたりにいた。現名古屋市守山区に本拠を置いた山田庄の水野家は、久米以外の全尾張鋳物師を傘下に置いた。柳田が話題にした「金屋」や「鍋屋」の地名も周辺にある。鍛冶の製品や原料の流通と鋳物師との深いかかわりを物語る。

武器としての黒鍬

最後に少し、鍬が「平和の打ち物」ではなかった時代のこと。黒鍬は武器だった。直接には、作物が植えられた田畑を掘り返す「七尺返し」や「くろつち」という攻撃があった。敵方の兵糧源である農地を破壊するのである。深さや土の色が、攻撃の徹底ぶりをよく表す。

普請を伴う戦術にも必需品だった。武田氏の事績を記録する『高白斎記《こうはくさいき》』（駒井正武、一四九七～一五五三）には象徴的な「鍬立《くわだて》」という言葉が散見される。奪取した城を改築するに当たっての地鎮祭を意味する。北条氏は、農民を動員してたびたびおこなった城普請に、鍬と簣《あじか》（土を運ぶために藁で編んだモッコ）を持参させた。

永禄十二（一五六九）年の上杉謙信の「地下槍触之覚《ちげやりぶれのおぼえ》」は、槍とともに縄や鉈、そして鍬を持参せよと命じている。

豊臣秀吉の鍬は桁違いである。天正十二（一五八四）年、長浜（現滋賀県）の町人に二度、数百丁の鍬を尾張の陣まで運ぶように命じた。小牧・長久手の戦いのさなかで、攻撃拠点として多くの陣城（付城）を築かせ、尾張竹鼻城《たけがはな》（現岐阜県羽島市）を水攻めで攻撃した。普請戦術が得意だった秀吉は、長浜の鍛冶に対して、鉄を届けて鍬の製作を急がせている。農民に持ち寄らせるのではなく、自ら大量生産して供与したのである。

この時期、秀吉は水攻めを連発した。竹鼻城攻めの二年前には有名な備中国高松城（現岡山県岡山市）があり、竹鼻城の翌年には紀伊国太田城（現和歌山県和歌山市）を攻めた。その後小田原の北条氏攻略に際しては、武蔵国忍《おし》城攻めを石田三成に命じた。天正十八（一五九〇）年、竹鼻城から六年後になる。

和田竜の小説『のぼうの城』（二〇〇八）は、忍城の戦いを扱った痛快な物語である。デクノボウを略した「のぼう様」成田長親《ながちか》が立てこもる城を三成が攻めあぐねたさまを描く。天端幅三間（約五・四m）、下幅六間（約十一m）、高さ三間の台形の堤防が七里（約二十八㎞）にわたって築かれた（規模には諸説あり）が、風雨によって数日で決壊した。そんな体たらくだったが、この築堤に三成は一人米一升と銭六十文（夜は百文）を出すと公約したので、近隣から数十万人が集まったという。

直接人を殺めるための道具でなくとも、普請戦術の要となった道具も同じほど重要な「武器」と呼べるだろう。戦の場面、あるいはその前夜に、大量の鍬が打たれる情景が見え隠れしている。戦国大名は黒鍬で戦ったのである。

戦国の世が統一されると築城ブームがあった。大野鍛冶の由緒に、徳川家康の駿府城普請に加わった功績からタビ稼ぎを認められた、という。そのように、普請に適した鍬が大量に流通し、鍛冶もそれに力を貸した。

鋳物師が諸国を廻り、拠点の野里で打った鍬が最優秀と評価されていたのはこの頃である。

やがて三、四十年も経つと『百姓伝記』が言う。「当世鍬をうつに、五畿内のかち《(ぢ)》、近江・伊勢・尾張・三河の農かぢ、其徳を得たり。余国の農かぢハその徳うすし」と。さらに百四十年の時を経た『便利論』では、「都《すべ》て打ものハ、泉州堺にて打ものいづれもきれよく細工も器用也」。堺のものが「切味格別」で、「摂河泉、其外近国用る農具ハ、堺より求むる也」。近隣へも供給されていたのである。大蔵永常の諸国遍歴から得られた評価である。優秀品の産地が時とともに移動しているようでもあるし、変わらないようでもある。

だが同時に、彼はこうも考える。「つかひ試て便利ならんと覚給ハゞ、夫を手本として其処の鍛冶ニ作せて猶流行せハ、予が此書を出せる本意なり」。堺産を手本にして各地の鍛冶が作ったものが普及することを夢見ている。大野の鍛冶はまさに「其処の鍛冶」、そして「打もの」は「オワリ」の名とともに諸国にとどろき渡っている。

夫鍬《それくわ》ハ、和漢《わかん》とも種植第一《しゅしょくだいいち》の要具《えうぐ》にして百穀《ひゃくこく》はいふに及ばず、人世日用《にんせいにちやう》の菜蔬《さいそ》に至る迄、此具《このぐ》なくしてハつちかふことあたはず。然《しか》らバ、稼穡《かしょく》の基《もとい》、貴賤《きせん》とも人命《にんめい》のあずかる所《ところ》なれバ、何《なん》ぞ卞玉夜光《へんぎょくやくわう》と日《ひ》を同《おな》じくしていふべけんや。実《じつ》に、国家《こくか》の大宝《たいほう》、億兆《おくてう》の司命《しめい》ともいふべし。

（大蔵永常『農具便利論』）

大蔵永常は鍬を著書の冒頭において最高に持ち上げる。穀物や日頃食べる野菜まで鍬なしには作ることができない。ゆえに鍬は農業の基礎であり、すべての人の命を預かる。闇を照らす宝の玉の光のごとく、まさに国の宝、民の命の源というべきだと。

「平和の打ち物」たる鍬を振るい、小農が力を尽くした三百年。「徳川の平和《パックス・トクガワーナ》」はこうして支えられ、さらには大いなる近代の飛躍を準備したのである。

column

見え隠れする影

江戸後期に企業が力を蓄え、幕末の横須賀製鉄所や台場工事など数千～数万両規模の工事を請け負う者が育ってくる。そんな大手の請負人が活躍する場ではない世界に、大小さまざまな普請に携わる「黒鍬」と呼ばれた者たちが、見えては隠れる姿でいた。

若狭国遠敷《おにゅう》郡下田村（現福井県小浜市）の『諸法度《しょはっと》慎《つつしみ》之事《のこと》』（一七八六）。華美な生活を戒め、倹約第一の規律を示すほか、生活の自立を促す。達者な者三人で組んで黒鍬を村々に始め、田地普請の日傭取《アルバイト》りを真面目に勤めて怠け者の目を覚まさせよ、と言う。「くろくわ」の語が土木人夫を意味する普通名詞として流通している。

天保八（一八三七）年、伊勢国の豪商竹川竹斎は、地元の射和《いざわ》（現三重県松阪市）で「農家を救はんには新池を築造し、賃銭を与へて活路を与ふるに如かず」（自筆年表による、以下同じ）と画策し、「隣村阿波曾《あわそ》村、我が射和村壮夫は勿論老幼各課を分ち使役」して成し遂げた。地方創生の各種事業の一環だった。立梅《たちばい》用水（現三重県多気町）にかかわった「老功」の者、紀州藩普請方乙部才助の検分に基づき、「村方素人《しろうと》ばかり故、効果《しるし》の行く普請できず」と、「尾州黒鍬」が雇われた。作業能率が村人より少なくとも三割方違うとされ、連日二、三十人が出た。他所者の雇用に恨みを抱いた村民の妨害や豪雨被害を克服し、高さ四間（約七ｍ）、長さ百間（約百八十ｍ）の堤の築造、新田・水不足解消田二十六町歩余りを完成した。指導し黒鍬の差配に当たった乙部や部下は紀州藩の人間で、鳥羽藩に属する射和村に越境してきた。副業で建設コンサルタントやゼネコンをやっていたのか。

同じ頃、江戸期三度目の印旛沼開削工事にも「黒鍬」が雇われた。庄内藩の記録『続保定記《ぞくほていき》』（久松宗作、一八四三）に、国元からの人夫「庄内夫」と「江戸働黒鍬」、そして「近郷又江戸辺之者」つまり関東の村々から雇われた「土方者」の三者が描き分けられる。「江戸働黒鍬」の仕事ぶりは誰もが絶賛した。代官手代の書簡に「御雇働方巧者、殊ニ黒鍬等道具も太ク目立候働」とある。『続保定記』は「江戸黒鍬と申者共ハ働方抜群」と記し、一貫二、三百匁（五kg弱）もの重い鍬を振るい、三十～四十貫目（一貫目＝三・七五kg）から水分を含んで七十貫目にもなる土を大もっこで運んだ。この「江戸黒鍬」、素性は明らかではないものの、おそらく幕府が斡旋した形で庄内・鳥取藩に傭われた。工事が民間にアウトソーシングされた姿が見える。頭が「結城近在之者」だったと庄内藩文書にある。

三河国の山崎譲平の日記『日知録《にっちろく》』。山崎は下津具村（現愛知県北設楽郡設楽町）の蘭医で農業もしていた。安政三（一八五六）年十二月に「苗代ぼた拵へ」（畦造り）があり、「九六鍬」への支払いを記す。明けて一月、弥兵衛という黒鍬が「風呂場拵へ」、九月に「井せぎ」（堰き止め）。奥三河の相当深い山あいの現場に、どこから出向いたのだろうか。

飛騨の大坪二市『農具揃《のうぐせん》』（一八六五）は農作業に使う農具を月別に挙げる。その数は三百五十余品。農業ほど多くの道具持ちはない、としている。対して黒鍬は、大工や左官などと並んで「各其器不残一荷にして、自由に持歩行なり」。法被《はっぴ》と腹掛、股引姿、天秤棒に柳行李と鍬、鶴嘴《つるはし》、鋤簾《じょれん》。実にコンパクトだった。

秩父神社の門前町として栄えた大宮郷（現埼玉県秩父市）では、明治三（一八七〇）年の戸籍に記載されていた。一世帯を構える「黒鍬 清水甚八 二四歳」のほか、雑穀・菓子商「大曽根伊左衛門店住 黒鍬 茂十郎後家い己」、同じく兼吉、そして「今宮神社社主塩谷俦店 黒鍬渡世 大久保熊蔵」、同じく岩田孝太郎。総世帯七百七十三で「出稼又は来住」は百十五世帯、黒鍬は「来住」で奉公人たちと同列にいる。

明治二十二（一八八九）年八月、奈良県十津川村を襲った大水害は、一夜で地形を変えるほどだった。司馬遼太郎が『街道をゆく十二 十津川街道』（一九八三）に描く。さしもの黒鍬も歯が立たず、最新装備の陸軍工兵隊によって事態が打開できたのだったが。

……当時、戦国以来の呼称として黒鍬衆とよばれる土木の専門労働者がどの府県にも多数いたが、県庁はそれらを多数かきあつめ、少しずつ急造の道を

印旛沼開削工事の黒鍬
「江戸働黒鍬之者　大もつこうにて堀捨土をかつく図」
『続保定記 下』東京大学史料編纂所所蔵謄写本より。

つくりつつ、やっと県官を村の入口までたどりつかせたところ、被災の状態は想像以上であることがわかった。

——とてもわしらの力では、これはどうにもなりません。

黒鍬衆の親方は、渓流が寸断されることによってできた無数の湖を見て、泣いたという。

平成九（一九九七）年、岐阜県加茂郡八百津町。昭和七（一九三二）年生まれの人からの聴き取り。道直しや開墾をした土方を「黒鍬」と呼んでいた。そこから道直しそのもの、さらにはボランティアで道直しに出ることもそう呼んだという。

終章

我々はどこから来たのか　我々は何者か　我々はどこへ行くのか

――本日はお忙しいところ、ありがとうございます。あ、いや、皆さんの世界では、追われたり足りなかったりはないでしょうね、時間は。失礼しました、つい癖で。

これまで「黒鍬」と呼ばれる存在にかかわる四つの系譜、四色の分身像をたどってきました。それぞれの系譜の語りに同行していただいたのは、皆さんその道の達人でした。

まずは「お役目としての黒鍬」、江戸幕府の役職としての黒鍬之者でした。案内人は、徳川四代家綱公の頃（一六五一～八〇）に黒鍬頭を務められた牛窪権右衛門景定さんです。

次は「〈石の達人〉としての黒鍬」です。天保八（一八三七）年に美濃国の恵那・坂折棚田の石垣を積んでおられた下畑兼次郎さんがご案内下さいました。

そして「タビとしての黒鍬」については、尾張国知多郡柿並村の市右衛門さん。文政年間（一八一八～三二）に和泉や河内で活躍されました。「出稼ぎ」というか、渡りの〈土の達人〉としての黒鍬についてお話し下さいました。

もう一つの「モノとしての黒鍬」は農具の鍬です。幕末の慶応（一八六五～六八）の頃に鍬を打っておられた伊右衛門さんのご案内でした。同じく知多の大野在住で、尾張から三河にかけてお仕事を展開されていた農鍛冶さんです。

《我々はどこから来たのか 我々は何者か 我々はどこへ行くのか》（一八九七～九八）は画家ポール・ゴーギャンの畢生の大作です。それにならって、黒鍬のどこから・どこへ、来し方行く末をもう少し追ってみたいと考えます。

まあ、そんなに肩肘張らずに。これまでどおりでけっこうです。居所も年代も違う皆さんですからこれが初対面でしょうが、よろしくお願いいたします。

黒鍬の原像？

牛窪景定（以下、「牛」） のっけから文句を言うわけではありませんが、こうして四つの系譜が並ぶとき、大きな顔をして私が最初に来ていいんでしょうか。黒鍬はそもそも伊右衛門さんらが手がけられる「モノ」としての黒い大きな鍬から発していたはず。それを振るって仕事をするヒトを道具の名で呼んだ。現実にその鍬を使うのはタビの市右衛門さんたちでした。あるいはそのお仲間の〈石の達人〉、下畑さんらです。〈土〉と〈石〉の両方に凄腕を持つ人もごく普通におられましたね。我ら「お役目」の者はといえば、権現様《(徳川家康)》に召し抱えられた初代はともかく、今となっては雑務雑用何でもござれが家としての仕事になっているのですから、もはや道を外れているようなものです。

伊右衛門（以下、「伊」） お武家様がそう卑下なさいますな、牛窪様。何であれ、ご自分の仕事は大切です。

牛 「牛窪様」だなんて、俗世の身分などこちらの世界では関係ありませんよ、衆生は平等なんですから。「さん」でけっこうです、伊右衛門さん。それにしても、最初というのは居心地が悪い。

下畑兼次郎（以下、「下」） 伊右衛門さんのおっしゃるとおりですよ。江戸城内でのお仕事、ご苦労されたことでしょう。そこへ至るまでの成り行きが大事なんだし、もう一つの顔、〝裏の仕事〟もお持ちでしょうから……。

市右衛門（以下、「市」） 牛窪さんのルーツは三河の矢作川と闘った方々でしょう。司馬遼太郎さんの言葉でいえば、「堤防工事に熟しており、黒鍬者になるための多少の技術はもっていたにちがいない」。江原素六さんのご先祖と同じく、「士」でもあるが「農」からも離れていない、いわゆる地侍のような存在だったのでは。それはいわば黒鍬の「原像」ではないですか。先頭でも全然おかしくありません。

——牛窪さんのおっしゃるとおり、一番の根っこにはモノがあるのでしょう。モノだけではどうにもならないので、モノをヒトが使う姿が基本となります。伊右衛門さんが紹介された長塚節さんの小説『土』にあったような、主人公と鍬が「唯一体である」姿。そんな姿であり活動でもある。その一体となった姿が「黒鍬」という名で呼ばれたものの本当の意味での原像なのだと思われます。ただ、「黒い大きな鍬」と牛窪さんがおっしゃいましたが、そうではなく、単に鍬だけだったかもしれません。

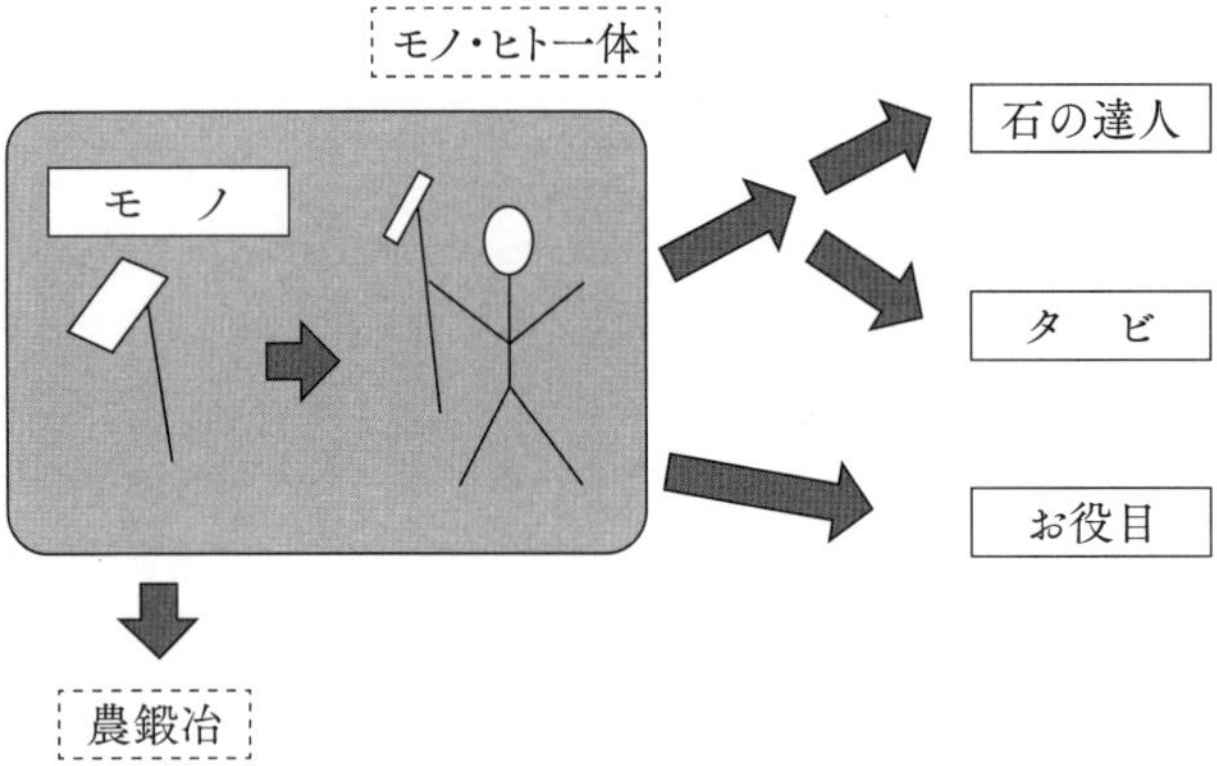

黒鍬の系譜

けれども、「原像」っていったい何なのでしょうか？　三河の地侍なのか知多の百姓なのか、はたまた開墾によく使われた黒い大きな鍬がいつから黒鍬という特別の名前で区別されるようになったかなど、「いつ、どこの誰」と一点に絞り込むことはむずかしい。

あえて少しだけ絞り込んだとしても、より古い用語例はなさそうですから、戦国～近世初期に中部日本で活動していた、鍬一本持った人たちを「黒鍬」と呼んでいた。周囲とはくっきりと区別された明確な〝形〟というより、輪郭も曖昧なままの〝像〟というしかない。さしあたってはそれでよしとしておきませんか。

一番根っこの前提というべき所には、竹や木の根を豆腐のように無造作に切ることができる切れ味と、切り込むときには体も一つにぐさりと切り通すかと思うほど一体となって扱うことができるスキルがあって、密接に結びついてどちらが欠けても働かない。一つの〝能力〟あるいは〝協働体〟となっています。そこへいろんな関係の網目が被さってきて、あるときは戦場で働いた後に江戸のお役人となったり、あるときは石を積んだ人がそう見えたり、同じなりをした人が各地で土の技巧を凝らしたり。ゆるい共通項としての像が「黒鍬」という一つの名を持ったのだということです。

それでも、「シロ」でも「アカ」でもなく、「ヤリ」でも「スキ」でもない「クロクワ」だったのです。いったんその名になると増殖していきます。理屈をこねるようですが、名前というのは不思議なもので、世界は名前の集合でできている。名前を知れば世界が理解でき、反対に忘れたり失ったりすれば存在そのものが消えてしまう。「黒鍬」はまさにその名で生まれ、枝葉を茂らせながら生き延びていった、というわけです。

伊　「鍬」の語源云々の話がありましたが、わが国の「クワ」と「スキ」の名は逆転しているのです。中国では「鍬」はフミスキのことで、クワは「鋤」でした。『日本書紀』(七二〇)でも「鍬」はスキです。が、その後間もなく逆転して、今のように「鍬」がクワになりました。古代には鉄の同じ刃先を鋤でも鍬でも使い、柄の付け方が違っただけだったので混乱したようです。柄と刃の角度が九十度以上で柄を持ったときに刃が先を向けば鋤、九〇度以下で手前を向けば鍬になりました。

鍬を考古学する

――これまでたどってきたのは、名前が示すもの、ゆるぎない純粋で単一な本質＝「起源」というものに向かって突き進んで行くというのとはまったく別の道行きでした。こんな道行きを「考古学」とか「系譜学」と表現した方がおられます。

伊　考古学って、私の打ってきた鍬だったら、どこの遺跡から出てきて、いつの年代のもので、何でできていてどんな形をしているか、地域地域でどう違うか、時代でどう変わるのか編年していく、そういうことではないのですか？

――普通はそうです。でも、ここで言うのはちょっと違う。現代の思想家ミシェル・フーコーにならって、モノが成り立つ条件を明らかにするのです。

彼の例を引くとたとえば聴診器。水の入った樽を叩いて音を聴く原理と木片を耳に当てて音を聴く遊びから考案され、木製の筒が原型でした。聴診の症例と死体の解剖所見を多く集めて比較することで、新しい診断法が確立しました。体の表面の観察に注目するだけだったのが、視覚・聴覚・触覚が三位一体の「感覚的三角測量」をするようになり、体というものが表面＝平面から立体の「黒い箱」になり、その内部まで診ることになったというのです。おまけに、聴診で病気を知るのが重要と認められるようになって、患者の体に直接耳を当てるのは道徳上の問題となった。聴診器というモノは、そういうふうに医学のまなざしの変化にも道徳観の変化にもかかわる。モノはもちろん物も言わないし記録も残しませんが、モノの出現の中にそんな沈黙の言葉を聴き取ることが重要だというのです。

伊　そうか、鍬でいえばこうなりますかな。『農具便利論』にあったように、江戸時代に鍬は、大きさにしても形にしても多様な発達を遂げた。背景には、鍬に対する社会の見方が変わったことがあった。鍬だけで耕す小農を自立させる近世の政策転換です。大勢出て牛で引く犁は補助的な位置になり、個人の手で使う鍬の方が使い勝手がいいと。それで夫婦中心の家族を単位として勤勉に働くようになったし、深く丁寧に耕して大量の肥料を効かせれば収量が上がる。たくさんの肥料に耐えられる品種もできた。そうして社会全体の生産力が高まっていったのです。

牛　古代以来、鉄は朝廷や大名などの独占物でしたが、その時期に庶民の手に届くほど出回るようになったのが効いてきますね。もちろん鉄の生産力の向上があった。加えて統一政権の誕生もかかわってきます。私は秀吉公がヒトの黒鍬を抱えたことをお話しし、伊右衛門さんはモノの黒鍬も大量動員したと話されました。北条氏の頃は自前の鍬を持つ農民を徴用したのだけれども、秀吉公は、人は人、鍬は鍬で別々に集めて組み合わせて軍団に編成した。それができるほど力が強くなった。さらには、秀吉公が普請好きという以上に、鉄砲戦の普及やら陣城をネットワークする戦い方も黒鍬の活躍にかかわってくるのですね。

――皆さんのお話に出てきたさまざまな要素やできごとの細部は、それぞれ別々に語られたのですが、互いに関連を持ったモノ／コトの連鎖でした。

互いに関連しているから、先ほど言ったようなゆるぎない純粋で単一な本質、つまり現在一つの名前で呼ばれる「黒鍬」が過去に遡ってずっと同じものと前提して、そんな本質や起源が歴史を通じて変わらず現在に続くという道行きにはならなかった。不動でも統合＝まとまりでもない、バラバラな偶然の要因・要素がまとまりと見紛われるものになっていったのが実情でした。まさに黒鍬の「考古学」あるいは「系譜学」でした。

下　いやいや、とりとめなく感じていたんですが、お役に立てたとしたらそれこそ偶然です。少なくとも私はそうでした。

一同　（顔を見合わせながらうなずく）

見え隠れする影――江戸とその周辺

牛　「系譜学」というなら、「黒鍬」と呼ばれた者たちの、時の流れに見え隠れする影も魅惑的でしたね。幕府や藩に雇われていても、私の職場・職務とは全然違う姿だったり、かと思えば市右衛門さんや下畑さんらと協力したり対抗したり。我々四つの系譜と違った流れが何筋もできているみたいです。

下　私たち石工の仲間は、近江の穴太の住人でなくてもどこでも「穴太」と呼ばれました。それと同じ、普請に携わる者の代表というか、一般名称としての「黒鍬」でしょうね。
牛　『武士の家計簿』（二〇一〇）という映画があります。原作は加賀藩の会計係「御算用者《ごさんようもの》」を描いたベストセラーです。こんな場面がありました。亡き父の通夜で悲しむ家族を尻目に当主が葬儀費用をはじいている。幼い息子が責めます。なぜそこまでやらねばならないのか。主が静かに答えます。わが家は「ソロバン侍」、それが家業だからだ、と。
同じ体《てい》でいえば、我ら「お役目」の者たちは、初代は確かに「土木侍」でした。軍目付様の配下で、道普請など土木工事をはじめ、偵探とか放火、戦場の片付けなどにも携わっていました。平和になってからは公儀お目付の下に入り、代を経るにつれて腕を振るわなくなり、ついには雑務雑用が家業になりました。
下　文字どおりの「土木侍」は実際におられたんですよね。
牛　勘定奉行配下の普請・作事・小普請の「下三奉行」様の部下にいました。「容易に指図はできぬ」、「人足の働かぬことを警める位」の「官員」（『旧事諮問録』より）と元上司に言われましたが、そんな手合いばかりではありません。『土木工要録』を著された高津儀一さんのように、手に確かな技術を持った方々もおられました。
伊　「土木侍」の幕府から新政府へかなりの方が移られて、そのまま「土木官吏」になられたのですね。
牛　有徳院《（徳川吉宗）》様などが鋭い目利きで登用された「地方巧者」といわれた方たちも、抱え入れられてインハウス技術者になりました。地域の庄屋などの役目柄、腕は確かでした。ただ、そういう技術者陣も次第にアウトソーシングされて、民間業者が台頭してきます。私どもの家業ですら、「公儀人足」という傭われ人が普通になっていきます。
私たちはご城内のどこにでも出入りできたので、上様《将軍》はじめ上の方々の生活が丸見えでした。だから守秘義務があり、セキュリティ管理も厳重でした。そんな特殊任務ですから、一番下の階層でありながらいわばメンバー制、代々相続ができる譜代という格式でしたし、他の職に昇進することもありました。

「公儀人足」は、突発的な事態で人員が不足したときに作事奉行様に派遣をお願いして、町方から日傭いを金で調達したのです。彼らにも厳重な監督・監視が付いたことは申すまでもありません。でも、そんな奴らと同じ現場で同じ仕事とは、複雑な気持ちでした。

下　出没自在で他人の秘密も知っている。だからもう一つの顔がある、〝裏の仕事〟をしていたと、忍者や隠密などと間違われたのでしょうかねえ。

牛　ご公儀治世三百年のうちに、「公儀人足」ばかりか、現代のように札を入れて安い者が請け負うやり方が次第に整ってきました。

平野弥十郎という方は、幕末から明治にかけて手広く商売をされていました。雪駄商から商売替えし、「江戸に高名なる土工事の請負人」（『平野弥十郎幕末・維新日記』、二〇〇〇、嘉永六〔一八五三〕年の条による）の尾張屋嘉兵衛さんに師事して請負人となります。それからも薬湯店（銭湯）や湯を運ぶ樽売商、炭問屋などを兼業しながら、請負人稼業で成長していきます。明治政府の下で北海道開拓にも携わり、最後は札幌で亡くなります。大きな工事は藩の出入り業者となった薩摩藩や松山藩のお台場工事でした。ご公儀の品川台場でも、石材の切出し・運搬を嘉兵衛さんとともに下請けしています。

市　お台場の工事は海中ですから大変だったのでしょうね。

牛　ご公儀の品川台場は、今は地続きの公園となった第三台場や孤島のままの第六台場が残っています。現代の賑わいスポットからは想像つかないほどの緊迫した情勢下での一大事で、江戸湾を守る砲台として造られました。湾を臨む藩邸を持っていた薩摩藩や松山藩では、その海岸を沖合に拡張して造成しました。

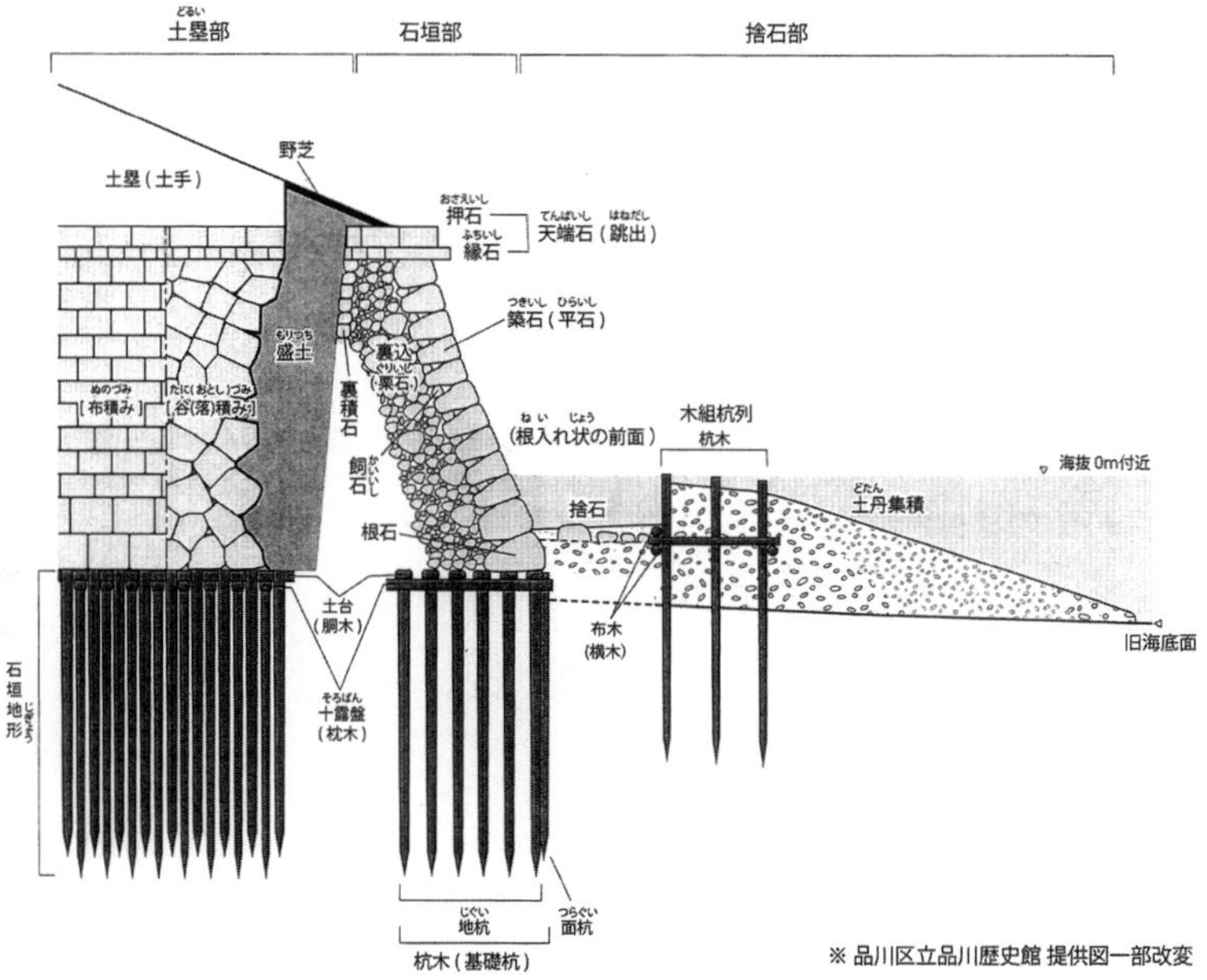

台場石垣の構造

（公財）東京都スポーツ文化事業団・東京都埋蔵文化財センター編『品川台場（第五）遺跡２』より。

品川台場では、海中でまず外周に大量の土丹石（神奈川周辺の固結泥岩）を投入し、その内側にも石材・砂利を入れます。一定の地固めができると径四、五寸（十二〜十五㎝）、長さ二間半〜三間（四・五〜五・四m）ほどの松・杉材の基礎杭を打込み、枕木や胴木で基礎として、上に伊豆安山岩の間知石で石垣を築いた。洲というか浅瀬の軟弱な地盤の上に石垣を築くこの工法は、戦国期の城造りで、たとえば加藤清正公の配下がやったのと同じです。内側を水車で排水し、近隣の海中から掘り上げた土や陸上の土取場から運んだ土を突き固める。石材や材木の調達は、別件発注のこともあり下請けのこともありますが、全体の差配を請負人がしたことは確かです。平野さんは松山藩に対して、「万一非常の事有時ハ、九六鍬人夫千五百人無賃にて差出し申べく旨」（同日記文久三〔一八六三〕年の条）と大言壮語するほどの実力を持っていました。

大工事になると、江戸市中だけでなく近国の、市右衛門さんのような親方あるいは世話役に連絡して多数の土工を調達しています。彼らとネットワークを結んでおられたのです。

市　印旛沼の工事で働いていたのもそういった人たちだったのでしょうか。

牛　幕府が斡旋した形で庄内藩や鳥取藩に傭われ、人並み外れた働き手たちでした。頭が「結城近在之者」だったと、庄内藩の文書にあります。結城は関東平野のど真ん中、現代の茨城県西北端で栃木県との県境です。そこら辺の専業化した黒鍬、いや「破畑」ですかな。

見え隠れする影――中部日本

伊　市右衛門さんの近くでも請負人が立ち回っていたようですね。

市　はい。けっこう早い時期、知多と向かい合わせの渥美半島の田原藩で日記があります。明和六（一七六九）年の七月から九月に、船倉湊（田原港）の浚渫工事を生路村（現愛知県東浦町）の伊助が請負っています。潮間の作業で、藩日記に「あぜを置、其脇を掘候故、少も水入不申、殊ニ外之所を一向踏不申候故、土能かたまり居候」（七月二十四日の条、以下「七・二四」などと表記）とあります。土を掘っては畔を造り、その脇を掘り下げることを繰り返していったのです。「巾之広キ鍬」（七・二二）で掘ったとあるので、人もモノもまさに黒鍬の技といえます。「前々村人足ニ而浚候よりハ格別土も能揚ケ」（九・一）とかつて周辺農民が浚えたのとは違うできばえに藩役人が感心しています。

田原では新田開発にも請負人が活躍しました。名古屋の両替商が資本を出しました。何度も災害に遭い、藩内の畠村（現愛知県田原市）のほか、新美南吉さんの故郷岩滑《やなべ》村（現半田市）、伊右衛門さんの故郷大野村から来た方々が復旧に携わりました。知多から田原藩へは、大工が出向いて用水の水門扉や分水工を作ったり、伊右衛門さんら大野鍛冶のお仲間が出かけたりしています。

そんなに優れた技を発揮し、一方では「達者」や「格別」と誉めていただいているのに、もう一方では「うぐら持」とモグラ扱いするような蔑みの表現も藩日記にはあります。年代で書き手が違うとはいえ、悲しいことです。

伊　田原藩には、画家として名高い渡辺崋山さんがご家老ではなかったですか？

市　今言った工事は皆、崋山さんが生まれる前のことでした。

伊　崋山さんは〝農〟にも造詣が深く、大蔵永常、佐藤信淵といった農学者を藩に招いています。大蔵さんは、私らが打った黒鍬を『農具便利論』のカタログに載せて下さった方です。また、『門田の栄』（一八三五？）という本を出し、田原では冬もずっと田んぼに水を溜めているが、水を落として乾かした方がよいと教えました。そこに崋山さんが挿絵を寄せられています。大蔵さんもまた、タビする著述家といった風情があります。

牛　それはともかく、田原藩のようないわゆる〝在〟の方にはニーズが常にあるから、専業が早くから成り立つのですかね。新田開発や開墾でも、水を使うのに水路やため池を造るにしても、洪水から村を守る川除にしても、どこかしらで年中働き口がありそうですね。

下　私ら石工の仕事では、専業化する傾向はもっと強いです。市右衛門さん、泉州では地元の黒鍬にとっては商売敵でしたね。彼らも彼らで、地場で腕を磨いていたはずですから。泉州といわず、各地にご同業の方々がおられたようにお見受けします。

市　在地の黒鍬と仕事の取り合いが年々激しくなりました。でも、腕では負けませんよ。

下　ところで、私も黒鍬と縁の深い人物を失念していました。

——服部長七さんですね。

下　そうです。幕末に三河の棚尾村（現碧南市）で生まれ、明治年間に「人造石」で一世を風靡された方です。人造石は彼が改良した三和土《たたき》のことで、消石灰とマサ土を水で練って叩き固めてセメント代わりにしたのです。

牛　造られたものは、下畑さんらが積まれた石積みと似ていますね。

下　うーん、見た目はそうですが主と従が逆です。私らは石を積んで、その隙間を詰めるのに対して、人造石工法では、数センチの塊を叩いて作っては石を載せていきます。そうすることで水密性が保たれるのです。石を噛ませるほか、施設全体を人造石だけで造るとか、土砂を固めた堤をアンコにして人造石の皮でくるむとか、方法はいろいろありました。ちなみに、服部さんが人造石に取り組んだのは、水質を改良する濾水器がきっかけでしたが、それは上京した最初の商売、饅頭屋のためでした。アンコつながりって、冗談ですが。

後に地元の黒鍬を率いて服部組を作り、各地の工事を請け負われました。得意なのは堤防で、海岸や港の護岸、それに神野新田（現豊橋市）などの干拓地もそうでした。名古屋港や水路工事に使われたものが、たとえば牟呂《むろ》用水や庄内用水の樋管・樋門など、あちこちにほとんど完全な形で残っています。

明治用水旧頭首工

明治用水通水120周年記念特別委員会 編『明治用水：120年の流れそして21世紀へ』より。

――明治用水の旧頭首工も人造石でした。硬すぎて破壊できずに残されたとの逸話があるほどで、今の堰の上流に一部が顔をのぞかせています。新美南吉さんは、都築弥厚さんの伝記の取材でその全景をご覧になったはずです。

下　人造石というか三和土は、「環境に配慮した工法」ということで、平成十七（二〇〇五）年の「愛・地球博」でのトヨタグループ館の舗装とか、アンコール・ワットの修復工事にも使われています。

――よくまあご存じで。

下　さらに余談を重ねると、東京は深川の富岡八幡宮（現東京都江東区）に歴代の横綱を顕彰する巨大な石碑があります。明治三十三（一九〇〇）年の建立ですから、明治頭首工が着工されたのとちょうど同じ頃です。そこに服部さんは、伊藤博文、大隈重信ら大立者に肩を並べて、堂々と名を刻まれています。

市　じゃあ、私も余談を一つ。

知多の黒鍬には伊豆の天城峠の工事に携わっていた仲間がいました。天城峠といえば『天城越え』でしょう。「あなたと～ぉ越えたい」の石川さゆりさんじゃなく、映画（一九八三）の方です。原作は松本清張さん（一九五九）です。

土工が殺された。酌婦ハナと情を交わし、彼女に恋心を抱いた少年に殺されたのです。小説の人物のセリフを云々するのもどうかと思いますが、旅回りの呉服屋が言います。「あれは土工だね。ああいうのは流れ者だからね。悪いことをするのはあの手合いだ」と。また地の文に「大男の流しの土工に、他国の恐ろしさを象徴して感じていたのであった」（傍点原書）とあります。私たちタビの者はそういう目で見られていたのでしょう。

冤罪で護送されるハナは少年に見送られます。顔に雨が叩きつけ、滝のように流れ落ちます。演じたのはデビュー三年目の田中裕子さん。「菩薩の微笑」とシナリオにありますが、凄絶なまでに美しいシーンでした。

黒鍬の昨今

牛　余情を台無しにして不粋な話ですが、最近私は、現世の月日の移ろいに伴って黒鍬をめぐる環境が変わってきたことを感じています。本書のもととなる連載が始まった平成十七（二〇〇五）年頃、「黒鍬」をネット検索したら、出てくるのは『子連れ狼』ばかりだったそうですね。でも最近、歴史に名を残さない者たちにも目を向けて下さる方々が増え、少なくとも我らを「忍びの者」とするような誤解はずいぶん影を潜めたようです。

市　そうですね。牛窪さんの「お役目」にしても、私たちの「タビ」にしても、正確な知識を得やすくなりました。とくに知多の黒鍬に触れるものが格段に増えたのはとても嬉しいことです。残念ながら、まだ断片的なものが多いのですが。

——平成十九（二〇〇七）年には、「ため池シンポジウム」という催しが知多半島の日本福祉大学で開催されました。分科会「水をめぐる歴史と文化」では、河合克己氏が座長となって黒鍬の技術に話がおよびました。河合さんは、柳生の里で黒鍬の足跡を発見された「はんだ郷土史研究会」ほかで活躍されている方です。

市　私たちの技術が詳しくわかりましたか。

——今の名古屋市の臨海部を造った干拓や新田開発などとも関連するのではないかという話題が出たものの、残念ながら、断片的な文献や遺構から推測せざるをえないのが現状のようです。土木工事は、作品として名が残る建築と違って、「土木遺産」として持ち上げられる以外は無名であることが宿命です。有形無形のさまざまな痕跡を現在の目で見、コツコツ集めて解き明かしていかなければなりません。

その一方で、最近、NHKの番組で黒鍬が取り上げられました。

牛　えっ、そうなんですか。

——『先人たちの底力 知恵泉《ちえいず》』の「経済こそが天下を制す！～豊臣秀吉の経営戦略～」（二〇一八・三・二七放送）です。戦国の世を終わらせたのは軍事より経済の力だったというのがテーマでした。

農民出身だった秀吉公には、若い頃の放浪体験などから培った武士以外の人脈があり、牛窪さんたち黒鍬を含む普請・作事の職人集団もそこに連なっていたというのです。高松城の水攻めや一夜城など、画期的な戦法はそうした人材をフルに使った成果だったと。また、部下を育てるのも、たとえば加藤清正公を普請プロデューサーに、などというように巧みでした。番組の取材源の一つにはさきの連載があったようです。それはともかく、黒鍬の実像が紹介されたのは喜ばしいことです。

下　NHKでは、『美の壺』という番組でも「石垣」がテーマになっています（二〇一七・一一・三放送）。「石垣の博物館」とされる金沢城の石垣と、日本本土とは独自の進化を遂げた沖縄の城《グスク》を見せたほか、「穴太衆」の末裔として粟田純徳氏も出演されました。さらに、石垣といえば城、という偏った扱いではなく、瀬戸内海の島の段々畑と家屋にめぐらせた石垣とそこで暮らす人々の声もありました。同じ石積みとしてうれしかった。

牛　私自身は、武士の端くれとして、関東流の城造りに目が向きます。いまや空前のお城ブームになって、けっこうマイナーなものも知られるようになってきました。

　二昔ほど前、西国の城は石造り、東国では土造りとされていました。ですが、関東で戦国期の城館が多数発掘されて独自の石積みが現れた。小田原城（神奈川県小田原市）、八王子城（東京都八王子市）、太田金山城（群馬県太田市）、箕輪城（同高崎市）などです。

下　積み方が特徴的です。その多くは西国より低い。盛土の上に「鉢巻石垣」と呼ばれるものを施す例や、「地覆《じふく》石」や「顎止め石」という最下段の列の上に、石一つ分か半分後ろにずらせて二段目以降を垂直に積む技法がありました。

伊　必ずしも穴太衆が全国制覇したわけではなかったんですね。

下　ええ。確かに穴太の達人方は立派で影響力もあったかとは思います。ですが、安土城のときですら各派の寄り合い状態のようでした。彼らだけで石を語るのは無理があります。

市　知多のタビ仲間にも石を扱う者がいます。でも、穴太の流れを汲んでいるとは到底思えません。下畑さんも恵那の山中で独自に活躍されていたんですよね。

下　氏素性などとうに忘れ果ててしまいました。

市　今おっしゃった東国の城の石垣は、私らの主戦場である棚田の石積みとどこか通じるものがあるように感じられます。

下　さあ、それはどうでしょうか。

伊　最近は石積みが見直され、有名無名にかかわらず、〈石の達人〉の技に注目が集まっているようですね。

下　私が言うのも何ですが、近世のお城に積まれた石垣が芸術作品とすれば、棚田や屋敷囲いに積まれた石垣はいわば「民芸」です。大正から昭和初期に柳宗悦さんらが顕彰した、無名の匠の手になる生活雑器の「用の美」に通じるようです。さきの『美の壺』の番組もそういう狙いだったのでしょう。

伊　棚田の保全や技術の伝承のために、各地で「石積み教室」が開かれているとか。

下　行政やまちづくり組織の仲介で、その地の達人が地域内外の人たちに教えています。土木工学の学生や小学生など若い人への教育にもなります。こんな運動が長く続いて、私らのような職人も育てば言うことなしです。

タビをめぐって

伊　ところで、私たち大野の農鍛冶のタビでも、市右衛門さんらと同様、地元の鍛冶とは仕事の取り合いでした。たとえば、私が持っていた三河の宝飯郡や八名郡の得意場は「吉田鍛冶」の勢力圏にあったのです。

　吉田（現豊橋市）は東海道の宿場町、鍛冶屋と遊郭の町でした。吉田鍛冶は『百姓伝記』に「よくきるる《(れ)》」とある「吉田鎌」で有名でした。街中に店を構える「居鍛冶」で、春と秋に農家に持ち込ませます。修理してやるから持って来いなんてぜいたくな。

市　それじゃ、近くに出鍛冶が来れば、便利だからそっちに行くでしょう。しかし、それでも吉田鍛冶がずっと続けて行けたのは、需要がいかに途切れなかったかということですね。

伊　彼らのルーツは牛久保村（現豊川市）だったといいます。

牛　えっ、牛久保村ですか？　なら、私にとってもルーツの地です。

下　武田信玄公が惚れ込んだ伝説的な軍師、山本勘助さんの確かご出身地だったはず。

伊　その牛久保村から、永正二（一五〇五）年、吉田に城を築くべく領主牧野氏に連れて来られました。その牛久保の前にさらにルーツがあって、河内国から流れ着いたらしいです。

市　牛久保の地には鍛冶村、南・北の鉄《か》（金《な》）屋《や》村が立ちました。金屋とは鋳物師、はて、大野鍛冶のご先祖もそうではなかったですか。

伊　由緒では一応そうなっています。よく覚えておいでで。

牛　あちこちで顔を出す鋳物師はどこか神秘的な存在ですね。柳田國男さん以来、井戸掘りにも、鉄を採るので金掘りにもかかわり、土地の脈を診る点では陰陽師にも無縁じゃない。
　手に独自の技術を持った者は通常の人とは違う、「異人」として見られたということですかな。身も蓋もない言い方になりますが。

――異人として、牛窪さんの部下の方々になじみが深いのは浅草の河童でしたが、鬼が造った橋や水路（堰）の話はよくあります。そんな特別な存在があがめ祀られて神社や寺に入ることも。

下　信仰といえば、金属を扱う方々は独特のものをお持ちでしたね。

伊　金山彦命《かなやまひこのみこと》という神様を祀ります。牛久保の地には手筒花火で名高い中條神社があって、その祭神も金山彦命です。十一月八日が金山彦の祭で、私らの仲間は地元で祭をし、美濃の南宮大社（岐阜県垂井町）へも詣ります。全国の金山彦信仰の中心で、鍬や鎌の絵馬が掲げられ、金山祭には全国から鉱山・金属業者が集まります。

名古屋近郊には鉄の地蔵が多い。鋳造技術は拙く、頭の方はいいが足元では穴や崩れが見えてしまう。だから農家の手になる作品とされるのだとか。洪水常襲地域で、自ら鉄地蔵を鋳て豊穣や息災を願うというわけです。「異人」を表象したのと同じように、農家の心性が鉄をめぐる技術を通して形になったといえるでしょうか。

――漂泊の民の系譜らしいですね。タビといえば、「旅する巨人」と称される宮本常一さんのことが下畑さんのお話のときによく出てきましたね。

下　氏は山口県の周防大島（現東和町）に生まれ、郷里の棚田をよく見ておられました。谷川の脇の棚田で、川のすぐ脇には丸い石、斜面の上では角張った石が積まれている。川のそばは川原の石を取る権利があり、上では田を拓いたときに出る山石を使うしかない。そういった景観から人々の暮らしの流儀を読み取る目は魅力的だしすごく大切です。

市　宮本さんのお仕事で気に入っているのは、「世間師」（「せけんし」または「しょけんし」）です。名著『忘れられた日本人』（一九六〇）に出てきます。世間をよく知る人のことで、タビの広い見聞から見識を蓄え、ムラに何か事ある時には相談相手となって人の役に立つ、そんな評価をされています。

――市右衛門さん、まさしくあなたご出身のことじゃないですか。ご出身の村でも、稼ぎ先の和泉でも方々でずいぶん頼りにされたんでしょう？

市　いいや、それほどでもありませんよ。先ほどの『天城越え』みたいな目もありましたし。

牛　しかし、すさまじいもんですな。我らと同時代に、知多に千人もの黒鍬が群れをなしていただなんて。何ともはや一大勢力だ。

市　私らのことをよく「土木技術者集団」といわれますが、五人一組として、私のような親方が二百人ほど、どの村にもいて自分の得意場に若い衆を率いてタビして稼ぐ。それだけのことです。けっして一つの目的を共有する「集団」、たとえば企業とかのイメージではありません。

牛　なるほど。でも、皆さん、他所に売れる腕を持っていたのはすばらしい。それが何代も続いて、家業にまでなっていくのでしょうから。

市　家業というのですかねえ。まあ、ある意味そうかもしれません。知多で農業だけで食べていける人口は限られます。生存戦略として選んだのがタビでした。腕さえあればメシを食うには困らない。経験者や伝手が多い方が楽なので周りに習うんですが、私の場合、たまたまそれが黒鍬だったのです。

しかし、お武家様に改めて持ち上げられると、いささか面映ゆいです。ねえ、伊右衛門さん。

伊　腕一本で食べていかなきゃならないんで、当然といえば当然のことです。

――宮本さんの郷里の人々は、四国へ渡って「長州大工」と呼ばれました。険しい山脈を越えて、土佐の山中に数々の仕事を残しています。

瀬戸内海の島々をはじめ各地からタビをする人が出ていて、さまざまな職種のいい腕を持って稼ぎの先々で重宝されています。故郷と往還したり、行ったままだったり、放浪し続けたりと、タビの形はいろいろだったようですね。

市　私は旅先で連れを亡くしました。そんなつらいときもありますが、未知の世界へ乗り出していく希望と気負いもありました。異国の事情は勉強になるし、人々との交流はお互い楽しみでした。

――食い扶持を求めてさ迷う悲しい物語というよりも、豊かな自己修養の物語《ビルドゥングス・ロマン》を聴くようです。逆に旅先の村々では、皆さんは異界からの来訪者、停滞した共同体に風穴を開け、外気を呼び込んで活性化するトリックス・スターなんでしょう。

伊　私らタビの者を、皆さん待たれていたようです。知多では万歳がその最たる者ですが、私ら職人でも、少なくとも外界のメッセンジャー程度にはなっていました。

――失礼ながら、市右衛門さんも伊右衛門さんも、さぞおモテになったんでしょうねえ。

伊　フフフ、そのあたりはご想像にお任せします。

百姓と技術者

――私が感心するのは、皆さんがいわゆる兼業農家だったことです。まさしく「ひゃくせい」、「百の姓《かばね》＝仕事をこなす人」ですね。

農書『百姓伝記』には、天候から始まって所帯道具や織物の道具まで、何でも書いてあります。まるで〝農〟の営み全般をめぐる技術の百科全書です。作物や耕作の仕方を中心に、田畑の土の性質、肥料や農具、屋敷の構えや植栽の良し悪しから治水・灌漑に至るまで、〝農〟を巧く運んでいくには、本来それだけの素養が要るのですね。

牛　本業というか普段の目や腕の幅の広さは、タビ稼ぎの幅の広さにも通じるようですね。そういう万端を弁えたうえでなお、池造りや区画整理に特に抜きん出た腕もお持ちだとは。

市　過分なお言葉です。私らは地元で磨いた腕をもって他流試合に臨んだといったところです。

細長い知多半島で生産力を上げるために、切れ込んだ谷間に雨池を造り、狭い田んぼを「畝まし」（区画整理）して広げてきました。見よう見まねでも、次第に腕が磨かれるもんです。もちろん、頭はじめ先輩方にしごかれましたけどね。

牛　農家の一番の基礎はやはり土ですか？

市　私らが扱う土は、真土（壌土）、音地《おんじ》（火山灰土）、疑路《ぎろ》（粘土）、そこに細かい性質を付け加えて砂真土や黒真土という具合に、色や性質によって細かく分類していました。

堤防やため池の盛土の材料として使うには、水の通りや締め固めなどの良し悪しを知ることが必要でした。また、黒土には麦がいい、赤土には豆というように、栽培して作物との適合・不適合を知ることは作物を育てる本業上の才覚でしょう。

――「土地相応」といわれる考え方ですね。粘土や礫など土に合わせて構造物を造る、土地に合わせて作物を栽培する。同じ土を見ても、かたや材料かたや土壌と、用途に合わせて見方も違う。現代の科学に基づく技術からは外見だけの定性的な把握のように思えますが、それなりに必要な見きわめる知が働いていたということですね。

牛　下畑さんが扱われる石や伊右衛門さんの鉄でも、同じように鋭い見識をお持ちなのでしょう？

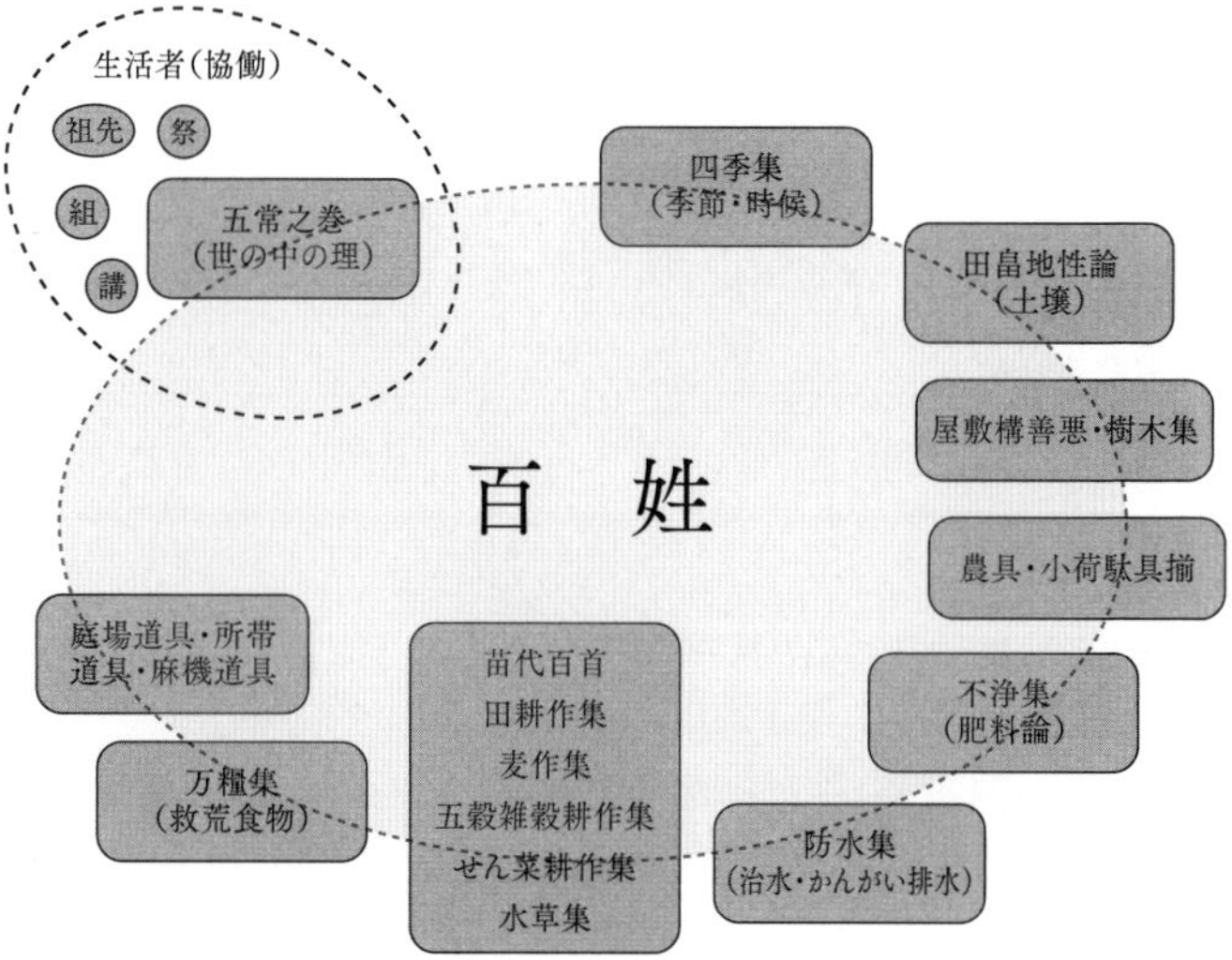

農書『百姓伝記』に見る百（の）姓＝技

下　鋭いかどうかは別にして、「石の声を聞く」とか「石の収まるべき所に収める」とかいうのは、見きわめ、使い尽くす知の働きです。

たとえば、石を割るときには石の目、つまり節理の方向を必ず読まなければならない。割ればブロック状に塊になるもの、扁平に割れるもの、流されて角の取れたものなどがあります。それを積むとなると形と組合せが重要です。私は「谷落とし」という、石を斜めにVの字に積み上げる技を持っていました。きれいな直線で面を通すにも腕が要るし、反りを入れたり隅角《すみかど》に角度を付けたりするならさらに工夫が要ります。

伊　私らが扱う鍬は、「所変われば品変わる」。大蔵さんの『農具便利論』のように、いやもっと細かく、全国各地域でそれぞれ特徴がありました。

――ガラパゴス諸島のゾウガメやイグアナを思い出しました。島ごとの環境に応じて分化し、独自に進化を遂げた。今や少数派になったガラケー携帯電話の語源です。いや、突拍子もない茶々ですみません。でも、なぜそこまで多様に？

伊　私らの仲間はあちこちにいて、地域の農家としっかりと結びついていたのです。鍬の修理は毎年でも必要なので、関係が続きました。

土が違えば掘るのに得意な形も違う。刃先《がけ》だけの修理だと完全なコピーは無理なので、知らず知らずのうちに形や質が変わってしまいます。何しろ、刃先に使うのは古い鍋底なんですから。だから逆に、わざと変化を付けて工夫することもできる。そうして使いやすく改良されてきたというわけです。それも「土地相応」のワザでしょうか。

とにかく、私らの技術は、土でも石でも鉄でも、現場との鋭い対決があってはじめてでき上がる。持ち札を総動員、つまり頭や腕を裾野から頂点まで使って、ようやく課題が解決できる。そんなとき、自分が百姓なのか鍛冶屋なのか、もはや関係なくなっています。

――現代の科学／技術体系ではそうは行きません。現象を徹底的に分析し、個別分野ごとに極めることに精力が費やされて、それを追究する専門家とそうでない者にくっきりと分かれます。けれども、細かく深くなるほど、そこから組み立てていく際に、ともすれば単純に、「部分」の和で「全体」が成り立つと思いがちです。

牛 脳とか心臓とか、器官が全部揃っていても、それだけでは「生きている」状態とは違うのと似ていますね。「部分」の和を超えた「生きた」知恵のようなものが存在しているようです。あまり専門特化してしまうとそのあたりが見えなくなり、かえって黒鍬のような中間的な方がよく見えて活かせるのでしょうか。

――お話を聴けば聴くほど、「百姓」の皆さんはそんな「全体の知」を生きていたのではないか、という想いが強まります。そうした知恵をもっと掘り下げたいと思います。

牛 目や腕の幅の広さは、専門が細分化された現代の技術者からみても、いや、今だからこそか、理想のような姿ですな。〈土の達人〉や〈石の達人〉という言い方にしても、今話してきた筋からすれば、得意技を特徴づける象徴でしかないことになります。

――さすが。土や石そのものではなく、皆さんがかかわってこられた、ムラの暮らしをめぐる幅広い目や腕のほんの一端を表すにすぎない。その奥には百姓の「全体の知」があります。同じように、現代の私たちが〈水土の知〉と呼んでいる、「水と土を扱う」という言い方をする農業土木技術も、いくら機械や計器、分析や演算が発展しようと、根っこの所にあるそういう幅広い目や腕に通じていなければならない。だから、皆さんの事蹟や修養、生きざまなど、すべてが「源流」としてとらえられると信じています。

「黒鍬になる」ということ

市　土でも石でも事情は同じです。そんな地域色の濃さこそが私らの本領なのですが、ほかでも使えるとなると、帰納的に整理され一般化されます。

――そうすれば逆に、一般化されたものが基本となり、地域的な偏差が応用になる。そういうふうに整理・体系化されたものだけが、今の世では「技術」と呼ばれるのです。

伊　間違わないでほしいのは、出来合いの「ナントカ技術」が先にあるんではなく、さっきの言い方で「土地相応」を同じ場所で、または違う場所で何度もすることを通じて形づくられていくんです。その個々の場面での頭や腕の働きは、素朴でモヤモヤしています。それら芽のようなもの、はたして「技術」と呼べるのかわかりませんが。

下　私ら自身もそうです。もともとから技術者「である」のではなくて、経験を積んで技術者（と呼べるなら、ですが）「になる」んですよ。そういう「常に～になっていく」という動きを持つ者として見て下さい。

市　そう。大猷院《（徳川家光）》様の「余は生まれながらの将軍」じゃありませんが、私らは黒鍬に生まれついたわけではなく、さまざまな経験を経て「黒鍬になった」んです。

　私の場合、久米田池へ十年以上も毎年のように呼んでいただいたことは、経済面でも技術面でもすごく助かりました。大きな池で工事も各種あり、道すがらに携わった雑多な普請ともども、腕を磨いてくれたと感謝しています。

牛　「黒鍬になる」には、市右衛門さんや伊右衛門さんたちのように、親方に弟子が付くという組織というか集団の働き方もかかわってきますね。

――昨今、学習とは与えられた知識を頭の中に吸収するというように個人に閉じたものではなく、向き合う状況に応じて多様に開かれているものだという考え方が、学習理論の中で勢いを持ってきました。ここでいう「状況」には、使う道具だったり働きかける対象（水や土）だったり、親方・仲間や雇い主との関係もある。ある特定の場、さまざまに変わりうる文脈を意味します。また頭でっかちなことを持ち出してすみませんが。

そこで「前近代的」とか「封建的」などと貶められてきた親方―弟子の徒弟制が見直されています。学習とは、ある目的を持って活動する共同体（「実践共同体」といわれます）への参加によって一人前になることだと考えるのです。

市　私らは、「若い者《メシタキ》」から始まって、先輩たちに交じって働き経験を積んで、やがて「親方《カシラ》」として独り立ちする。伊右衛門さんの鍛冶では、「弟子」から一人前の「職人」になっていく。そういうのがいいんですか？

伊　共同体への参加といっても、最初はしきたりも仕事もよくわからないから、隅っこにいるしかありません。長くいると誰が何をしているか、そこで親方は何がすごいか、古参者はどう動くのかなどわかってきますが。

――そう、最初は端っこにいても、最終的には十全に参加して共同体の成員となっていく。仕事への貢献も責任も限られる状態から、仲間として認められ、場数を踏むことで熟達して一人前と自他ともに認められるようになる。そういうことが人材育成や技術継承などの場面で、とりわけ熟練とか勘やコツなどいわゆる「暗黙知」の習得にとって、重要と考えられるようになってきたのです。

市　普通に仕事をするために私らが必要に迫られて取っている形を、そこまで持ち上げられるとはねえ。

伊　私は鍬を打つ、市右衛門さんはため池を修繕するというように、ある仕事という共通の目標に向かって動く共同体だからいいんでしょうね。一人前の成員となるまでにずいぶん時間がかかるし、学校のようにものすごく多くの知識をすぐの使い道もなく蓄積しないといけないというのには悠長すぎてそぐわない気もします。

下　私には仲間の影が薄かったのですが、それでも「見よう見まね」と言った農家の石積みが同じように普及していきました。穴太衆の正統な担い手でさえ、「技を盗む」という教育らしからぬ学びの場で育てられたんです。石を積むという目的だけを共有して、そばで暮らしていただけでした。ゆるい形での共同体というわけですかね。ましてや正統な弟子でもない一般の農家衆ではもっとずっとゆるい。私を手伝っていくうちにまねごとができるようになったというところでしょうか。

牛　でも、ちょっと単純化しすぎじゃないでしょうか。なんか「熟練」という名の高い峰に向かって裾野から一直線に上っていくイメージですな。

——確かに。共同体も、その活動の目標も、状況に応じて変わっていきます。同じことの繰り返しのようであっても、どこかしらズレたり革新されたりする可能性が生じてきます。親方＝熟練者と未熟者の間にはさまざまなキャリアの方がいて熟練の形は一様ではない。共同体の代替わりができていくけれども、新しい親方の体制は前の人のときとは全然違うかもしれない。親方を含め個々の成員も共同体全体も、時や場合に応じてそれに合うように変わっていく。実際は、刻々変わる状況に応じてダイナミックに動くのですね。

市　そうですね。伊右衛門さんのさっきのお話、刃先の修繕に使う鍋釜の素材で鍬の品質が左右される、さらにはわざと変えていくというお話は、状況に応じてというのの見本ではないかと思います。共同体というのでは、私が同じ頭となっていても、久米田池を改修しているときとほかの現場のときでは、仲間の動き方も私自身の心持ちも違っていました。私も含め、メンバー同士の役割分担もその都度変わっていますしね。

伊　黒い大きな鍬もそうして生まれて、単なる鍬から「黒鍬になって」いったのでしょう。

——頭でっかちに私が四の五のご託を並べるまでもなく、皆さんの方が実践者ですから、よくわかってらっしゃいます。

そのうえでまた違う視点を持ち出して恐縮ですが、技術を生態系になぞらえて、①個体、②多様性、そして

③つながりないし関係という視点から見ることができそうです。いわば〝技術の生態学〟になります。それで行くと、個体には、黒鍬の技術の生長や、皆さんが「黒鍬になる」過程などが当たるでしょう。多様性は、市右衛門さんが「本領」と言われた地域性、それぞれの場に「相応」する姿ですか。そしてつながりないし関係として、とりあえず皆さんの本業と副業と言っておきますが、頭と腕の裾野の広さがありますね。現場での思いつきから形をなすもの、さらには自然観や思想、信仰といった心性まで、多様きわまりないようです。得意場や頭同士の交流など人的ネットワークも欠かせません。

そして「黒鍬になる」とは、これらを備えるよう「になる」ことなのですね。先端技術の専門家と手わざをよくする素人との中間者として独自の地歩を占める存在、黒鍬への興味は尽きません。

市　私たちは痕跡をわずかしか残していません。見えるように再構成するのは骨が折れるでしょう。

下　引き続き精進して下さいね。

伊　私たちも楽しみにしております。

——長時間にわたりお話をお聴かせ下さり、ありがとうございました。

参考文献

引用した文献や近世文献の活字翻刻版はそのつど本文・図表中に記したが、そのほかに参照したものを以下に掲げる（著者の五十音順）。各章で重複するものは初出のみとした。このほか、列挙しないが、愛知県知多地域の各市町村史（誌）を適宜参照した。

序　謎めいた者たち

網野善彦：中世の非人と遊女、明石書店、一九九四
色川大吉：柳田國男（日本民俗文化大系一）、講談社、一九七八
岩本由輝：柳田國男の農政学、御茶の水書房、一九七六
桜沢孝平：鋳物師と梵鐘とまいまいず井戸の話、武蔵野郷土史刊行会、一九八一
藤井隆至：柳田國男 経世済民の学、名古屋大学出版会、一九九五

第一話　戦国を駆けめぐる

秋山敬：甲斐における中世～近世初頭の川除普請とその担い手、武田氏研究一七、一九九六
石岡久夫編：日本兵法全集 第一～第五、人物往来社、一九六七
乾宏巳：江戸の職人、吉川弘文館、一九九六
煎本増夫：幕藩体制成立史の研究、雄山閣、一九七九
江戸遺跡研究会編：江戸の開府と土木技術、吉川弘文館、二〇一四
江原先生伝記編纂委員編：江原素六先生伝、三圭社、一九二三
岡本良一：大阪城、岩波書店（岩波新書）、一九七九
小数賀良二：砲・工兵の日露戦争、錦正社、二〇一六
齋藤慎一・向井一雄：日本城郭史、吉川弘文館、二〇一六
笹本正治：戦国大名と職人、吉川弘文館、一九八八
高木昭作：日本近世国家史の研究、岩波書店、一九九〇

中井均：城館調査の手引き、山川出版社、二〇一六
日本城郭大系一〜一八・別巻一・二、新人物往来社、一九七九〜八一
根岸茂夫：近世武家社会の形成と構造、吉川弘文館、二〇〇〇
林英夫監修：愛知県の地名（日本歴史地名大系二三）、平凡社、一九八一
樋口雄彦：江原素六とその周辺四五、沼津市明治資料館通信二三－二、二〇〇七
平山優：戦国期における川除普請の技術と人足動員に関する一考察、武田史研究三一、二〇〇五
藤木久志：城と隠物の戦国誌、朝日新聞出版、二〇〇九
本間久朗：日露戦争における坑道発破、骨材資源一二三、一九九九
盛本昌広：戦国合戦の舞台裏、洋泉社（歴史新書y）、二〇一〇
吉原矩：工兵の歩み、工兵会、一九八一
和田一範：信玄堤、山梨日日新聞社、二〇〇二

第二話　平凡に過ぎ行く日々

池波正太郎：完本池波正太郎大成七 鬼平犯科帳四、講談社、一九九八
磯田道史監修：江戸の家計簿、宝島社（宝島社新書）、二〇一七
伊藤俊一：鈴鹿の地名、中部経済新聞社事業局、一九九五
小川恭一：お旗本の家計事情と暮らしの知恵、つくばね舎、一九九九
小川渉：志ぐれ草紙、飯沼関弥、一九三五
小野清：徳川制度史料、自刊、一九二七
岸井良衛：江戸・町づくし稿　上・中・下・別巻、青蛙房、一九七五〜六
北原糸子：都市と貧困の社会史、吉川弘文館、一九九五
熊井保：江戸幕臣人名事典、新人物往来社、一九八九
児島幸多監修：東京都の地名（日本歴史地名大系一三）、平凡社、二〇〇二
新熊本市史編纂委員会編：新熊本市史別編一、熊本市、一九九三
進士慶幹：江戸時代の武家の生活、至文堂、一九六一

進士慶幹編：江戸時代武士の生活、雄山閣出版、一九七六
新宿区遺跡調査会編：百人町3丁目遺跡Ⅲ、東京都清掃局・新宿区・新宿区遺跡調査会、一九九六
鈴木理生：大江戸の正体、三省堂、二〇〇四
田原昇：江戸城内の運営と「五役」、東京都江戸東京博物館研究報告一二、二〇〇六
田原昇：江戸幕府「五役」の人員補充、東京都江戸東京博物館研究報告一四、二〇〇八
玉林晴朗：蜀山人の研究、畝傍書房、一九四四
敦賀市史編さん委員会編：敦賀市史通史編 上、敦賀市、一九八五
東京市役所編：東京市史稿市街篇第二、臨川書店、一九九三
東京都台東区役所編・発行：台東区史沿革編、一九六六
永井博：水戸藩における武家奉公人「黒鍬」について、茨城県歴史館報四四、二〇一七
深谷克己：津藩、吉川弘文館、二〇〇二
福沢諭吉：福沢諭吉全集七、岩波書店、一九五九
藤井譲治：江戸時代の官僚制、青木書店、一九九九
松平太郎：江戸時代制度の研究、柏書房、一九六四
松本四郎：近世都市論（深谷克己・松本四郎編：講座 日本近世史三 幕藩制社会の構造、有斐閣、一九八〇所収）
盛本昌広：軍需物質から見た戦国合戦、洋泉社（洋泉社新書y）、二〇〇八
山口孝平：近世会津史の研究 下巻、歴史春秋社、一九七八
吉田伸之：近世巨大都市の社会構造、東京大学出版会、一九九一

第三話　石と河原の者

伊那市編・発行：治水と築堤、二〇〇九
江戸遺跡研究会編：図説江戸考古学研究事典、柏書房、二〇〇一
恵那市教育委員会編・発行：石積みの棚田、一九九九
小沢詠美子：災害都市江戸と地下室、吉川弘文館、一九九八

大沼芳幸：安土城石垣ノート、滋賀県安土城郭調査研究所研究紀要三、一九九五
折口信夫：死者の書・身毒丸、中央公論社（中公文庫）、一九九九（初出一九三九）
鐘方正樹：井戸の考古学、同成社、二〇〇三
兼康保明：湖西高島の低地における井戸掘りと埋め戻し、民俗文化一九二、一九七九
北垣総一郎：石垣普請、法政大学出版局、一九八七
北野隆・稲用光治ほか：九州の石造建造物の研究一～一九、日本建築学会研究報告中国・九州支部三計画系九、一九九三
　および同九州支部三計画系三四～四七、一九九四～二〇〇八
田淵実夫：石垣、法政大学出版局、一九七五
田村博：穴太衆のロクロ、民俗文化一六五、一九七七
仲芳人：黒鍬についての一資料、史迹と美術六六－九、一九九六
中井均・齋藤慎一：歴史家の城歩き、高志書院、二〇一八
中村博：「穴太」論考、日本歴史六九四、二〇〇六
日本石造物辞典編集委員会編：日本石造物辞典、吉川弘文館、二〇一二
日本道路公団関西支社・大成・五洋・フジタ共同企業体・京都大学大学院編・発行：石積み擁壁（穴太衆積み）の道路構造物
　への適用に関する研究共同研究報告書、二〇〇四
野中和夫編：江戸の水道、同成社、二〇一二
林まゆみ：中世民衆社会における造園職能民の研究、ランドスケープ研究六七－一、二〇〇三
はんだ郷土史だより二二、二〇〇九
平野隆彰：穴太の石積、かんぽう、二〇〇七
水みち研究会編：水みちを探る、けやき出版、一九九二
森蘊：「作庭記」の世界、日本放送出版協会、一九八六
山野祥子：京都・三条大橋橋脚の築造と「馬淵石工」、立命館地理学一六、二〇〇四
和田晴吾：古墳時代の生産と流通、吉川弘文館、二〇一五

第四話　山の者、そして花咲く百の姓

網野善彦：網野善彦著作集七 中世の非農業民と天皇、岩波書店、二〇〇八
磯部欣三：佐渡金山、中央公論社（中公文庫）、一九九二
稲用光治・尾道建二：九州地方における石造アーチ橋の分布と石工集団、生活文化史四七、二〇〇五
漆原和子編：風土が作る文化、法政大学国際日本学研究所、二〇〇七
江府町町史編さん委員会編・発行：江府町史、一九七五
大石慎三郎：近世村落の構造と家制度、お茶の水書房、一九六八
大宮町歴史民俗資料館編：水戸藩利水史料集、大宮町教育委員会、二〇〇二
押水町史編纂委員会編：押水町史、押水町、一九七四
鏑木勢岐：銭屋五兵衛の研究、銭五顕彰会、一九五七
神崎宣武：百姓の国、河出書房新社、一九九五
国立科学博物館編・発行：日本の鉱山文化、一九九六
小葉田淳：日本鉱山史の研究 正・続、岩波書店、一九八六・八七
小堀巌編：マンボ、三重県郷土資料刊行会、一九八八
貞方昇：山陰地方における鉄穴流しによる地形改変と平野形成、第四紀研究二四－三、一九八五
貞方昇：鉄穴流しに由来する中国山地・臨海平野の景観変容とその今日的意義、歴史地理学四九－一、二〇〇七
高橋春成編著：イノシシと人間、古今書院、二〇〇一
田村善次郎・TEM研究所：棚田の謎、OM出版、二〇〇三
田和正孝編：石干見、法政大学出版局、二〇〇七
段上達雄：棚田のわざ、棚田学会誌一四、二〇一三
千葉徳爾：三河宮崎地区のシシヨケについて、（『近世の山間村落』、名著出版、一九八六所収）
徳安浩明：近世前期の鉄穴流しによる地形改変と耕地開発（安田喜憲・高橋学編：自然と人間の関係の地理学、古今書院、二〇一七所収）
徳安浩明：地理学における鉄穴流し研究の視点、立命館地理学一一、一九九九
額田町史編集委員会編：額田町史、額田町、一九八六

橋本鉄男：漂泊の山民、白水社、一九九三
日置謙校訂：銭屋事件詮議留、石川県図書館協会、一九三二
樋口輝久・馬場俊介：岡山藩の干拓地における石造樋門、土木史研究一九、一九九九
広島県編・発行：広島県史 民俗編、一九七八
藤田龍之：猪苗代湖疏水（安積疏水）の建設に活躍した南一郎平について、土木史研究一三、一九九三
三重県編・発行：三重県史 別編 民俗、二〇一二
本中真：フィリピン・イフガオ地方の高地性棚田景観、月刊文化財四〇〇、一九九七
森下徹：近世瀬戸内地域における石材業の展開と石工、社会経済史学六五－六、二〇〇〇
山口啓二：幕藩制成立史の研究、校倉書房、一九七四
山古志村写真集制作委員会編著：ふるさと山古志に生きる、農山漁村文化協会、二〇〇七
吉村豊雄：棚田の歴史、農山漁村文化協会、二〇一四
ＬＩＸＩＬギャラリー企画委員会企画：水屋・水塚、ＬＩＸＩＬ出版、二〇一六
若林喜三郎：新版・銭屋五兵衛、北國出版社、一九八二

第五話　西のオワリ

愛知用水公団・愛知県編・発行：愛知用水史、一九六八
曄道萌野：久米田池普請における黒鍬者について、橘史学一八、二〇〇三
市川秀之：オワリ衆の伝承を追って、近畿民俗一二五、一九九一
市川秀之：近世狭山池の改修をめぐる商人と職人（狭山池調査事務所編・発行：狭山池 論考編、一九九九所収）
香川県歴史博物館編・発行：久米栄左衛門、二〇〇二
楫西光速：坂出塩田開墾事情（日本塩業研究会編：日本塩業の研究第七集、塩業組合中央会、一九六四所収）
河合克己：明治十七年一月作成愛知県地籍図・地籍帳による半田市域の灌漑用溜池等の施設について、知多半島の歴史と現在一二、二〇〇三
斎田茂夫：南知多町民謡わらべうた考、みなみ六九、二〇〇〇
新家歴史研究会編：続新家古記の世界、泉南歴史民俗資料社、一九八七

新家歴史研究会編：新家古記の世界第三集、泉南歴史民俗資料社、一九九一
辻川季三郎：技術と信仰の名僧、自刊、一九九三
はんだ郷土史だより一七、二〇〇八
廣山堯道：日本製塩技術史の研究、雄山閣出版、一九八三
房前和朋・竹林征三：労働歌・どんつき節による土木技術史の研究、土木史研究一六、一九九六
森杉夫：老圃歴史（三）、堺研究一一、一九七九

第六話　サトとタビ

今市市史編纂委員会編：いまいち市史 通史編・別編I、一九八〇
岩崎公弥：近世東海綿作地域の研究、大明堂、一九九九
梶川勇作：尾張藩領の村落と給人、企画集団NAF、二〇〇一
香月洋一郎：技をもつ人々の旅（宮田登編集協力：ものがたり日本列島に生きた人たち八 民具と民俗 上、岩波書店、二〇〇〇所収）
河合克己：続 知多半島歴史読本、新葉館出版、二〇一三
菊地利夫：新田開発 上、古今書院、一九五八
近藤治永編集代表：有脇の黒鍬、有脇公民館、一九八四
新保博・斎藤修編：日本経済史二 近代成長の胎動、岩波書店、一九八九
知多町教育委員会編・発行：近世出かせぎの郷、一九六六
秩父市誌編纂委員会編：秩父市誌、一九六二、埼玉県秩父市
都筑敏人：黒鍬人足について（一）～（五）、みなみ六七～六九、七一、七二、一九九九～二〇〇一
友部謙一：前工業化期日本の農家経済、有斐閣、二〇〇九
新美南吉：校定新美南吉全集一～一二、大日本図書、一九八〇～八一
速水融・宮本又郎編：日本経済史一 経済社会の成立、岩波書店、一九八八
平野哲也：江戸時代村社会の存立構造、御茶ノ水書房、二〇〇四
深谷克己：深谷克己近世史論集一 民間社会と百姓成立、校倉書房、二〇〇七

深谷克己・川鍋定男：江戸時代の諸稼ぎ、農山漁村文化協会、一九八八
舟橋明宏：村再建にみる「村人」の知恵（渡辺尚志編：新しい近世史四 村落の変容と地域社会、新人物往来社、一九九六所収）
松田睦彦：人の移動の民俗学、岩波書店、二〇一〇
松田睦彦：出稼ぎの旅（旅の文化研究所編：旅の民俗シリーズ一 生きる、現代書館、二〇一七所収）
矢野晋吾：村落社会と「出稼ぎ」労働の社会学、御茶の水書房、二〇〇四
『八幡の語り草』編集委員会編・発行：八幡の語り草、一九八三

第七話　彼と鍬とは唯一体

朝岡康二：鍛冶と材料鉄（講座日本技術の社会史五 採鉱と冶金、日本評論社、一九八三所収）
朝岡康二：鍛冶の民俗技術　増補版、慶友社、二〇〇〇
安城市歴史博物館編・発行：農鍛冶の世界、一九九六
飯沼二郎・堀尾尚志：農具、法政大学出版局、一九七六
INAXギャラリー名古屋企画委員会企画：すき・くわ・かま、INAX、一九九一
大久保茂：洪水への対応、埼玉の民俗二三、一九九八
海津一朗編：中世終焉、清文堂出版、二〇〇八
香月節子・香月洋一郎：むらの鍛冶屋、平凡社、一九八六
河野通明：日本農耕具史の基礎的研究、和泉書院、一九九四
小林茂：秩父　山の生活文化、言叢社、二〇〇九
佐藤次郎：鍬と農鍛冶、クオリ、一九七九
篠宮雄二：尾州知多郡大野鍛冶について、知多半島の歴史と現在八、一九九七
大日本農会編：日本の鎌・鍬・犁、農政調査委員会、一九七九
東海民具学会編・発行：東海の野鍛冶、一九九四
練馬区教育委員会社会教育課：練馬の民具目録二　生産・生業編、練馬区教育委員会、一九九五
長谷川伸：長谷川伸全集一五、朝日新聞社、一九七一

藤井譲治：一六・一七世紀の生産・技術革命（歴史学研究会・日本史研究会編：日本史講座五 近世の形成、東京大学出版会、二〇〇四所収）
前田富祺監修：日本語源大辞典、小学館、二〇〇五
増井金典：日本語源広辞典、ミネルヴァ書房、二〇一〇
柳田国男：炭焼小五郎が事（ちくま文庫版全集一『海南小記』、一九八九所収）

終章　我々はどこから来たのか 我々は何者か 我々はどこへ行くのか

朝岡康二：村の鍛冶屋（宮田登編集協力：ものがたり日本列島に生きた人たち八 民具と民俗 上、岩波書店、二〇〇〇所収）
足立明：人とモノのネットワーク（田中雅一編：フェティシズム論の系譜と展望、京都大学学術出版会、二〇〇九所収）
井塚政義：和鉄の文化、八重岳書房、一九八三
上野直樹：仕事の中での学習、東京大学出版会、一九九九
植村正治：勘定奉行組織について、大阪大学経済学二四‐四、一九七五
「水土を拓く」編集委員会・（社）農業農村工学会編：水土を拓く、農山漁村文化協会、二〇〇九
田原町・田原町文化財保護審議会編：田原藩日記六、田原町・田原町教育委員会、一九九四
中山元：フーコー 思想の考古学、新曜社、二〇〇九
西田真樹：三河・田原藩政に映じた尾張および尾張藩、桜花学園大学研究紀要二、二〇〇〇
フーコー、ミッシェル／神谷美恵子訳：臨床医学の誕生、みすず書房、一九六九
碧南市教育委員会編・発行：碧南市史料別巻五 服部長七物語、二〇一〇
松本清張：黒い画集、新潮社（新潮文庫）、一九七一
森田敦郎：モノをめぐる実践のトポロジー（田中雅一編：フェティシズム論の系譜と展望、京都大学学術出版会、二〇〇九所収）
ラトゥール、ブルーノ／川村久美子訳：虚構の「近代」、新評論、二〇〇八
レイヴ、ジーン・ウェンガー、エティエンヌ／佐伯胖訳：状況に埋め込まれた学習、産業図書、一九九三
渡邉紹裕・広瀬伸：〈水土の知〉に見る技術、水土の知七九‐九、二〇一一

コラム 参考文献

官民分担と「官」の変質

秋本益利：横須賀製鉄所の建設、横浜市立大学論叢社会科学系列一一－四、一九六〇
岩淵令治：藩邸（吉田伸之・伊藤毅編：伝統都市三 インフラ、東京大学出版会、二〇一〇所収）
（公財）東京都スポーツ文化事業団・東京都埋蔵文化財センター編・発行：港区品川台場（第五）遺跡及び同二、二〇一四・二〇一五
（社）土木工業協会・（社）電力建設業協会編：日本土木建設業史、技報堂、一九七一

黒鍬組屋敷の場所《トポス》と記憶

石川英輔：大江戸リサイクル事情、講談社、一九九四
岩淵令治：江戸武家地の研究、塙書房、二〇〇四
岡崎柾男：両国・錦糸町むかし話、下町タイムス社、一九八三
紀田順一郎：東京の下層社会、新潮社、一九九〇
塩見鮮一郎：乞胸、河出書房新社、二〇〇六
地下鉄7号線溜池・駒込間遺跡調査会編：春日町遺跡・菊坂下遺跡・駒込追分町遺跡・駒込浅嘉町遺跡・駒込富士前町遺跡、帝都高速度交通営団、一九九六
東京都編・発行：明治初年の武家地処理問題、一九六五

技術の社会学

喜多村俊夫：日本灌漑水利慣行の史的研究 總論篇、岩波書店、一九五〇
東条由紀彦：道路建設労働者集団と地域社会（高村直助編著：明治の産業発展と社会資本、ミネルヴァ書房、一九九七所収）
村上直：江戸幕府の代官、新人物往来社、一九七〇
村上直：江戸近郊農村と地方巧者、大河書房、二〇〇四
八重樫盟：農業用水工事の技術者集団を追って、東北農政局相坂川左岸農業水利事業所、刊行年不明

技術の継承
大谷貞夫：近世日本治水史の研究、雄山閣、一九八六
新沢嘉芽統：農業水利論、東京大学出版会、一九五五
中岡哲郎：日本近代技術の形成、朝日新聞社、二〇〇六
樋口雄彦：近世・近代移行期の治水行政と土木官僚、国立歴史民俗博物館研究報告二〇三、二〇一六

新田開発と開発請負人
溝手正儀：砂村新左衛門、とびら出版、二〇〇八

クラスターをなす〝ものづくり〟
青木美智男：近世尾張の海村と海運、校倉書房、一九九七
青木美智男：近世尾張国知多郡の「雨池」保安林、知多半島の歴史と現在一〇、一九九九
石井謙治：和船Ⅰ・Ⅱ、法政大学出版局、一九九五
斎藤善之：内海船と幕藩制市場の解体、柏書房、一九九四
篠宮雄二：廻船建造における職人と地域内分業（斎藤善之編：新しい近世史三 市場と民間社会、新人物往来社、一九九六所収）
常滑市史編さん委員会編：常滑市誌 別巻（常滑窯業誌）、常滑市、一九七四
日本福祉大学知多半島総合研究所・博物館「酢の里」編：中埜家文書にみる酢造りの歴史と文化一～五、中央公論社、一九九八

大地の鎮め
笹本正治：中世的世界から近世的世界へ、岩田書院、一九九三
関口慶久：江戸の地鎮と埋納（江戸遺跡研究会編：江戸の祈り、吉川弘文館、二〇〇四所収）
三鬼清一郎：普請と作事（朝尾直弘他編：日本の社会史八 生活感覚と社会、岩波書店、一九八七所収）
山路興造：翁の座、平凡社、一九九〇

「熱き心」の夢

安城市歴史博物館編・発行：企画展 安城と新美南吉、二〇〇五
新美南吉記念館編・発行：新美南吉、二〇〇〇

見え隠れする影

鏑木行広：天保改革と印旛沼普請、同成社、二〇〇一
千葉市史編纂委員会編：天保期の印旛沼堀割普請、千葉市、一九九八
山崎宇治彦・北野重夫編：射和文化史、射和村教育委員会、一九五五

あとがき

いつの頃からか、戯れに「水土文化研究家」と名乗るようになった。

「まえがき」に記したように、〈人〉が〈水〉と〈土〉に働きかけておこなう農業生産に伴い形成される環境を「水土」というなら、そこに由来する文化的事象を「水土文化」と呼ぶことができよう。「文化」は「環境に対する適応の仕方」くらいの最も広い使い方である。料理も食器も作法も、個食・会食などの食事の機会や状況も含めて、食をめぐる一切が食文化であるように。人間は文化という衣をまとわずには生きていけない。水土文化は〈水〉と〈土〉に何らかの形で関係づけられ、水土にかかわる人間の仕事であり、水土という眼を通して見た、〈人〉のなし遂げた仕事全般になる。水土にかかわる知恵の働き、〈水土の知〉の結晶である。

水土文化の内容は広範にわたる。さきに私は、『水虎《すいこ》様への旅――津軽の水土文化』（二〇一七）を江湖に問うた。その主題は、青森県の津軽地域に展開する水神信仰の一種、水虎信仰だった。弘前藩の旺盛な新田開発を最基層に、地域のさまざまな想いが積み重なり、河童像という独特な造形が広く祀られた。心情の領野に及ぶ水土文化の一例である。

黒鍬もまた、ずいぶん色合いを異にするが、水土文化のうちにある。もとは農業のための道具、いわゆる農具から発している。そして道具を使う人がいて、モノとヒトが一体になったところから育っていったのが黒鍬だった。本文に繰り広げられたように、農作業、生産基盤、景観、地場産業などいろんな局面で水土にかかわっている。

記録や伝承、文献などの情報はバラバラの断片で、しかも歴史という厚い時の流れの中ではごく希薄に、散乱している。本書は、それらの断片を拾い集めてつなぎ合わせる作業といえる。確かな道標のないまま秘密の小径を見つけ、そこから隠された絶景を見出したり密やかな物音を聴き届けたりすることができたと喜ぶのも束の間、また脇道へ迷い込む。そんな道行きだった。

本書は、一般社団法人 農業土木事業協会の機関誌 JAGREE information 六十九号(二〇〇五)から八十二号(二〇一一)への連載を母胎とする。改版を快諾された同協会に感謝の意を表すものである。ただ、時の積み重ねを経て、当時の面影はかなり様変わりしている。

連載は「黒鍬往還——源流を発掘する」の総題を持っていた。「往還」の語には、各地に散らばって仕事をなしては故郷に帰る、旅を栖とする人たちのことが常に頭にあった。自身の作業としても、踏み入れた道の錯綜したありさまにあちこちうろうろ、行きつ戻りつの気分を反映していた。かたや「発掘」には、誰も掘ってみたことがなかった厚い歴史の層に初めて鍬を打ち込み、埋もれていたものを明らかにするという、ある種の気負いが込められていた。

そんな客気の時期から、作物は健やかに熟して稔りを迎えただろうか。世に出回る黒鍬に関する情報が増えたのは喜ばしい。けれども、発端にぼんやり想像していたように、情報の断片をつなぎ合わせて統一像を結べたかどうか。あるいは、無数に散らばる星々の間に、オリオンの三つ星ならぬ黒鍬の四つ星を核とした意味ある線を引くことによって、物語を担えるような星座を描くことができただろうか。

ここまでの旅を支えて下さった方々にお礼を申し上げたい。

まずは渡邉満千子さん。盟友である渡邉紹裕京都大学名誉教授のご母堂である。学生時代からお世話になってきた。連載時、拙い作物をお届けするたびに、達者な水茎に載せて暖かく包まれるようなお言葉を賜った。私の作物は、同業者には敬遠されがちなのに対して、関心を持ち励まして下さる非業界人の女性読者がかなりおられる。お一人おひとりのお顔とお言葉を思い浮かべながら書き継いできた。そういう方々の代表として、最初に感謝の念を捧げたい。残念ながら、今回はお手に取っていただけず、本書の上木をお報せすることしかできない。泉下でも、かつてのように満面の笑みでお迎えいただけるだろうか。

そして近藤文男さん。名古屋市内での勤務を馴れ初めに、同志として十五年になる。もと愛知県職員で、現在は水土里《みどり》ネット愛知用水の事務局長を務めておられる。ホームグラウンドとでもいうべき知多半島のため池をはじめ、近郊の水土文化の探訪におつき合い願ってきた。また、近藤さんを通じてお近づきになった半田市文化財専門委員会委員長の河合克己さん。地理学徒としても黒鍬探究者としても大先達であられる。

本書がまとまったのは、ひとえに風媒社の林桂吾さんのおかげである。とくに、出会いのときにご教示下さった言葉が印象に残っている。「車輪の発明者を誰も記憶していない。だが車輪を使わない人間が一人もいないくらいに彼を記憶している。だれも車輪の発明者に感謝していない。しかし人間の残らずが車輪を使用しているということよりも立派な感謝状は一枚もないに違いない」(「素樸ということ」『芸術に関する走り書的覚え書』所収、中野重治全集 第九巻による)。大作家が目指す芸術家とその作品に対する「かくあるべし」の姿であるが、「車輪」が「ため池」とか「石垣」とか「棚田」ならば、まさに名も知られぬ黒鍬の仕事ではないか。的確なこの寸言は刺激となり道しるべとなった。

このほか、お名前は控えさせていただくが、多くの方々に支えていただいた。心より感謝申し上げる。

黒鍬をめぐる長い旅はやっと一里塚に達した思いがする。一息入れた旅の半ばで非力を嘆いても詮ないこととは思うものの、まだまだ旅は続く。天空に星座を描くように、想像力に裏打ちされた確かな眼を持てるのはいつのことになるのか。そのときを目指し、励まされお世話になった皆さんのお気持ちに沿えるよう、そう長くはないだろう余生にさらなる精進を続けていく所存である。

二〇一九年四月

[著者紹介]

広瀬 伸（ひろせ・しん）
1955 年大阪市生まれ。水土文化研究家。京都大学で農業工学および人文地理学を学んだ後、1979 年に農林水産省に入省。東京都内および関東地方の本省や関係機関のほか、福岡県筑後地方、岡山県笠岡市、青森県、鹿児島県徳之島などで勤務し、2015 年に退官。著書に、『水虎様への旅』（単著、津軽書房、2017）、『水土を拓く』（共著、農山漁村文化協会、2009）、『大地への刻印』（共著、学研・公共事業通信社、1989）など。

装幀／三矢千穂

カバー図版／大蔵永常『農具便利論』から

黒鍬《くろくわ》さんがゆく——生成《せいせい》の技術論《ぎじゅつろん》

2019 年 5 月 25 日　第 1 刷発行　（定価はカバーに表示してあります）

著　者　　広瀬 伸

発行者　　山口 章

発行所　　名古屋市中区大須 1 丁目 16 番 29 号
電話 052-218-7808　FAX052-218-7709
http://www.fubaisha.com/
風媒社

乱丁・落丁本はお取り替えいたします。　＊印刷・製本／シナノパブリッシングプレス

ISBN978-4-8331-0582-8